エリア・スタディーズ 159

スロヴェニアを知るための60章

柴 宜弘
アンドレイ・ベケシュ
山崎信一（編著）

明石書店

はじめに

スロヴェニアの概説を目的とした本書の刊行は、偶然にもスロヴェニアと日本の国交樹立25周年と重なっている。この節目の時期に、60章からなる本書でスロヴェニアの山からスポーツまで、様々な角度から分かりやすく紹介する機会を得たことはこの上ない喜びである。この本の編集に当たって、日本とスロヴェニアの各分野の専門家のほか、スロヴェニアで生活体験のある日本人の方などに執筆者として協力していただいた。

スロヴェニアは独立国家としては歴史が浅いだけに、日本での知名度はまだまだ低い。ある程度知られている分野と言えば、スキー、サッカーなど特にスポーツであろう。スポーツの分野では、日本との関係が活発で、長い歴史ももっている。一般的にはさほど知られていないが、美術の分野での交流はさらに歴史が古く、しかも活発である。音楽においてもスロヴェニアのオペラなど、この10年来、日本で紹介される機会があった。２０００年代の半ば以降、スロヴェニアに日本大使館が設置されてからになるが、スロヴェニアを訪れる観光客が著しく増えているので、すでに現地を訪れた読者もいるだろう。

スロヴェニアの面積は四国ほどしかなくて、人口は日本の平均的な県と同様、約２００万人にすぎない。しかし、その小さな国土、少ない人口にもかかわらず、地理的、文化的に見て多様性に富んでいる国でもある。中欧とバルカン半島にまたがり、ヨーロッパの地中海的世界、アルプス的世界、そして東のパンノニア平原という三つの世界がスロヴェニアで接合するからである。険しい岩山から穏やかな平野地帯まで多様な地形を誇り、動植物も非常に多様である。このような地理的条件により、多様な生活環境に適応した生活文化および食文化が育まれてきた。しかも、それほど広くない国土なので、この多様性をわずか数日で経験できるという点は旅行者にとって魅力的であろう。この多様性をよく象徴しているのはワインである。アドリア海地域の濃厚な地中海系ワインから、もう少し軽やかなボルドー系のワイン、東部の香りの強い、いわゆるドイツ系ワインまで作られている。

日本とスロヴェニアは1万キロ離れていながら、山国であるだけでなく、温泉の多いこと、ソバを材料にした料理が大好物であるという点など、共通点も多い。

独立国家としての歴史こそ浅いが、各地域はそれぞれ長い歴史的・文化的な伝統をもっており、首都リュブリャナをはじめ、そのルーツがローマ帝国時代にまで遡る町がいくつもある。

なお、表記について少し触れておく。本書の地名や人名に関するカタカナ表記は原音を活かしながら、日本語としての読みやすさを優先している。スロヴェニア語は母音が多いので、カタカナ表記にそれほど困ることはない。しかし、日本語にない子音、または子音と母音の組み合わせがあることに加えて、標準アクセントは日本語と異なって強弱だけである。こうした特徴をどのようにカタカナで表記するのかが難しい問題である。原音を最大限に尊重しながら、読みやすさも考慮に入れて音引き記号「ー」や日本語にない音節に出てくる拗音や促音（小さいャ、ュ、ョ、ァ、ィ、ゥ、ェ、ォ、ッ）の使用をできるだけ制限するよう努力した。

2017年7月、横浜にて

アンドレイ・ベケシュ

スロヴェニアの魅力は、アルプスの山並みとアドリア海の美しい風景を併せもつだけでなく、小国ながらきわめて多様な地域からなっていることだろう。近年、スロヴェニアを訪れる日本からの観光客は増えているが、行き先は首都リュブリャナ、ブレット湖、ポストイナ鍾乳洞が定番となっている。これら以外の地域にも目を向けてほしいとの願いを込めて、本書では多様なスロヴェニアの各地域にゆかりのある方々に執筆を依頼し、その魅力を存分に伝えてもらった。スロヴェニア語あるいは英語による原稿の翻訳の章やコラムがいくつかあるのは、こうした理由によっている。

スロヴェニアの執筆者は、共同編者の一人であるアンドレイ・ベケシュ先生が2016年12月まで勤務していたリュブリャナ大学文学部の研究者、そして私がここ10年来、共同研究を続けているリュブリャナの現代史研究所の研究者である。本書はスロヴェニアを訪れる際のガイドブックとしての役割はもとより、中欧・バルカン地域研究の入門書として読まれることも願っている。なお、スロヴェニアの基礎データと地図、巻末の文献案内については、執筆者でもある鈴木健太さんにお願いした。本書の構成と用語の統一には編者の一人、山崎信一さんがあたった。

最後に、遅れがちな原稿を辛抱強く待って下さり、今回も適切に編集作業を進めてくださった明石書店編集部の兼子千亜紀さんに心からの謝意を表したい。

2017年7月、松戸にて

柴　宜弘

【地　図】

N
E
S
W
オーストリア
ハンガリー
イタリア
クロアチア
フィラハ
クラーゲンフルト
ムルスカ・ソボタ
レンダヴァ
マリボル
ムラ川
ドラヴァ川
プトゥイ
クランスカ・ゴラ
カラーヴァンケ
イェセニツェ
ジュリア・アルプス
トリグラウ
ブレッド
ソチャ川
クラン
カムニク
トルミン
シュコフィヤ・ロカ
ヴェレニェ
ツェーリェ
ラシュコ
リュブリャナ
サヴァ川
セウニツァ
クルシュコ
ゴリツィア
ノヴァ・ゴリツァ
アイドウシュチナ
ノヴォ・メスト
クルカ川
ゴリャンツィ
ザグレブ
ポストイナ
トリエステ
シュコツィヤン
コチェウイェ
チュルノメル
アドリア海
コペル
ピラン
リエカ
スロヴェニア共和国

スロヴェニアを知るための60章

目次

Ⅳ　マイノリティとディアスポラ

Ⅴ　政治・経済・国際関係

Ⅵ　社会・生活

Ⅶ 言語・文化

Ⅷ スポーツ

Ⅸ 日本・スロヴェニア関係

※本文中、特に出所の記載のない写真については、執筆者の撮影・提供による。

【スロヴェニア基礎データ】

国　名	スロヴェニア共和国　Republika Slovenija
人　口	2,065,895（2017年1月）
面　積	20,273km²
首　都	リュブリャナ（Ljubljana）
公用語	スロヴェニア語（slovenščina）
民　族	スロヴェニア人（83.1%）、セルビア人（2.0%）、クロアチア人（1.8%）、ボシュニャク人（1.1%）など
宗　教	カトリック（57.8%）、回答拒否（15.7%）、無神論・無宗教（10.1%）、不明（7.1%）、宗派に所属せず（3.5%）、イスラム教（2.4%）、セルビア正教（2.3%）など
国　歌	「祝杯」(Zdravljica)
国家元首	ボルト・パホル大統領
首　相	ミロ・ツェラル（現代中道党党首）
通　貨	ユーロ（evro, EUR）≒124.6円（2017年6月現在） （旧単位：トラル tolar）
国内総生産（GDP）	385億7000万ユーロ（2015年）
1人当たりGDP	18,693ユーロ（2015年）
購買力平価（PPP）に基づく1人当たりGDPの指標	83（Eurostat、2015年。EU加盟28ヶ国の平均を100とする。日本は105）
経済成長率	2.5%（2016年）
物価上昇率	0.9%（2017年）
失業率	7.8%（2017年第1四半期）
貿　易	〈輸出〉249.4億ユーロ 主要相手国：ドイツ、イタリア、クロアチア、オーストリア、フランス 主要品目：自動車等輸送機械、電気機械類、医薬品、産業機械 日本への輸出：167.4億円（輸送機器、電気機器、医薬品など） 〈輸入〉241.1億ユーロ 主要相手国：ドイツ、イタリア、オーストリア、クロアチア、ハンガリー 主要品目：石油製品、自動車等輸送機械、電気機械類、鉄鋼 日本からの輸入：128.5億円（輸送機器、電気機器、一般機械など）

出所：スロヴェニア統計局（http://www.stat.si/StatWeb/）、2017年7月現在。ただし、民族および宗教の項目は、2002年の国勢調査結果に基づく。また貿易の項目に関しては、日本国外務省公式サイトの「国・地域」における「スロベニア共和国」のページ（http://www.mofa.go.jp/mofaj/area/slovenia/index.html）による2016年の数値。

I

スロヴェニアという国

1

スロヴェニアはどんな国？

★存在感のある小国★

読者の皆さんは、スロヴェニアにはどんなイメージをお持ちだろうか？　いや、そもそもスロヴェニアと聞いて、何らかのイメージを持たれる向きの方が少数派かもしれない。同じくヨーロッパの中央にあり、よく似た名前のスロヴァキアと混同されることもしばしばである。それもそのはず、スロヴェニアもスロヴァキアも、語源を辿れば「スラヴ人の国」に行き着く。そして両国とも、独立国としての歴史は30年に満たない若い国である。東ヨーロッパで社会主義体制が終焉を迎えるなか、スロヴェニアは、ユーゴスラヴィアの解体過程のなか独立を果たし、スロヴァキアもチェコスロヴァキアの解体によって生まれた。ちなみに、この両国、国旗もよく似ている。

スロヴェニアは、小さな国である。その面積は、およそ2万平方キロ強であるから、四国よりは大きいくらい。人口は、200万人強で、こちらもヨーロッパでも小さな国の部類であろう。首都は、最大都市でもあるリュブリャナであるが、それでも人口は約28万人で、日本ならば地方都市の規模である。

スロヴェニアの国土の多くを占めるのは、ずばり山である。スロヴェニアは、北隣のオーストリアと並んで、アルプスの風光明媚な山国としての印象を多くの人々に与えている。特に北部には、かなりの高山が連なっている。なかでも、トリグラウ山は、スロヴェニア最高峰であるばかりでなく、山域全体がスロヴェニア領に属し、また三つの山頂の連なるその特徴的な形が、離れた首都のリュブリャナからも見通せることから、スロヴェニアのシンボルとなっている。高山が数多く存在することは、スロヴェニアにおいてアルピニズムやウィンタースポーツ、とりわけスキーが盛んなことにもつながっている。

確かにスロヴェニアは、全体としてみれば山国だが、実は地理的な多様性を持つ国でもある。スロヴェニア南西部には、短いながらアドリア海に面する海岸線がある。コペルは、港湾都市として、中央ヨーロッパの貿易の玄関口ともなっており、また、ポルトロシュのような海岸リゾートも存在する。スロヴェニア北東部のプレクムリェ地方は、パンノニア平原のへりにあたり、ここからはハンガリーにかけては、なだらかな地形が続いている。

歴史的にみると、現在のスロヴェニアは、全体が、かつてのハプスブルク帝国の領域からなっている。スロヴェニアは、一般的に以下の七つの歴史的地域に分けられる。ゴレンスカ、ドレンスカ、ノトランスカ、コロシュカ、シュタイエルスカ、プリモルスカ、プレクムリェがそれである。これらは、原則としてハプスブルク帝国時代の領邦に起源を持っている。コロシュカはかつてのケルンテン（カリンティア）領邦の、シュタイエルスカはかつてのシュタイアーマルク（スティリア）領邦の、スロヴェニア語表記がそのまま用いられている。ゴレンスカは上部地方、ドレンスカは下部地方、ノトランスカは内部地方といった意味だが、これはかつてのクライン（カルニオラ）領邦のそれぞれの地方を指すものである。クライン領邦は、かつてよりスロヴェニア系住民が多数を占める領邦であり、領邦の首

スロヴェニアの歴史的地域

都リュブリャナは、そのまま現在のスロヴェニアの首都となっている。ドレンスカのうち、クロアチア国境に近いベラ・クライナは、個別の一地方として分類されることもある。独自の文化的特徴を有する地域である。ベラ・クライナは、「白い辺境」といった意味を持つ。プリモルスカは、かつてのキュステンラント（沿海）領邦の領域で、スロヴェニア語の名称も「沿海地方」を意味する。この地方は、第一次世界大戦後にはイタリア領となった。その後、第二次世界大戦の後になって、当時ユーゴスラヴィアの一共和国であったスロヴェニアが、トリエステ都市部を除きその多くを得た。そしてその結果としてスロヴェニアも短いながら海岸線を得ることとなった。現在でも、海岸部の都市を中心に、イタリア系マイノリティが暮らしている。プレクムリェは、「ムラ川の向こう側」といった意味の地方名である。スロヴェニアの各歴史的地域のうち、プレクムリェだけが、ハプスブルク帝国のオーストリア側ではなく、かつてのハンガリー王国の領域だった地域である。そのためもあり、ハンガリー系マイノリティが暮らしており、また、ロマ系住民の多い地域でもある。文化的にも、そして言語的にも、スロヴェニアの他の地域とは異なる独自性を有している。

かつてのハプスブルク帝国の領邦のうち、クライン領邦は全体が現在のスロヴェニアに受け継がれているが、シュタイアーマルク領邦とケルンテン領邦のうち、スロヴェニアの領域となったのは一部であった。特にケルンテン領邦のうち、スロヴェニアの一部になったのはわずかの領域であったが、歴史的地域としてのコロシュカは、小さいながらずっと維持されている。この歴史的地域、行政上の機能はすでに有していないが、いまでも地域としてのまとまりの核となり続けている。スロヴェニア人の地域的なステレオタイプが話題になるときに、話にのぼるのはこの歴史的地域である。

スロヴェニアは、一般に民族的な均質性を持つ国であると言われる。確かに、１９８１年の国勢調査まではスロヴェニア人の割合は９割を超えていた。しかしその後、割合は一貫して低下し、２００２年の国勢調査では約83％となっている。代わって増加してきたのが、ボスニア・ヘルツェゴヴィナを中心とする旧ユーゴスラヴィアの各地域からの移民である。さらに近年では、西欧諸国と同様に、世界各地からの移民がやってくるようになった。スロヴェニアの住民のあり方もますます多様化の度を深めている。

面積の上でも人口の上でもスロヴェニアが「小国」であることは、スロヴェニアに暮らす人々に十分に自覚されている。この小国意識、ときにはコンプレックスの要因ともなっている。しかし、小国であるが故に、スロヴェニアの人々は、概して開放的で外国語習得にも積極的である。そして国外に活躍の場を移したスロヴェニア人も多い。またスポーツなどでは、人口２００万人の小国であると感じさせない、大きな活躍を果たしている。小国としての殻に閉じこもることなく、積極的に外に出て行こうという姿勢は、この国の主要産業の一つである観光業にとってもプラスに働いているだろう。スロヴェニア人の目指すところは、小さくとも世界に知られる、「存在感のある小国」にあるように思われる。

（山崎信一）

2

シンボル

★スロヴェニアの国旗、国章、国歌★

スロヴェニアも、他の数多くの独立国と同様に、国旗、国章、国歌といった自らのシンボルを持っている。しかし、スロヴェニアにとってのこれらのシンボルは、実はそれほど長い歴史を有しているわけではない。スロヴェニアがユーゴスラヴィアからの独立を宣言したのは1991年のことであり、現在のシンボルが正式に制定されたのもこの時期のことである。旧ユーゴスラヴィアを構成したクロアチアやセルビアが、独立後に、国旗、国章、国歌にかつての歴史的シンボルを採用したのとは、この点いくぶん異なっている。スロヴェニアが独立国として歴史に登場したのは、このときが最初であり、これらのシンボルにも、新生独立国として歩む決意が込められていたと言えるかもしれない。

スロヴェニアの国旗は、上から白・青・赤の横三色旗の左上に、国章を配したものである。白・青・赤の横三色旗は、現在のロシアの国旗のデザインでもあり、また、スロヴァキアの国旗もこの横三色旗をベースとして国章を配置している。スロヴェニア人の間で、この白・青・赤の横三色旗が用いられ始めたのは、19世紀のことである。当時のクライン（カルニオラ）領邦の紋章の配色がヒントになっていたともされるが、その背景に、スラヴ諸民族の連帯と統一を謳うパンスラヴ主義があったことも確かであろう。この三つの色は、広くスラヴ系の民族に共有されており、現在でも、クロアチアの国旗は、赤・白・青の横三色旗に国章を配したもの、セルビアの国旗は、赤・青・白の横三色旗に国章を配したものとなっている。またかつてのユーゴスラヴィアの国旗は、青・白・赤の横三色旗をベースにしていた。「諸国民の春」と呼ばれることになる１８４８年革命の際には、スロヴェニア人の民族主義者の手によって、白・青・赤の三色旗が掲げられ、この三色旗がスロヴェニア人の民族旗として定着してゆくこととなる。第二次世界大戦後、ユーゴスラヴィアに社会主義政権が成立すると、スロヴェニアは連邦を構成する共和国の一つとなり、独自の共和国旗を持つこととなったが、採用されたのは、この白・青・赤の横三色旗の中央に、黄色く縁取りされた赤い五角星を配置したものであった。スロヴェニアが独立を宣言した１９９１年の６月、赤い星を取り去り、新しい国章を配置したものが、新生スロヴェニアの国旗となり、現在まで続いている。２０００年代はじめには、スロヴァキアやロシアの国旗との混同を避け、スロヴェニアの国際的な存在感を高めるためとして、国旗の変更が議論されたが、19世紀以来用いられた、白・青・赤の横三色旗のデザインを

スロヴェニアの国旗

スロヴェニアの国章

変えるには至らなかった。

スロヴェニア人の民族旗が、19世紀以来の定着した配色を持っていたことと対照的に、紋章は、時代に応じて多くのものが用いられてきた。第一次世界大戦が終わるまで、スロヴェニア人はハプスブルク帝国の複数の領邦に別れて暮らしてきた。中心都市リュブリャナを擁するクライン領邦が最大の部分を占めていたが、クラインの紋章（白地に王冠を擁する青色の鷲が描かれ、その中央に赤と黄色の上向きの三日月が配置されている）が、スロヴェニア人の紋章として採用されることはなかった。第一次世界大戦後に、セルビア人・クロアチア人・スロヴェニア人王国（のちにユーゴスラヴィア王国）が成立すると、この国の国章は、この三つの集団の共通国家としてのあり方を象徴するものとなった。国章の中心部分は三つに分割されており、左上にはセルビア人の歴史的紋章（十字架と四つのエス）、右上にはクロアチア人の歴史的紋章（赤と白の市松模様）が置かれ、下部にスロヴェニア人を象徴する紋章が配置されているが、ここで採られたのは、青地に三つの黄色い六角星と上向きの白い三日月をデザインしたものであった。三つの黄色い六角星は、ツェーリェ伯の紋章から採られたものとされている。第二次世界大戦後には、ユーゴスラヴィア全体の国章とは別に、各共和国は独自の共和国章を持つこととなり、スロヴェニアも新たな共和国章を制定した。上部に赤い五角星を配するデザインは、いずれの共和国にも共通するものだった。スロヴェニアの共和国章には、中央に、トリグラウ山をデザインした三つの頂きを持つ山が配置され、その下に水域を示す白い波線が3本描かれている。そして紋章全体が、小麦と菩提樹の葉によって囲まれている。その後1991年に、スロヴェニアの独立が現実のものと想定されるようになった際、新しい国章が公募され、このときに採用されたのが、現代芸術家のマルコ・ポガチュニクのデザインした現在の国章のデザインであった。中心には青地に白色でトリグラウ山ならびに、海と川を示すとされる2本の波線が描かれ、その上には、ツェーリェ伯の紋章から採った三つの六角星が配置されている。国章の決定にあたっては様々な議論があったが、トリグラウ山がスロヴェニアのシンボルとなるべき点は、広く人々に共有されていたと言えるだろう。

スロヴェニア人の間で、歴史的に民族の象徴となる歌とされていたのは、19世紀半ばに作られた「進め、栄光の旗よ」という名の歌であった。この歌は、戦間期には、王国時代のユーゴスラヴィアの国歌の一部（当時の王国の国歌は、セルビア人、クロアチア人、スロヴェニア人それぞれの歌を一節ずつ繋ぎ合わせたものであった）として用いられてもおり、社会主義時代にも、公式に共和国国歌となってはいなかったが、折に触れて演奏されていた。現在のスロヴェニア国歌「祝杯」が、国歌として採用されたのは、独立を宣言するより前の１９８９年のことである。この歌は、スロヴェニアを代表する詩人フランツェ・プレシェレンが19世紀半ばに創作した詩に、20世紀初頭にスタンコ・プレムルルが曲をつけたものであった。「進め、栄光の旗よ」が、戦闘に加わることを呼びかける勇ましいものであるのに対し、プレシェレンの詩は、スロヴェニア人の栄光や平和を讃えるものであり、より時代にふさわしいものでもあった。スロヴェニアの独立を経て、国際的な舞台で演奏されることも多くなり、「祝杯」は国歌として定着した。長い詩の中で、国歌斉唱に際して、諸民族の栄光と平和と自由の尊さを謳う第7節が一般的に歌われる。

（山崎信一）

3

カルスト地方

★地上と地下に広がる異形の世界★

スロヴェニアの「kras（クラス）」には二つの意味がある。一つ目は小文字で始まる「kras」で、特有の地理的特徴を指す。もう一つは大文字で始まる「Kras」で、プリモルスカ地方の端に位置し、アドリア海北部のトリエステやトリエステ湾からリュブリャナにかけての内陸地方、そしてヨーロッパの中心部への街道を含む一帯を指す。この街道を行き来する旅人は、昔から、他とは異なる世界が広がっていることに気がついていた。この地方にはあまり植物が育たず、岩肌が剝き出しで、周りの土地には森や農作物の畑が広がっているのに対して、むしろ砂漠を思わせるような土地が広がっている。かつて、教養のない人々は、カルスト地方にある裂け目や洞窟への入り口は地下世界、暗闇の地への入り口であるという迷信を信じていた。

時代が新しくなり、合理的な理性や啓蒙主義が主流になり、人々を取り巻く世界への関心が広がってくると、他とは異なるこの地方の地形的特徴を記述し、明らかにしようとする動きが高まってきた。その一つの対象が、ツェルクニツァ湖である。当時のヨーロッパの人々にとって、カルスト地方にあるこの湖になぜ水が満ちたり無くなったりするかが長い間謎であった。

ツェルクニツァ湖は、水が満ちているときはスロヴェニアで一番大きな湖だが、その何ヶ月か後には、湖の底だった場所を歩きまわることができ、動物は草を食む。それなのに、湖から流れ出る川はない。すべての水は、地下水脈を通って流れ出ているからだ。ツェルクニツァ湖を調査した最も有名な研究者の一人は、ヤネス・ヴァイカルト・ヴァルヴァゾルだろう。ヴァルヴァゾルは、湖水の増減が起こる原理を明らかにした功を認められて、1687年、当時最大の芸術院であったロンドン王立協会の一員として迎えられた（後に研究が進んだ結果、この原理をより正確に補充する説が提唱された）。その後、世界で最も有名なカルスト地方の鍾乳洞の一つポストイナ鍾乳洞への入り口が1818年に発見されると、カルスト地方に対する知識人の関心は一気に高まった。スロヴェニアの研究者のみならず外国の研究者までもが、さまざまな地理的特徴を表すために、土地の言葉を発表論文で使うようになった。このようにして、この地方の言葉が広く学術の世界で認知されることになった。カルスト地方で見られる現象は、最初この地方特有のものと考えられていたが、その後研究者によって他の地方、まずはバルカン半島、その後ヨーロッパの他の各地でも発見された。「カルスト」と

夏になると、干上がったツェルクニツァ湖にはこのような穴や亀裂が顔を見せる［撮影：守時なぎさ］

いう言葉は、ドイツ語でKarst、イタリア語でCarso、英語でKarstなどと呼ばれるようにいずれもスロヴェニア語に由来しており、カルスト学として知られる研究領域にはスロヴェニア語に由来する多くの専門用語が使われている。

このように学術界にその名前を「貸した」カルスト地方は、スロヴェニアの南西部、トリエステ湾からヴィパヴァの谷にかけて広がっている。カルスト地方に見られるありとあらゆる特徴は、世界中からも類似した例が報告されている。第一に、地表は広く石灰と炭酸塩石で覆われ、空気中や地中の物質と混ざった水によって浸食される。水が地下にしみこんで土地を浸食する過程で、独特な様相を作り出す。地表には水が早く流れ、土の層を押し流してしまうため、農業にはあまり適していない。第二の特徴は、地下も地表と同様のプロセスで浸食され、奇怪な景観を作り出していることである。地下を流れる水は、他の岩盤にぶつかることによって水源として地表に現れるが、数キロ先では再び地下に消滅する。カルスト地方における水流調査によると、例えばスロヴェニアの首都リュブリャナを貫くリュブリャニツァ川は、もとは広いカルスト地方の端から流れ出しているが、六つの異なる水源を持ち、地表を流れたり、カルストの地下に消えたりしながら、リュブリャニツァ川の水源に集まってくるのである。

カルスト地方では水が地表からすぐに流れ去ってしまうので、農耕経済が主流の時代にはここに住む住人はほとんどいなかった。それでも低地は、土の層は薄かったものの、なんとか農耕地として利用することができた。このような一帯には牧草地が広がっていて、人々はあまり手のかからない羊などの家畜を飼っていた。20世紀になると計画的植林が行われるようになったことから、かつて岩肌が剝き出し、19世紀の終わりには研究者たちが悲観的な様子で記述したカルスト地方は、少しずつ森林に取って代わるようになった。森林が作る日陰は湿気があって涼しいため、夏の乾燥もいささか和らいだ。また森林は、風や、ときに秒速55メートル以上になる冬の季節風ブリャも和らげてくれた。カルスト地方の年配の住人によると、昔、今よりももっと暑くて乾燥していたときは、今よりも半月から1ヶ月も早くブドウを収穫していたという。

ラコウ・シュコツィヤンの「大きな自然の橋」は、かつては暗黒世界のトンネルだった［撮影：守時なぎさ］

カルスト地方特有の地形は、カルスト地方が始まるスロヴェニア南部から遠くバルカン半島の入り口まで見られる。この異形の自然と文化的な現象は、旅人を惹きつける磁石となり、この地方に観光の発展をもたらしている。先に述べたツェルクニツァ湖の水は、地表に表れると、カルスト地方のラコウ・シュコツィヤンの谷を流れる。この谷は、昔、鍾乳洞だったが、現在では天井部分がくずれおち、かつての地下世界を光の下に見ることができる。ラコウ・シュコツィヤンは、前世紀の中頃スロヴェニアで最初に国立公園に指定された。それはこの豊かな自然と文化遺産を、できるだけ現状のままで保存しようという意図を反映している。国立公園を訪れる人は、この自然の造形を目にし、自然が作った石橋や、

ポストイナ鍾乳洞［提供：Miha Krivic, Postojnska jama d.d. Postojna/ Slovenian Tourist Board］

人類の過去を知ることができる。カルスト地方の地崩れや鍾乳洞は、先史時代から人々を守り、人々に住居の場を与えてきたのだ。

　さて、カルスト地方にあって最も魅力的なのは、何と言っても鍾乳洞だろう。ポストイナ鍾乳洞は、すでに２００年も人々に開かれている。この鍾乳洞は、早くも19世紀末に電化され、観光客を運ぶトロッコ電車の最初の軌道が敷かれた。また19世紀の初めには、この地面の下の土地には何も生物がいないと思われていたが、１８３１年にポストイナ鍾乳洞で最初の昆虫（メクラチビゴミムシ）が発見されたのを転機に、自然科学者はポストイナでも他のさまざまな地域でも計画的に地下生物を探すようになった。今日では、ポストイナ鍾乳洞では１７０種もの生物が記録されており、これは洞窟に住む動物種としては世界一を誇っている。鍾乳洞で最も興味深いのはホライモリで、これは古代生物の残骸だとか生き残りだなどと言われている。ホライモリはポストイナだけでなく他のディナル・カルストの洞窟でも発見されているが、かつてはもっと広い地域に生息していた。ポストイナ鍾乳洞では2016年にホライモリの養殖に世界ではじめて成功し、自然科学に新たな一ページを書き加えた。

1986年にユネスコ世界遺産に指定されたシュコツィヤン鍾乳洞も、世界的に有名である。シュコツィヤン鍾乳洞は世界最大級の鍾乳洞で、人々はこの鍾乳洞を訪れるだけで、実に異なったカルストの特徴、石筍、自然が作った岩橋、水源、地下の峡谷などを目にすることができる。洞窟の中では、考古学者も多く調査をし、紀元前1000年以上前のものと特定された遺物もある。シュコツィヤン鍾乳洞はまたその豊かな生態系でも知られ、その中には氷河時代の生き残りとして知られる動植物もいる。

ポストイナとシュコツィヤンはスロヴェニアで最も人気がある鍾乳洞だが、ここまで観光プログラムが充実していない洞窟は他にも数多くあり、常時あるいは定期的な見学が可能である。スロヴェニアに来て、この美しい地下世界を覗かないのは、またとない機会をみすみす逃してしまうことを意味する。

ヨーロッパの他の地域ではなかなかお目にかかれないカルスト地方の動物に、ヨーロッパヒグマがいる。この種のヒグマは、ヨーロッパで一番大きな野獣で、その数は増加している。中欧ではスロヴェニアに最も多く生息していて、人々が住む地域に出没したり、生活地帯で見かけたりすることもまれではない。スロヴェニアは、ヨーロッパの他の地域におけるヒグマの個体数増加に協力しており、スロヴェニアのサンプルをヨーロッパ各国に「輸出」もしている。

（アレシュ・ガブリチ／守時なぎさ訳）

コラム1

ボシティアン・ベルタラニチュ

スロヴェニア産の白馬——リピッツァナー種

戦時だけでなく平時にも使用するため、ハプスブルク帝国により開発されたリピッツァナーは、とても高貴な馬種である。400年にわたる選抜育種により、リピッツァナーはヨーロッパ最古の馬種の一つとなった。非常に堅固な肉体をもつこのバロック時代の乗用馬は、スペイン乗馬学校で高等馬術の調馬を行うために育成された。

ルネサンス期にヨーロッパで古典乗馬術が再興した際、隆盛を極めていたハプスブルク家はスペインとオーストリアの両地方を統治下に置いていた。当時、軍と乗馬学校のために軽く速い馬が必要であった。それまでの馬では、ムーア人がスペインを統治していた時代に、アラブ馬をイベリア雌馬と交配させて作ったスペイン馬がその例外的なたくましさ、美しさ、知能から最適な乗用馬とされていた。1562年、ハプスブルク家のマクシミリアン2世はスペイン馬をオーストリアへ持ちこみ、ボヘミア（チェコ）のクラドルビで王室馬飼育の基礎を築いた。1580年、彼の弟カール大公はスペイン種による同様の王室馬飼育場をアドリア海近くのリピッツァに創設した。トリエステ近くのカルスト（石灰岩の台地）地方、現在スロヴェニア国内のリピッツァで繁殖される馬種は、ヨーロッパではリピッツァナーと呼ばれるようになった。アメリカではリピッツァンと呼ばれている。

カルスト地方の郊外に311ヘクタールにわたるリピッツァ種馬の飼育場は、今でも続く世界最古の種馬飼育場である。1580年の創設以来、この飼育場は何度か厳しい時期を経た。1796年、1805年そして1809年に、ハプスブルク帝国支配下のこの地方がナポレオ

コラム1

スロヴェニア産の白馬

リピッツァナー馬

ン軍の脅威に晒されたとき、すべての馬とともにハンガリーへ飼育場を移動させている。第一次世界大戦中、リピッツァナーの馬はウィーンとラクセンブルクという町に移された。

第一次世界大戦後、リピッツァはイタリアの統治下に置かれたため、飼育馬はイタリアとオーストリア双方の国有となった。リピッツァはイタリアのもとで繁栄を遂げ、一方オーストリアはグラーツ近くのピーバーへ馬を移し、自分たちの飼育場を設立した。第二次世界大戦中、1943年9月、リピッツァはドイツ軍に接収され、彼らはドイツへ馬を移送したが、1945年にアメリカ軍が行った「カウボーイ」作戦により、そこから375頭が助けられた。

第二次世界大戦後、リピッツァを含む地方をその領域としたユーゴスラヴィアはすべての馬の返還を求めたが、長い交渉の末、連合国はわずか11頭のリピッツァナー馬しか返還せず、残りはイタリアとウィーンのスペイン乗馬学校へ戻された。リピッツァ飼育場の再建はわずか数頭の馬で始まった。１９５３年、乗馬の訓練学校が作られ、１９６０年には広く知られていたリピッツァナー飼育場が観光客へ公開された。

リピッツァは、体系的に馬を繁殖させその血統を保つことのできる世界最初の飼育場のひとつである。リピッツァナー種は性格が穏やかで、辛抱強く丈夫である。物覚えが早いため、乗馬や馬術競技に適している。リピッツァナーは遺伝的に灰色の毛をしていて、生まれたときは毛色が濃く、黒茶、茶または鼠色だが、６歳から10歳の間に次第に毛色が薄くなり、白くなっていく。白毛がこの種の馬の主要な色となったが、黒または茶の毛のまま成長する馬が作られることもあった。少なくとも２００年前まで、黒、茶、くり色、こげ茶、白黒まだら、茶白まだらの成長した馬が見られた。21世紀初頭の現在、リピッツァナーは乗馬から馬場馬術のすべてのレベルの競技で強さを示し、古典馬術における究極の馬であることを示している。

4

アルプス

★豊かさをもたらす厳しい自然との共存★

面積から見てスロヴェニアは決して大きいとは言えないが、地理学的に非常に多様性に富んでいる。なぜなら、スロヴェニアでは、アルプス、パンノニア平地、ディナル・アルプス山脈と地中海的世界が接しているからである。アルプス的世界の現在の姿は比較的新しい。何回も繰り返された氷河期の間に被っていた厚い氷は消えたが、氷河の影響による痕跡が地域全体に鮮明に残っている。高度が最も高いのが北西スロヴェニアのジュリア・アルプス山脈である。いくらか低いのが、首都リュブリャナの真北に位置しているカムニク＝サヴィニャ・アルプスである。オーストリアとの国境に沿って延びているのがさらに低いカラヴァンケ山脈である。とがった峰で合流する稜線から傾斜の急な絶壁が広がり、斜面の下の方では石塊でできたガれ場が広がっている。山間の渓谷は氷河期の影響で典型的なU字型であり、氷河の活動の跡として残った窪地には何ヶ所も氷河系の湖ができた。盆地や大きな谷から構成されているアルプス山麓地帯は、スロヴェニアの内部まで深く延びている。国内で最も大きな平野を成しているリュブリャナ盆地もその一部である。アルプス山麓地帯は土壌が耕作にも適しており、村落や

カムニク=サヴィニャ・アルプス。標高1100メートルにある農家［撮影：アンドレイ・ベケシュ］

町が密集している。

スロヴェニアのアルプス的世界の大部分を占めているのがジュリア・アルプス山脈。国内最大の峰であるトリグラウ（2864メートル）もジュリア・アルプス山脈の一部である。トリグラウに最初に登攀したのは、1778年、ボヒン地方出身の4人である。現在、彼らの登山の出発地に、その記念碑が建てられている。19世紀のナショナリズムが原因で、スロヴェニア人が居住する諸地域の山が誰のものかをめぐり、スロヴェニア系住民とドイツ系住民のあいだで「戦争」のような対立が起こった。それぞれの民族の登山会が山小屋を造り、スロヴェニア系の住民はスロヴェニア系の山小屋を、ドイツ系の住民はドイツ系の山小屋を訪れた。トリグラウでは1895年に、ヤコプ・アリャジュ神父の提案でアリャジェウ・ドムという山小屋が建てられ、トリグラウはスロヴェニア民族の独立運動の象徴となった。スロヴェニア人は様々な機会にトリグラウを愛国心のシンボルとして用いてきた。たとえば、第二次世界大戦のレジスタンス運動であった「解放戦線」の紋章にも用いられた。ジュリア・アルプス山脈の大部分を含むトリグラウ国立公園もトリグラウにちなんで命名されている。この国立公園の目的は、自然をなるべく傷つけずに守る環境保全、そして絶滅に瀕している植物や動物を保護することである。高山は岩からなっていて、植物はまばらである。アルプスの麓に住む農民は昔から高原で家畜を放牧し、美味しいチーズづくりでよく知られている。アルプスの夏は短く、冬が長くて寒いので、高原で放牧できるのはわずか数ヶ月だけである。冬になると峰々は数メートルにもおよぶ深い雪に覆われる。降雨量や降雪量が多く、高い峰が夏の間も雪をかぶることは珍しくない。

春から夏にかけ、雪が溶けはじめるころ、山から流れてくる川の水位は最も高い。ジュリア・アルプス山脈から流れてくる川で、最大の川が東方に流れるサヴァ川とアドリア海に注ぐソチャ川である。特にソチャ川の上流は透明なエメラルド・グリーンで有名で、ニジマス等の川魚が豊富である。この地方の住人は古くからこれらの川やその支流を、材木製造、水車小屋、製鉄所、鍛冶場等の小規模の様々な工場で利用してきた。山でとれる材木や鉄鉱、鉛鉱、水銀のお陰で、多くの人が生計を立てることができた。19世紀から始まる産業革命とともに、ゴレンスカ地方のイェセニツェやコロシュカ地方のラウネにある大規模の工場が建設され、採鉱や製鉄は個人の職業としては消えはじめた。鉄以外の採鉱も20世紀半ばには、ほぼなくなった。鉱山の中で特記すべきはイドリヤにある水銀鉱山である。15世紀から水銀が採掘されてきたイドリヤは世界有数の銀鉱山であった。毒性の高い水銀が人間や環境に及ぼす悪影響のため、20世紀半ばから、代用の製品が使われはじめ、世界各国の水銀鉱山は閉鎖されはじめた。20世紀末に、イドリヤの水銀鉱山が閉鎖されたとき、その中心であったイドリヤ城、水銀鉱山の地下壕や工場はイドリヤ博物館として保存された。水銀の採掘に用いられた様々な機械などが当時のまま見ることのできるイドリヤ水銀鉱山は、かつてはライバルであったスペインのアルマデン水銀鉱山とともに、2012年にユネスコの世界遺産へ登録された。

アルプス的世界の人々は主に稜線の間の谷間《たにあい》に居住しており、標高のより高い場所には農家や小さな村落が点在する。アルプス山岳地帯の比較的大きな農村は谷間に限られている。時代に取り残された採鉱とは対照的に、林業と農業は新しい時代に対応できた。豊富な森林には様々な木材があり、森林全体のバランスを考慮した慎重な管理と利用で、スロヴェニアのアルプスは、木を丸ごと伐採する方法が用いられている他国のアルプス地域に比べて、土砂崩れが著しく少ない。高山の草原にはこの地域独特の植物が群生し、その中で特に有名なのはジンチョウゲ属のブラガエウ・ヴォルチン（*Daphne blagayana*）やホタルブクロ属のゾイソヴァ・ズヴォンチツァ（*Campanula zoysii*）である。採集しすぎのため、これらの高山植物の一部は絶滅危惧種として保護を受けている。

環境汚染がない草原で家畜の飼育が発達した。山岳地帯でもっとも需要の多い農産物といえば、平野部のそれに比べて味が非常に高い評価を受けている牛乳および乳製品である。牛の飼育の他に、アルプス地域特有のソルチャヴァ・イェゼルスコ種の羊の飼育も、羊毛と上質の肉のため盛んである。スロヴェニアでとれる川魚として特記すべきは、数十年前には一時絶滅に瀕したが、保護政策により蘇ったソチャ川特有のニジマスである。アルプス的世界とその山麓にはまたカモシカ、アイベックス、鹿、猪などの野生の動物が生息している。動物が多いことは、スロヴェニアのアルプス的世界の自然がまだかなりの生命力を保っている証であろう。

山岳地帯、特に標高の高い地帯の農家の人口は徐々に減少しているが、一方、アルプスを楽しむために山を訪れる人の数は増えている。このように山岳地帯の住民の多くは観光業に就職できるため、過疎化は免れる。スロヴェニアでは、登山や山歩きが大衆的な娯楽スポーツの一つである。ロッククライミングもファンが多く、スロヴェニアの登山家はヒマラヤでのいくつもの困難な登攀を成し遂げ、名声を博している。他の国のアルプス的世界と同様、スロヴェニアでも冬のスポーツを楽しむ機会が多いので、スキーやスキージャンプなどで優れた選手を輩出し、また世界各国から集まってくる冬季スポーツ大会の組織国としての手腕も認められている。プラニツァの渓谷は、ラージヒルのスキージャンプの発祥の地である。プラニツァのジャンプ台では、選手が約70年前に初めて100メートルを超えるジャンプを飛び、20世紀末には200メートル超えを達成している。日本のジャンプ選手はこの地に練習に来る常連である。

（アレシュ・ガブリチ／アンドレイ・ベケシュ訳）

コラム2

トリグラウ山——スロヴェニアのシンボル

ルカ・ツリベルク／山崎信一訳

富士山といえば「登らぬ馬鹿、二度登る馬鹿」という言葉が知られている。しかし、スロヴェニア最高峰（標高2864メートル）であり、スロヴェニアのシンボルであるトリグラウ山は少し違う。真のスロヴェニア人は、一度は登るべきと言い、さらに何度でも登れば登るほど良いというのである。筆者は、今までにトリグラウ山に三度登っている。ちなみに、富士山には一度登っただけである。

トリグラウは、スロヴェニアの最高峰、そしてかつてはユーゴスラヴィアの最高峰として、スロヴェニアの人々にとって常に重要なシンボルであった。トリグラウは、図案化されて、ユーゴスラヴィア時代のスロヴェニアの国章にも、独立スロヴェニアの国章にもあしらわれている。トリグラウという名前は、「三つの頭」を意味している。これは、山をボヒン地域から眺めると、三つの頂をいだく美しい姿を見せるからである。別の説によると、大空、大地、大海原を支配したとされる、キリスト教化以前のスラヴ人の神「トリグラウ」に由来しているという。

トリグラウは、1778年に4人の登山者によって、最初に登頂された（第54章参照）。ボヒンには、彼らのモニュメントが設けられている。しかし、トリグラウと最も強く結びついている人物は、ヤコプ・アリャシュ（1845～1927）だろう。アリャシュは、スロヴェニア人のカトリック聖職者であり、作曲家であり、また登山家だった。彼は、1895年に、地元自治体からトリグラウ山頂の土地を一オーストリア＝ハンガリー・グルデンで買い取り、山頂に、「アリャシュの塔」として知られる小さな金属製の塔を建てた。社会主義時代には、塔は赤く

コラム2
トリグラウ山

塗られ、屋根のてっぺんには星があしらわれていたが、現在では、元の灰色に戻されている。アリャシュは、トリグラウ山がスロヴェニア人の主要なシンボルとなるにあたって、重要な役割を果たした。愛国詩の「おお、我が家トリグラウ」の最初の一節には、アリャシュによって曲がつけられている。この一節は、トリグラウの姿とともに、スロヴェニア発行の50セントコインに刻まれている。

トリグラウとその周りのジュリアア・アルプスは、スロヴェニア人にとって大きな象徴的重要性を持っている。そしてそれゆえに、この山は多くの伝説を生み出してきた。ある伝説は人々が探し求める謎めいた花に関するものであり、別の伝説は、トリグラウの王国の山奥に暮らす謎めいた動物に関するものである。よく知られているこの謎めいた動物の一つは、金のツノを持つ伝説のオスのヤギ、ズラトロクであり、スロヴェニアのビールのブランドにもなっている。

飛騨山脈の立山に伝わる伝説をご存知だろうか。はるか昔、とある若い猟師が、白いタカを追って立山の麓までやってきたとき、突然、クマがその目の前に現れた。猟師がそのクマを弓で射たところ、クマは血を流しながら逃げた。血の跡を追ってゆくと、猟師は室堂平のとある洞窟に出た。そして、そこで矢の刺さった阿弥陀如来を見つけたというのである。

ズラトロクの話にも、少しばかりこの伝説と似てい

トリグラウ山［提供：Matevž Lenarčič/ Slovenian Tourist Board］

る点がある。ズラトロクはスロヴェニア語で「金のツノ」を意味する。このズラトロクは、トリグラウの王国の山奥の楽園で、3人の乙女と共に暮らしていたとされている。楽園には宝物が隠されており、ズラトロクはその宝物の番をしていた。乙女たちは、ときどき人々の住む谷にやってきて、人々を手伝ったり女性の出産を手助けしたりしていた。しかし、誰も山奥の楽園に近づくことはできなかった。切り立った岩と、雪崩や嵐が、人々を近づけなかったからである。

とある若い猟師が、村の娘を愛するようになり、山に出かけて娘に花を摘んでくるようになった。ところがある日、ヴェネツィアの金持ち商人がその娘に求婚し、彼女は若い猟師のことを無視するようになった。嫉妬にかられた猟師は、ズラトロクが守る宝物を贈れば、娘に心からの愛情を示せるのではないかと思い込むようになった。猟師は弓を手に山に入り、ズラトロクを見つけ、弓矢で射た。猟師は絶壁の上にズラトロクを見つけ、弓矢で射た。傷ついたズラトロクは逃げ出し、その流した血の跡から謎めいた花が育った。この花には魔力があり、ズラトロクが花を食べると、健康が回復し力が戻った。怒ったズラトロクは、猟師に向かってきた。金のツノの美しさに魅了された猟師は、バランスを崩し山から転がり落ちた。そして、猟師の身体はソチャ川の谷間に流されていった。怒りに満ちたズラトロクは、山奥の楽園を破壊し、乙女たちとともに永遠に消え去ったのだった。ズラトロクの宝物は、トリグラウの山深くに隠されたままである。

というわけで、トリグラウの楽園でズラトロクの宝物を探すのはいかがだろうか。一度でも、二度でも、三度でも、それ以上何度来ても大丈夫。誰もあなたを馬鹿にしたりはしない。

コラム3

アンドレイ・ベケシュ

スロヴェニアの温泉

アフリカのお陰で、スロヴェニアは温泉の国になったと言える。アフリカ大陸プレートが、数千万年にわたりゆっくりユーラシアプレートにぶつかってきた結果である。アルプス、ディナル・アルプス山脈ができたのも、地震の多いことも原因は同じである。

温泉のほとんどはスロヴェニアの北東部、南東部に集中している。東部プレクムリェ地方で石油を求めて採掘したが、その代わりに温泉を発見したという最近のものもあれば、リムスケ・トプリツェ（ローマの温泉）の名前通り、ローマ帝国時代からあるもの、またはドレンスケ・トプリツェやドブルナのように、中世に遡る温泉もある。

温泉だけではなくて、ラデンツィやロガシュカのような名物ミネラルウォーターの鉱泉で有名なリゾート地でも、最近はもっと深く掘って、温泉リゾートに変身した例もある。

スロヴェニアも日本と同様に温泉が多いが、温泉文化はかなり異なっている。まず、湯の温度である。元湯の温度が50度、60度でも、人が入る温泉では、38度が標準。高温が心臓に有害であるので、保健省がそう決めたのである。ぬるま湯で何をするかというと、それも温泉文化の違いで、たいていはさまざまな運動をする。水中体操、水泳、水中の歩行など、38度ならできるものであるが、もっと熱い湯であれば、とても不可能だろう。また、日本でもはやり始めた屋外プールに超大型滑り台などが設置されたり、屋内では、バブル風呂、流れる風呂など、温泉遊園地といっていいような温泉スタイルがはやっている。一方、個室のマッサージ、鍼治療、泥風呂など、健康や美容とリラクセーションを促す特別なサービスもある。その一環として、最近、もっとも進んでいる温泉では、日本にならって、日本の温泉に負けないほど熱い湯が用意されている。これは日本の温泉が好きな筆者にとっては朗報である。

もちろん、温泉は混浴。ただし、水着が義務づけられているので、問題はなさそう。一方、サウナ、蒸し風呂などでは水着は着ない。

このような派手な、個人の消費欲を促すような側面もあれば、実はほとんどの温泉には、れっきとした療養施設、リハビリ施設という側面もある。事故後の骨折のリハビリ、リューマチの治療などに使用

由緒ある温泉の一つ、ラシュコ温泉の最新の施設［提供：Thermana Laško/ Slovenian Tourist Board］

できる立派な施設である。治療は全国共通の健康保険の適用内でも行われる。

日本のようなこぢんまりとした素朴な温泉はないが、だいたいどこも豊かな自然に囲まれて、トレッキング、サイクリング、水泳、スキーなど、いろいろと楽しめる可能性がある。また、併設のゴルフコースも増えつつある。

数日の間、温泉で保養しながら、自然を満喫し、体を動かし、地元の美味しいものを食べるのも、健康維持のためには悪くないだろう。

II

歴　史

5

中世のスロヴェニア

★農民の面前で即位する統治者の伝統★

スロヴェニア人の祖先が、東アルプスとアドリア海のあいだに位置する現在のスロヴェニアの領域に定住したのは、他の南スラヴ人がバルカン地方に定住したのと同じ6世紀から8世紀にかけての中世初期のことである。7世紀には、現在のオーストリアのクラーゲンフルト市近郊を中心にスロヴェニア人の住む領域の大部分に広がる、カランタニアと呼ばれる政治的な統一国が生み出された。8世紀になると、このカランタニア公国はバイエルンの支配を受け、9世紀以降はフランク王国に組み込まれた。しかし9世紀中頃、フランク王国は崩壊し、スロヴェニア人の祖先たちは分裂したフランク王国のもとに置かれた。10世紀にハンガリーがこの地に進出したが、955年にアウグスブルク（バイエルン南西部の都市）で敗北を喫したあと、スロヴェニア人居住地の大部分はしだいに、神聖ローマ帝国に統合されることになる。スロヴェニア人は8世紀から、北はザルツブルク司教座から派遣されたアイルランド人宣教師によって、南はアクイレイア（現在のスロヴェニアに隣接、ローマ時代から中世初期にかけての有力なイタリアの都市）の総司教座から派遣された宣教師によってキリスト教化された。10世紀のキリスト教化の過程で、スロヴェニア語の典礼書と説教書からなる写本が初めて書かれた。これらの写本は1803年に、フライジング（バイエルン州ミュンヘンの北側の都市）司教座の図書室で発見されたので、今日、フライジング写本として知られている。

スロヴェニア語を話す人びとが居住する東アルプスとアドリア海のあいだの地域は、ヴェネツィアが支配する西部辺境とハンガリー支配下の東部辺境を除き、13世紀から14世紀にかけてハプスブルク家の封建的な領域の一部になり、1918年までハプスブルク帝国の支配を受けた。中世初期のカランタニア公国が後世に残した唯一の伝統は、1414年まで継続したカリンティア（ドイツ語名、ケルンテン）の公や君主の即位の儀式である。この独特な即位の儀式は封建社会以前に起源をもち、数世紀のあいだに幾度かの変更を加えられたが、その基本的な理念は保持された。その理念とは、スラヴ系のスロヴェニア語を話す自由農民たちが領域の支配者である公や君主に権限を象徴的に移譲することであった。公やのちの君主は農民たちが見まもるなか、現在のクラーゲンフルト市近郊、当時のカランタニアの中心に置かれた古

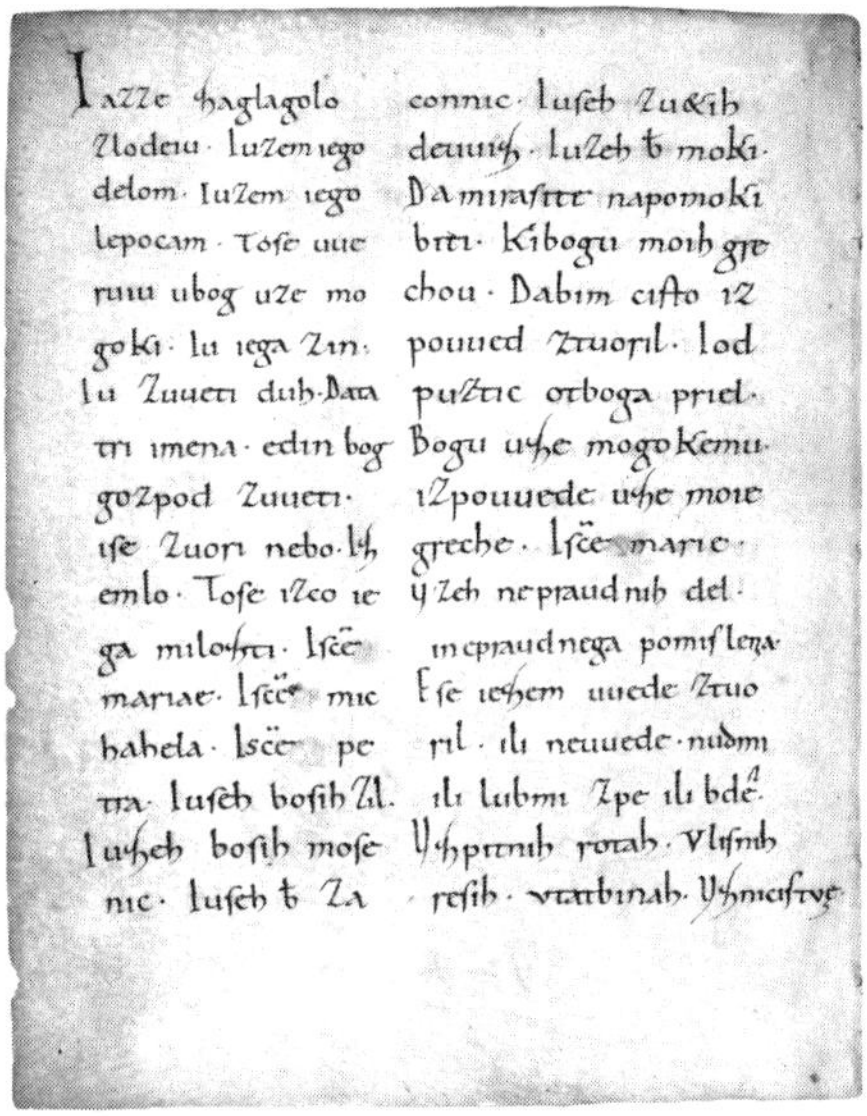
Iazze hzaglagolo
zlodeiu · luzem iego
delom · Iuzem iego
lepocam · Tose uue
ruiu ubog uze mo
goki · lu iega zin ·
lu zuueti duh · Data
tri imena · edin bog
gozpod zuueti ·
ise zuori nebo · lih
emlo · Tose izco ie
ga milosti · Isce
mariae · Isce mic
habela · Isce pe
tra · Iuseh bosih zl.
luseh bosih mose
nic · Iuseh t za
connic · luseh zu&ih
deuuiz · luzeh t moki ·
Da mi raste napomoki
biti · Kibogu moih gre
chou · Dabim cisto iz
pouued ztuoril · Iod
puztic otboga priet ·
Bogu uhe mogokemu ·
izpouuede uhe moie
greche · Isce marie ·
y zeh nepraudnih del ·
i nepraudnega pomislena ·
Ese iehem uuede ztuo
ril · ili neuuede · nudmi
ili lubmi zpe ili bde.
Vsehpritnih rotah · Vlisnih
resih · vtatbinah · Vsehnicistve

フライジング写本

代ローマ時代の石柱の一部である「公の石（石の玉座）」の上で即位した。公は即位後、「石の玉座」に腰かけて、公平な統治者で裁判官であることを約束しなければならなかった。カリンティアの君主の即位の儀式は、16世紀にすでにヨーロッパの思想家や哲学者（例えば、フランスのジャン・ボダン）の関心を引きつけたが、スロヴェニアの政治家や知識人がその儀式を彼らの国民的な伝統の一つと考えるようになるのは、19世紀末になってからのことである。こうして、「公の石」はクラーゲンフルトの地方博物館に保存され、20世紀初頭には、残念ながら失われてしまったが中世にスロヴェニア人が国家を築いたことの象徴とされた。それ以来、「公の石」はスロヴェニアの国章として公式に承認されたわけではないが、国民的な象徴となってきた。

クラーゲンフルトの北方マリア・ザール（スロヴェニア語名ゴスポスヴェツコ・ポリェ）の「石の玉座」

カランタニアはスラヴの色彩が強かったが、もちろんスロヴェニア人の政治的な統一国であったわけではない。言語学者によると、12世紀になってはじめて、スロヴェニア人はクロアチア語、スロヴァキア語、モラヴィア語（チェコ語）を話す人たちとは異なる独自の言語集団となった。もともとのスラヴ人貴族層はその頃までには、強大で富裕なドイツ人やイタリア人の貴族層に同化していた。

スロヴェニア語を話す人たちは概して農民であり、一部は商人や職人であった。とくに農民たちはスロヴェニアの口語の伝統を保持し、それを代々伝えていった。貴族層、都市の富裕層、国や地方の官吏、高位聖職者や知識人たちは、社会の上層部の言語であるラテン語、ドイツ語、イタリア語で話し、書き、コミュニケーションをとった。これに対して、スラヴ系のスロヴェニア語方言は都市部の普通の住民や村部の農民たちによって話された。14世紀までに、スロヴェニア語を話す住民の領域に、27の都市、70の市場町が築かれたが、それらの町は概して規模が小さかった。現在のスロヴェニアの首都リュブリャナ（ドイツ語名はライバッハ）は16世紀においてさえ、人口が5000人にすぎなかった。スロヴェニア人が居住する地域からの輸出品は毛皮、蜂蜜、ろう、鉄、皮革、家畜、木材製品であり、輸入品（主として、ヴェネツィアとイタリアから）はガラス、宝石類、高価な金属類、香辛料である。13世紀から16世紀までに、ハプスブルクの領域内の他の地方と同様に、東アルプスとアドリア海に挟まれたこの地方にも、封建主義期の行政単位である領邦（ドイツ語でラント）が設置され、この領邦内で住民の法律、政治、経済上の生活の大部分が営まれた。スロヴェニア語を話す住民の領邦としては、カリンティア（スロヴェニア語名コロシュカ）、スティリア（スロヴェニア語名シュタイエルスカ）、カルニオラ（スロヴェニア語名クランスカ）の各公国、ゴリツィア伯領、イストリア辺境伯領、トリエステ市をあげることができる。

12～13世紀以後、スロヴェニア人が住む地域の文化や教育の中心は修道院であった。とくに重要なのはカルトジオ会（カトリック教会に属する修道会）とシトー会（カトリック教会に属する修道会、ヴェネディクト会から派生）であり、これらの修道会は経済活動や文化活動を通じて、スロヴェニア人の生活に深くかかわっていた。スティチュナ（リュブリャナの東方約30キロ）のシトー会修道院は12世紀以来、よく知られた写本の作業場をもっており、15世紀にはスロヴェニア語話者でない聖職者のためにスロヴェニア語の宗教上の文書（いわゆる、スティチュナ写本）を生みだした。これらの写本は、スロヴェニア語の言語史上、きわめて重要である。教区の学校と修道院は将来の聖職者を養成する主要な場であった。歴史家たちの研究によると、中世においてスロヴェニア語を話す住民のうち、およそ95％は文字が読めなかったとされるが、14〜15世紀以後にスロヴェニア語地域の学生たちはイタリアやフランスの大学だけでなく、ウィーンやプラハの大学で学んだ。リュブリャナ司教区が開設されたのは1461年になってからであり、以後、しだいに宗教や文化生活の中心となった。

修道院や教会とその付属学校は、聖なる多声のコーラス音楽の中心でもあった。1456年にリュブリャナで生まれたユリイ・スラトコニャ（ドイツ語名ゲオルク・フォン・スラトコニア）は、15世紀末にウィーンの宮廷の聖歌隊長となり、のちのウィーン少年合唱団の歌唱指導者となった。美術や建築はロマネスク様式とゴシック様式からなっている。ロマネスク様式は11世紀から14世紀にかけて、教会の建築に普及した。一方、14世紀と15世紀にヨーロッパのゴシック様式は、美術全般に広まった。スロヴェニア各地のゴシック様式の壁画は、この時代のゴシック美術の典型と考えられている。

（ペテル・ヴォドピヴェツ／柴 宜弘訳）

6

近代スロヴェニア民族の成立

★「イリリア」の名の下に★

19世紀半ばに至るまで、現在のスロヴェニア一帯に住むスラヴ系住民の大多数にとって民族意識は曖昧なもので、スロヴェニア人やスロヴェニア語を指す統一的な呼称もなかった。彼らの居住地域はハプスブルク支配の下で長らくカリンティア（ケルンテン）、カルニオラ（クライン）、スティリア（シュタイアーマルク）などの諸邦に分断され、統一的な名称を持ち得なかった。ここでは、彼らがスロヴェニア人としての認識を持つに至る過程を追うことにしたい。

スロヴェニア民族運動の先鞭をつけたのが、啓蒙時代の18世紀後半にリュブリャナでジーガ・ゾイス（ツォイス）男爵の下に集った知識人グループ、いわゆるゾイス・サークルであった。ゾイス自身は裕福な実業家だが、膨大なコレクションを持つ博物学者としても知られ、鉱物の一種ゾイサイト（灰簾石）は彼の名にちなむものである。また、彼は知識人にとってのパトロンとなり、初めてスロヴェニア語による演劇を翻案・上演した劇作家でありスロヴェニア史に関する著作でも知られるアントン・トマシュ・リンハルト、初めてのスロヴェニア語新聞『ルブランスケ・ノヴィツェ（リュブリャナ新聞）』を刊行した聖職者で詩人のヴァレンティン・ヴォドニク、1808年にスロヴェニア語の文法書を出版した言語学者イェルネイ・コピタルらを輩出した。

さらに、スロヴェニア民族運動にはずみをつけたのが、ナポレオンによるイリリア諸州の設置であった。イリリア諸州とは、フランスが1809年にハプスブルク帝国から獲得したカリンティア西部、カルニオラ、ゴリツィア（ゲルツ）、トリエステ、イストリア東部、軍政国境地帯を含むサヴァ川以南のクロアチアに、旧ヴェネツィア領イストリアおよびダルマツィア、旧ドゥブロヴニク共和国の領域をあわせたものである。そこではスロヴェニア人に加えて、多数のクロアチア人やセルビア人が共存していたことから、のちに南スラヴ統一運動が起こると、その前例とみなされるようになった。なお、この時期に古代イリリア人に由来するイリリアという名称は、南スラヴ諸民族の総称としての「イリリア人」やその言語を指す「イリリア語」といった形で広まっていった。

イリリア諸州の面積は5万5000平方キロ、人口は150万人ほどで、その行政府はリュブリャナ（ライバッハ）に置かれた。ナポレオン法典に代表される近代的なフランスの諸制度が導入される一方で、スロヴェニア語が学校教育をはじめ文化活動や行政機関の一部でも用いられるようになった。初等・中等学校も整備され、1810年にはリュブリャナに「エコール・サントラル」が設立されたが、これは現在のリュブリャナ大学の起源とされている。前述のヴォドニクは代表作ともいえる詩「イリリアの再生」でこうしたナポレオンの功績を称揚している。イリリア諸州の影響はなおハプスブルク帝国領にとどまったスロヴェニア人の居住地域にも広がり、とくにスティリアの州都グラーツではスロヴェニア人協会の結成やスロヴェニア語講座の開設などが相次いだ。

もっとも、ナポレオンの没落とともにイリリア諸州も消滅し、その成果は必ずしも定着しなかった。1815年のウィーン議定書で旧イリリア諸州のハプスブルク帝国への復帰が確定し、多分に形式的なものではあったが、その呼称を引き継ぐイリリア王国として再編された。同じハプスブルク帝国を構成する諸王国とはいえ、旧ヴェネツィア領ダルマツィアと旧ドゥブロヴニク共和国の領域はダルマツィア王国として分離され、さらに1822年にサヴァ川以南のクロアチアがクロアチア王国に再統合されたことで、その領域はイリリア諸州に比べて大幅に縮小された。リュブリャナはイリリア王国の首都として位置づけられ、1821年には国際会議の舞台ともなったが、その人口は1万2000人ほどであった。

イリリア諸州を記念するオベリスク（リュブリャナ）

ウィーン体制の下でも、知識人が主導するスロヴェニア民族運動が展開された。この時期の運動の担い手は、三つのグループに大別することができる。

第一のグループは、クロアチアで1830年代に始まったイリリア運動の支持者である。イリリア運動はクロアチア諸邦の再統合に加えて、セルビア人やスロヴェニア人など南スラヴ諸民族の糾合をめざすものであった。ヤンコ・ドラシュコヴィチ伯爵は『ディセルタツィア』において、クロアチアにカルニオラを含むイリリア王国やスティリアなどスロヴェニア人の居住地域、さらにはオスマン帝国領のボスニア・ヘルツェゴヴィナをあわせて「大イリリア王国」を建設し、ハプスブルク帝国の枠内で広範な自治を獲得するという壮大な構想を描いた。イリリア運動の中心人物となったリュデヴィト・ガイは『イリリア民族新聞』や『イリリアの明星』を発行し、これらを通じて南スラヴ諸民族の間で広く用いられるような新たな文章語の確立をめざすとともに、チェコ語を参考にして補助記号を加えたアルファベット「ガイツァ」を導入した。スロヴェニア人の間ではイリリア運動の影響は非常に限定的で、クロアチア人と同じ文章語が受け入れられることもなかったが、この「ガイツァ」だけはスロヴェニア語にも導入されている。なお、このグループを代表するスタンコ・ヴラス（ヤコプ・フラス）はクロアチアの首都ザグレブに移住し、文芸誌『コロ（輪舞）』の刊行やイリリア協会（マティッァ）の運営に携わって、イリリア運動の中心的人物の一人となった。

第二のグループは、1830年に創刊された文芸年鑑『クラインスカ・チュベリツァ（カルニオラの蜂）』に結集したリベラル民主派で、ロマン派の詩人フランツェ・プレシェレンがその指導者となった。彼らはスロヴェニア人の独自性を失わせかねないイリリア運動には反対する姿勢を示した。スロヴェニア語に関しては、実用本位であった保守派と異なり、高度の文芸創作にたえうるレベルに引き上げることをめざしたとされる。プレシェレンは現在でもスロヴェニアを代表する人物として位置づけられ、その詩「祝杯」の一節がスロヴェニア国歌となり、彼が亡くなった2月8日は「プレシェレンの日」として国民の祝日となっている。

プレシェレン像（リュブリャナ）

第三のグループは、リベラル民主派が求めていた急進的な改革に反対する保守派であり、当初は前述のコピタルが、のちにヤネス・ブライヴァイスがその指導者となった。ブライヴァイスは1843年に農民や職人を支援する目的で『ノヴィツェ（ニュース）』を発行し、その啓蒙主義的・重農主義的側面を示した。それは実用本位のものであったが、当時としては唯一のスロヴェニア語新聞（週刊紙）としてスロヴェニア文章語の発展に寄与するとともに、政治的にも重要な役割を果たすようになった。

このようにスロヴェニア民族運動は一体的なものではなかったが、スロヴェニア語・スロヴェニア文化の発展に貢献し、19世紀半ばまでに近代スロヴェニア民族の成立をうながした。その成果は、1848年革命期に提示された、すべてのスロヴェニア人居住地域をあわせたスロヴェニア国家の創設を求める「統一スロヴェニア」綱領に見て取ることができる。

（石田信一）

7

ハプスブルク帝国統治下のスロヴェニア人

★「統一スロヴェニア」に向けて★

ヨーロッパ各地で自由主義とナショナリズムの高揚が見られた1848年革命期は「諸国民の春」とも呼ばれる。スロヴェニア人も例外ではなかった。それは、帝都ウィーンにおけるスロヴェニア人結社「スロヴェニア」などが起草した初めてのナショナリズムの指針ともいえる「統一スロヴェニア」綱領によく表れている。その要求は三点に絞られる。第一にハプスブルク帝国の下ですべてのスロヴェニア人居住地域を単一のスロヴェニア国家に統合すること、第二にスロヴェニア語をドイツ語などと同等の公用語とすること、第三にハプスブルク帝国が新たなドイツ連邦に参加しないことである。「統一スロヴェニア」綱領は請願書としてオーストリア帝国議会で取り上げられることを見込んでいたが、革命運動の鎮静化とともに、実現しないままに終わった。ここでは、1848年革命期以降のハプスブルク帝国統治下のスロヴェニア民族運動を取り上げることにする。

ハプスブルク帝国は1849年にイリリア王国を廃止して、カルニオラ（クライン）、カリンティア（ケルンテン）、さらにトリエステ、ゴリツィア（ゲルツ）・グラディスカ、イストリアからなるキュステンラント（沿海地方）に分割した。これらは伝統的な領邦でもあったが、「統一スロヴェニア」綱領に照らせば明かな後退であった。１８５０年代のバッハ内相による新絶対主義の時代には政治運動が全般的に停滞した。そうした中で、アントン・マルティン・スロムシェク司教らのイニシアチブで１８５１年にクラーゲンフルトに聖ヘルマゴラス（モホル）協会が設立され、スロヴェニア語による出版・文化活動に着手したことは大きな意味を持った。なお、聖ヘルマゴラスは初代アクイレイア司教とされる聖人で、そこから派遣された伝道師によってスロヴェニア人がキリスト教に改宗したことから、とくに彼らの間で尊敬を集めてきたとされる。当初は１０００人に満たなかった聖ヘルマゴラス協会の会員は、１８７０年代に2万人、１９１８年には９万人に達した。

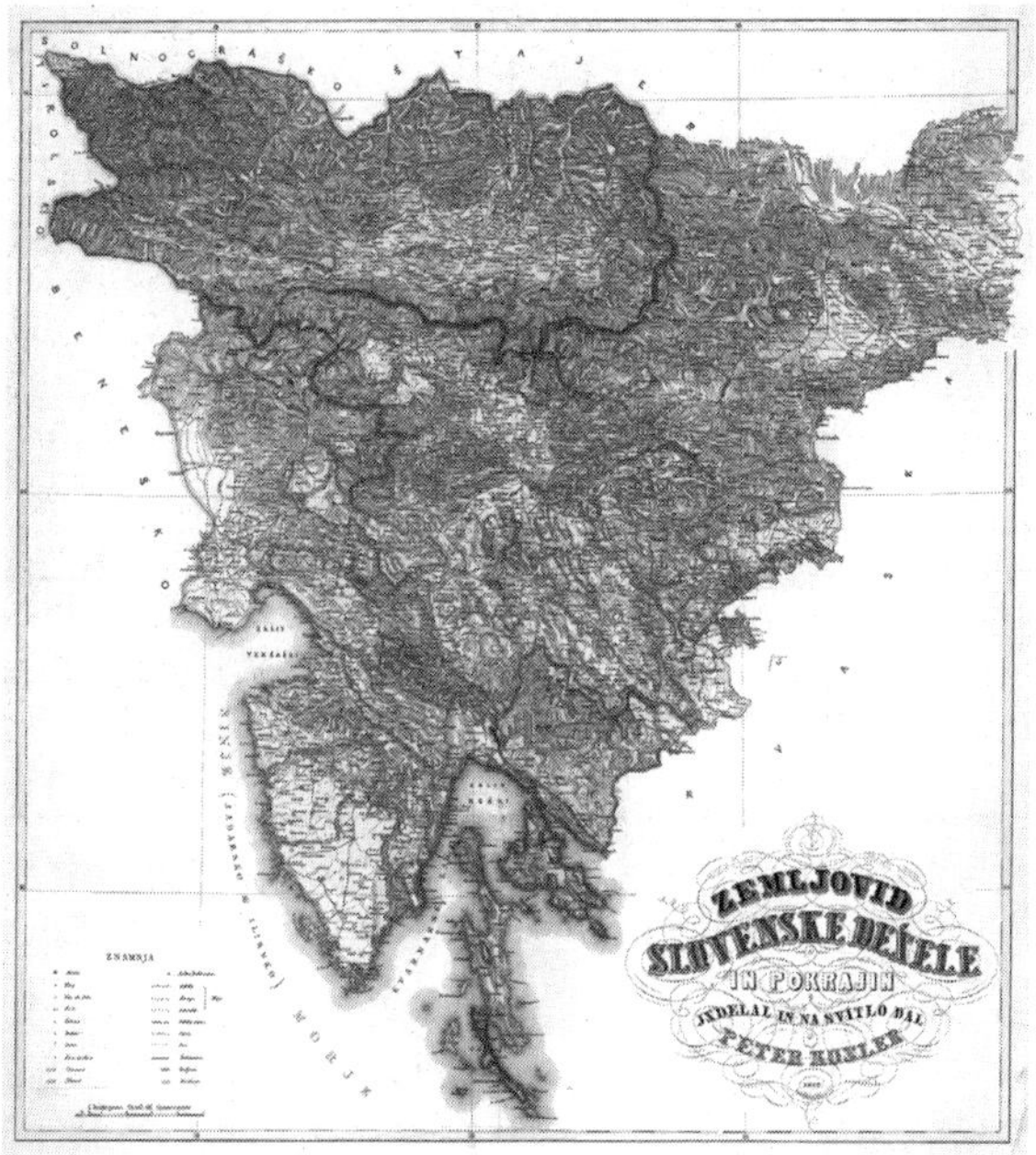

「統一スロヴェニア」の地図（スロヴェニア国立図書館蔵）
［出所：http://www.dlib.si/details/URN:NBN:SI:img-84NAR7IP］

　１８６０年から61年にかけてハプ

スロムシェク司教の坐像（マリボル）

スブルク帝国はふたたび立憲制に移行するが、帝国議会や地方議会を通じた政治活動とは別に、この時期のスロヴェニア人居住地域では読書室運動とターボル（野外集会）運動という二つの特徴的な動きが見られた。読書室は図書の閲覧・貸与の役割を果たすもので、多くの場合、文芸協会やカジノなどと称する会員制クラブであった。それは西欧に見られた貸本屋や図書室とは異なり、講演会や演劇、コンサート、舞踏会などを開催し、自らの劇団や合唱隊を持つこともあった。隣国クロアチアではイリリア運動が展開する中で１８４０年代に各地に民族読書室が開設され、その活動拠点として機能した。スロヴェニア人居住地域で最初の読書室は１８６１年トリエステに開設されたスラヴ民族読書室であった。その名前の通り、必ずしもスロヴェニア人だけが対象ではなく、クロアチア人やチェコ人も会員となった。その後はリュブリャナ、マリボルを皮切りに各地に広がり、１８６７年までに69団体に達している。その役割はクロアチアとほぼ同じで、スロヴェニア語およびスロヴェニア文化、スロヴェニア民族意識の涵養などであり、スロヴェニアの偉人の誕生日その他の民族的祝祭日には記念行事が催され、政治集会の性格を帯びることもあった。

読書室と同時期に主にスロヴェニア人を対象とするさまざまな協会が設立されるようになった。

リュブリャナには、1863年に南ソコル体操協会、1864年にスロヴェニア協会（マティツァ）、1867年に演劇協会、1872年に音楽協会が設立されたが、それらの活動はしばしばスロヴェニア民族運動と結びついた。

一方、ハプスブルク帝国が普墺戦争に敗れてスロヴェニア人が多く住むヴェネツィアをイタリアに割譲したこと、さらにオーストリア・ドイツ人とハンガリー人の優越を認める二重制を採用したことから、これを不満とする人々がチェコ人の運動をモデルとして起こしたのがターボル運動であった。ターボルは日曜日の午後に開かれた大規模な政治集会であり、政治家の演説のほか、コンサートのような娯楽が用意されることもあった。1868年にスティリアのリュトメルで約7000人が参加したターボルが最初のもので、その際にはスロヴェニア語の公用語化や「統一スロヴェニア」の実現を求める決議が採択されている。その後、ターボルは1871年にホーエンヴァルト首相によって禁止されるまで合計18回も組織され、とくに1869年にリュブリャナ郊外のヴィージュマリエで開かれた際には約3万人が参加したといわれる。

これらの動きを通じて、スロヴェニア民族運動は活性化したが、同時期にヨーロッパ各地で見られたリベラル派と保守派（教権派）の対立も持ち込まれた。当初は青年スロヴェニア党と呼ばれたリベラル派が産業革命の進展とともに成長しつつあった市民層の支持を得る一方、老スロヴェニア党とも呼ばれた後者は、カトリック教会を後ろ盾として農民に強い影響力を持った。それぞれの機関誌は『スロヴェンスキ・ナロード（スロヴェニア民族）』と『スロヴェネッツ（スロヴェニア人）』であった。彼らはドイツ化の脅威に対抗するために協調路線をとることもあったが、やがて袂を分かち、20世紀初頭までにそれぞれ変質を伴いつつ民族進歩党、スロヴェニア人民党を名乗るようになった。両者の対抗関係はさまざまな分野に及び、独自の文芸誌『リュブリャンスキ・ズヴォン（リュブリャナの鐘）』と『ドーム・イン・スヴェート（祖国と世界）』を刊行したり、体操協会「ソコル（ハヤブサ）」と「オレル（ワシ）」を組織するなどした。これらのほか、19世紀末にはスロヴェニア人居住地域に加えてイストリアとダルマツィアの南スラヴ諸民族を対象として想定したユーゴスラヴィア社会民主党が結成され、労働者の支持を得て急成長を遂げた。もっとも、これらの活動には限界があり、ハプスブルク帝国が崩壊するまで、「統一スロヴェニア」綱領に掲げられ、その後もスロヴェニア民族運動の根底にあったスロヴェニア国家の創設やそこでのスロヴェニア語の公用語化といった目標の実現には至らなかったことも事実である。

（石田信一）

8

第一次世界大戦中のスロヴェニア

★ソチャ戦線での戦いからユーゴ王国まで★

第一次世界大戦は、スロヴェニアの歴史と政治の発展における重要な転換期であった。前線や銃後で、また国外に脱出した人は亡命先で、敵の捕虜となった将兵は抑留中に多くが犠牲となった。スロヴェニアの領土全体にわたる戦線は、この地域の多くで荒廃と絶望をもたらした。物資不足、飢餓、病気が蔓延するなかで、召集令状と戦死通告が戦争時の日常の一部であった。イタリア軍とオーストリア・ハンガリー軍のあいだに築かれたソチャ（イタリア語名イゾンツォ）戦線の両側にいた多数の住民は、イタリア、オーストリア、ハンガリーの異なる難民収容施設に送られた。オーストリア・ハンガリー軍に徴兵されたスロヴェニア兵士の多くがこの戦線で命を落としたが、彼らは故郷をイタリア軍の進攻から守るため勇敢に戦った。

このソチャ戦線は、中立を保っていたイタリアが1915年4月に協商国側と密かにロンドン条約を結んだ後、スロヴェニア人が居住するカルニオラへの進攻を目論んだため形成され、スロヴェニア人の居住地域が戦場となった。ロンドン秘密条約により、イタリアはトレント、南チロル、カルニオラ、イストリア、ダルマツィア海岸からその北に広がるスロヴェニアのプリモルスカ（沿海地方）を含むハプスブルク帝国領の多くの割譲を約束されたのである。

スロヴェニア兵はオーストリア・ハンガリー軍のほぼすべての戦線で戦った。多くは著しい戦績を残したものの、大半は戦禍に飲み込まれたり病にたおれたりした。また、開戦当初から、ハプスブルク帝国より南スラヴの統一（ユーゴスラヴィア）という考えに親近感をいだくスロヴェニア兵たちは、敵国であるセルビアへ脱走した。この自主的なスロヴェニア兵士のセルビア軍への参加の動きは、1915年のセルビアの大敗以降、東部戦線でロシアの捕虜になっていた南スラヴ人兵士（スロヴェニア人やクロアチア人）の間にも拡がった。

1916年、南スラヴ人捕虜の活用を目的として、ロシアのオデッサで結成された第一セルビア義勇軍には、1万9000人の南スラヴ人捕虜が加わった。約4000人のスロヴェニア人が義勇軍の部隊に参加または強制的に参加させられた。しかし、セルビア人将校による暴力や、セルビア当局による国籍の変更を強要する厳しい状況のもと、捕虜に戻されるか放置される場合もあった。戦場で義勇兵の多くが命を落としただけでなく、セルビア国籍に変更しないと義勇兵として認められなかったため、1918年には、セルビア軍には250人以下のスロヴェニア人しか残されなかった。スロヴェニアからはるか離れたロシアだけでなく、日本にも戦争捕虜となって生きるスロヴェニア兵がかなりいた（第57章を参照）。それら兵士のなかには帰国できず、故郷から遠く離れた地に永眠した人もいた。

ソチャ戦線に話を戻すと、オーストリアにイタリアが宣戦布告した後、1915年5月にイタリア軍がゴリツィアとソチャ溪谷の西部を占領した際、戦闘はスロヴェニア人人口の多い地域にも達した。

交戦直後、約8万人のスロヴェニア人がソチャ戦線からカルニオラ、スティリア、オーストリアの難民キャンプへ避難した。一方、イタリア当局は約1万2000人のスロヴェニア人を占領地域からイタリア内陸部へ移送した。難民の人の流れは、その後も二度にわたり小規模ながら続いた。

その標高の高さから、ソチャ戦線では全戦争期間を通じて最も苦しい戦いが繰り広げられた。戦地の条件としては常に不十分で、当初、兵士はトンネルも塹壕もないため正面戦を余儀なくされた。冬の戦闘は厳しく辛いもので、大半の兵士には山岳の気候に適した装備もなかった。さらにカルスト地方では、兵士は深刻な水不足に襲われた。ソチャ川における戦闘では20万人の兵と民間人が死亡し、戦闘は約2年半も続いた。これが終焉を迎えたのは、オーストリア・ハンガリーとドイツ連合軍がコバリト（イタリア語名カポレット）でイタリア軍を大敗させた1917年10月であった。コバリトでの戦闘はイタリア軍に打撃を与えると同時に、その名声に大きな汚点を残した。

ソチャ戦線［出所：Bundesarchiv］

ハプスブルク帝国内の政治状況に目を転じると、開戦とともにウィーン政府が非常事態の政治、経済、司法および治安の手段を講じたので、スロヴェニアの領土も戦時下に置かれた。新聞の発行と集会が禁じられ、スロヴェニアや南スラヴの国家（ユーゴスラヴィア）の建国を求める人たちは投獄または抑留され、知識人や公共の場での集会に対する圧力と監視が強まった。当局は反ハプスブルク的感情を厳しく取り締まり、多くのスロヴェニア人政治家が拘束された。その多くは戒厳令下で死刑となった。政治団体の活動は厳しく制限、管理された。反政府の組織を含め、すべての労働組合と労働運動が禁止された。

戦争の後半、ハプスブルク帝国の敗戦の可能性が生じるに伴い、スロヴェニア人の居住する地域の統合の問題が急速に高まった。スロヴェニアの主要な政治家はほぼ戦争末期まで、スロヴェニアの政治的統一についてはハプスブルク帝国内で解決されるものと信じていた。1917年5月30日、帝国議会の活動が再開された後、この議会における南スラヴ人議員からなる「ユーゴスラヴィア・クラブ」を代表し、アントン・コロシェツはハプスブルク帝国内の南スラヴ人地域を一つの民主的な政治単位として築くことを求めた。五月宣言と呼ばれるこの構想のもとで、広範な運動、デモ、集会、署名集めが行われた。

宣言では、帝国内の南スラヴ人地域のすべてが即座に連合し、スロヴェニア人、クロアチア人、セルビア人がひとつの政治単位として、ハプスブルク帝国の枠内で住めることが要求された。五月宣言の要求は、二重王国の廃止、憲法の改正、オーストリア、ハンガリーに南スラヴ（ユーゴスラヴィア）を加えた帝国の三重化を求めたことから、革命的なものであった。宣言は、オーストリアやハンガリーの政党だけでなく、皇帝を含め、ハプスブルク帝国政府からも支持を受けることはできなかった。しかし、スロヴェニア人の政治指導者たちは宣言を支持するためのキャンペーンを組織し、1918年春までに25万人以上の署名を集めた。ウィーンの政治指導者との合意が不可能なことは、スロヴェニアの民族主義的な政治家たちの間に急進主義と反感を高めるだけであり、1918年春以降、彼らはハプスブルク帝国からの完全な分離の方向を決定するに至った。10月には、帝国内の南スラヴ人の統一を目指し、クロアチアのザグレブで「スロヴェニア人・クロアチア人・セルビア人民族会議」が設立され、紆余曲折の末、この民族会議とセルビア王国との統一が決められ、1918年12月1日、セルビア人・クロアチア人・スロヴェニア人王国が宣言された。

第一次世界大戦終結後、1919年のパリ講和会議では、スロヴェニアの代表はセルビア人・クロアチア人・スロヴェニア人王国の講和全権団の一部となった。1919年はじめ、彼らはほとんど準備する間もなく統合された。スロヴェニア人は、セルビア、クロアチア、スロヴェニアの三つの地域からなる統一国家の民族自決を前提として新王国に加わったが、異なる伝統、文化、法制度や経済制度の統一という膨大な仕事が待っていたのである。

オーストリアの南ケルンテン地域で住民投票が実施される一方、サンジェルマン条約に従い、新国家の軍隊はクラーゲンフルトから撤退しなければならなかった。1920年10月、住民投票にしたがい南ケルンテンの大半はオーストリアに残留し、セルビア人・クロアチア人・スロヴェニア人王国はわずかな領域しか得られなかった。しかし、トリアノン条約により新国家は、10世紀以後ハンガリーに属していたスロヴェニア人の住むプレクムリェ地方を与えられた。

第一次世界大戦で協商国側に参戦したイタリアは、秘密のロンドン条約（1915）および後のラパロ条約（1920）によって、スロヴェニア人居住地域の4分の1の領土を付与された。これらの領土がスロヴェニア領になるのは、第二次世界大戦後のことである。（ボシティアン・ベルタラニチュ）

9

戦間期のスロヴェニア

★南スラヴ統一国家の中で★

第一次世界大戦の終結後、主として南スラヴ系の人々の居住していた地域には、「セルビア人・クロアチア人・スロヴェニア人王国」という名の南スラヴ人の統一国家が成立した。スロヴェニア人の多くもこの国家の中に暮らすことになったが、実際のところは必ずしもスロヴェニア人が望んでそうなったわけではなかった。第一次世界大戦の末期、ハプスブルク帝国の敗北と崩壊が不可避のものとなりつつあるなか、帝国領域内の南スラヴ系住民の間で広く求められたのは、帝国領域内の南スラヴ人を政治的に統一することにあり、セルビア王国との統合は必ずしも求める目標ではなかった。こうして、「スロヴェニア人・クロアチア人・セルビア人民族会議」が形成されたが、この組織は、戦後構想において主要な役割を果たすことはできなかった。結局、「戦勝国」となったセルビア王国と、ハプスブルク帝国領からの亡命者によって創設されたユーゴスラヴィア委員会の主導のもと、ハプスブルク帝国内の南スラヴ人地域とセルビア王国、モンテネグロ王国の領域が統合される形で、新国家「セルビア人・クロアチア人・スロヴェニア人王国」が成立した。新国家の元首には、それまでのセルビア王国の君主が国王としてその地位についた。

スロヴェニア人にとって、セルビア王国との統合と「セルビア人・クロアチア人・スロヴェニア人王国」の建国は、心より歓迎されるできごとではなかったが、他に選択肢がなかったのも事実である。戦勝国となったイタリアは、旧ハプスブルク帝国領内の「未回収の」イタリア領の回収に乗り出しており、イタリア人とスロヴェニア人の混住地域のほとんどが、戦後にはイタリア領に組み入れられていた。スロヴェニア人だけで政治的にイタリアに対抗することは難しく、より大きな南スラヴ人国家の後ろ盾が必要とされたのだった。

こうして成立した「セルビア人・クロアチア人・スロヴェニア人王国」は、実に多彩な地域からなる、きわめて多様性に富んだ国家であった。その中で、スロヴェニア人は100万人強を数え、新国家の人口の約8・5%を占めていた。彼らは、リュブリャナ、マリボルの二つの県にほぼ集中して暮らしており、他の民族との混住の度合いは低い方であったが、戦間期には、都市部とコチェウイェ地域（第10章の地図参照）を中心に、少なくないドイツ系住民が暮らしていた。そして、スロヴェニア人は、国境の外にも大量に暮らしていた。戦後にイタリア領となったかつてのハプスブルク帝国の沿海地方に暮らしていたスロヴェニア人は、様々なイタリア化の圧力にさらされた。ケルンテン州南部のスロヴェニア人地域は、住民投票によりどの国家に帰属するかが定められるものとされたが、この地域のスロヴェニア人は、経済的な結びつきを重視してオーストリア国家に留まることを選択した。

新国家は、民族的・宗教的な多様性だけではなく、経済や社会の発展のあり方の多様性をも含んでいた。王国の首都は、セルビア王国の首都であったベオグラードに置かれていたが、経済的に最も先進的であったのは、かつてのハプスブルク帝国領のスロヴェニア人地域であった。経済的な格差は、社会の発展の格差にも反映していた。1921年の統計によれば、国全体の非識字率が50％を超える中、スロヴェニア人地域の非識字率は約9％であった。また、第一次世界大戦まで、多様な統治体制のもとにあったことから、通貨から法体系に至るまでの異なる諸制度の統一も大きな課題であった。

この多様性に富んだ新国家は、いかなる国家体制を採るかをめぐり、最初から大きな議論の中に置かれていた。旧セルビア王国以外の政治勢力、特にクロアチア人の政治勢力が、分権的、連邦制的な国家体制を主張したのに対し、旧セルビア王国の政治勢力は、以前のセルビア王国の制度を拡大する形の、中央集権的な政治制度を求めていた。様々な政治的取引の末、1921年になって中央集権的色彩の強い、いわゆるヴィドヴダン憲法が制定された。スロヴェニア人政党のうち、自由主義知識人を基盤とする自由党は新憲法に賛成したが、カトリック主義を取るスロヴェニア人民党は棄権した。戦間期には、スロヴェニア人を基盤とする政党がいくつか存在したが、最も強力であったのは、スロヴェニア人民党だった。スロヴェニア人民党は、ハプスブルク帝国期から活動していたカトリック政党であり、リーダーのアントン・コロシェツ自身も、聖職者であった。戦間期を通して、スロヴェニア人民党は、実質的にスロヴェニア人の民族政党として活動しており、スロヴェニア人の民族的利害の保持がその目標であった。

戦間期の王国は、「国民国家」として自らを位置付けており、セルビア人、クロアチア人、スロヴェニア人は、単一の民族を構成する三つの「部族」と位置付けられていた。憲法上は、公用語も単一の「セルビア・クロアチア・スロヴェニア語」とされていたが、実質的にはセルビア・クロアチア語とスロヴェニア語は別言語であり、こうした理念と実態の乖離が様々な問題を引き起こすこととなった。戦間期において、最も先鋭的な対立であったのは、集権的制度を主張・擁護する、セルビア王国にルーツを持つセルビア人諸政党と、クロアチア人の民族的利害を代表し、分権化を求めるクロアチア農民党との対立（いわゆるクロアチア問題）であった。スロヴェニア人の利害を代表していたスロヴェニア人民党は、支配的地位にあったセルビア人諸政党主導の政府との対立ではなく、政府への協力によるスロヴェニア人利益の擁護という、非常にプラグマティックな方向性を取った。スロヴェニア人民党は、多くの連立政権に加わり、1928年には、党首のコロシェツが首相となっている。これは、戦間期に非セルビア人が首相を務めた唯一の例でもある。

アントン・コロシェツ（1927年頃）

1929年1月、当時の国王アレクサンダルが、対立の激化と議会制の行き詰まりの中、クーデターにより議会と憲法を停止し、国王独裁を開始した。国名が正式に「ユーゴスラヴィア王国」とされた他、地方行政が改革され、全国に九つの州が設置された。リュブリャナ県とマリボル県の領域は併せてドラヴァ州とされた。ドラヴァ州は、実質的にはスロヴェニア人からなる州であり、スロヴェニア人の非公式の自治的状態は維持され続けた。アレクサンダルの意図は、「ユーゴスラヴィア民族」を上から作り出すことによる、国家の安定化にあったが、実際には政治的対立はより激化することとなった。コロシェツは、最初は国王独裁に反対する立場を取ったが、国王アレクサンダルの暗殺後は、再び入閣して政府に協力姿勢を取った。激化する国内対立は、1939年のクロアチア自治州の創設により解決されることが期待されたが、そのための時間はもうほとんど残されていなかった。それからほどなくして、ユーゴスラヴィア王国は第二次世界大戦の戦火に巻き込まれることとなるからである。

（山崎信一）

10

スロヴェニアと第二次世界大戦

★分割と「内戦」★

　１９３０年代のヨーロッパ南東部は、ファシズムの影響が強く及び続けた地域であり、当時のユーゴスラヴィア王国もその例外ではなかった。１９２９年の国王クーデターにより議会と憲法が停止されたユーゴスラヴィアでは、１９３１年に新憲法が公布され議会も復活した。しかし、集権的ながら民主的色彩の強かった１９２１年のヴィドヴダン憲法に比べれば、依然独裁色の強いものであった。１９３４年には、クーデターとその後の体制を主導した国王アレクサンダルが暗殺された。その後も国内の対立に緩和の兆しはなく、困難を増す国際情勢の中、その先行きはきわめて不透明なものとなっていた。１９３０年代には、西の隣国であるムッソリーニ率いるファシスト政権のイタリアがますますユーゴスラヴィアへの圧力を強めており、さらに、１９３８年にドイツのヒトラー政権がオーストリアを併合したことにより、ユーゴスラヴィアは、ナチ政権のドイツとも直接国境を接することとなった。国境を接する枢軸の両大国との関係は、ユーゴスラヴィア、そしてこの両国と直接隣り合うスロヴェニア人地域にとって、死活的な意味を持つものとなった。

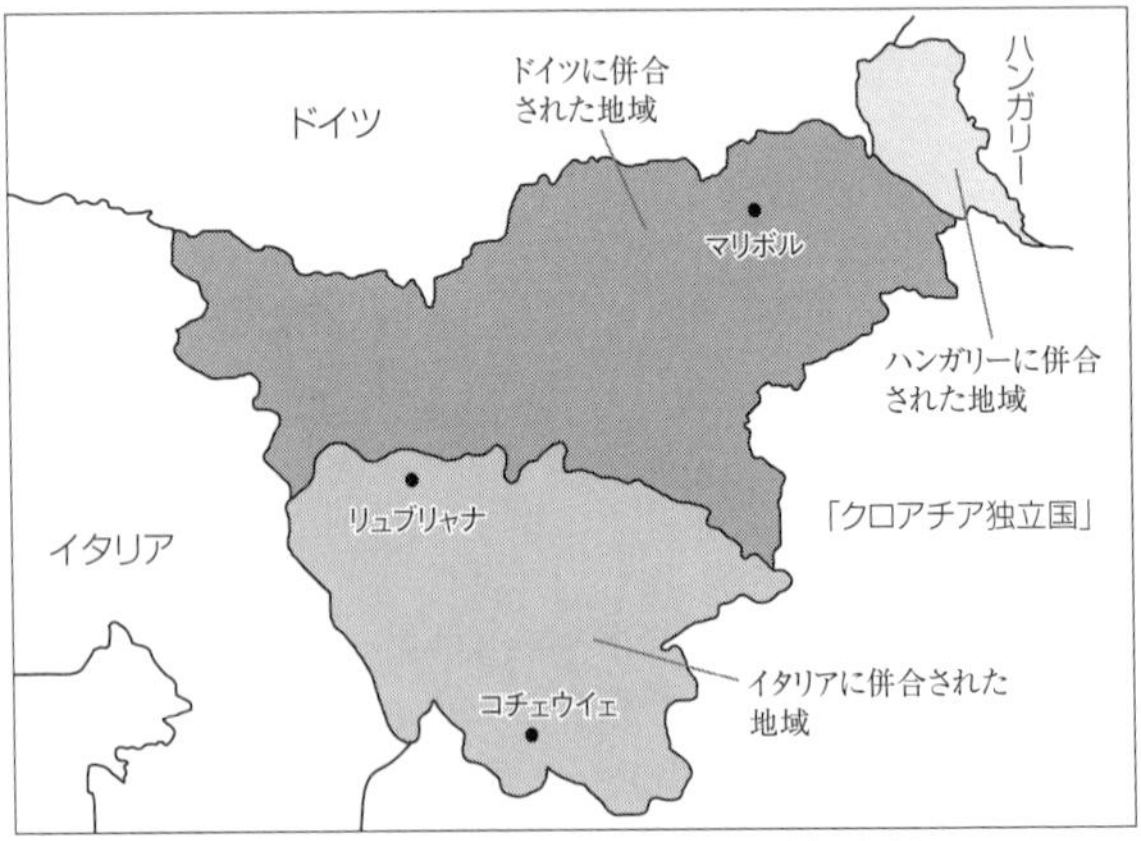

第二次世界大戦により分割併合されたドラヴァ州の領域

1939年には、ドイツの手によりチェコスロヴァキアが解体され、チェコの保護国化とスロヴァキアの「独立」が取り決められたが、これは、同様に多民族国家として内部に民族問題を抱えていたユーゴスラヴィアにも、枢軸国の介入への危機感をもたらした。さらに同年9月には、ドイツのポーランド侵攻により第二次世界大戦が勃発し、その後、枢軸国の圧力のもと、南東欧の国々が相次いで日独伊三国同盟に加わった。ユーゴスラヴィアも例外ではなく、摂政公パヴレは国内のセルビア人の反対を押して、1941年3月25日に三国同盟への加盟条約に調印した。しかしその2日後には、反ドイツを掲げる軍将校が、クーデターで政権を握った。これに対しドイツをはじめとする枢軸各国は、4月のユーゴスラヴィアへの軍事侵攻で応え、ユーゴスラヴィアは解体された。

ユーゴスラヴィアは周辺の枢軸各国に分割占領され、クロアチアとボスニアには、傀儡政権である「クロアチア独立国」が設置された。スロヴェニア人が多数を占めていたドラヴァ州は、ドイツ、イタリア、ハンガリーの3ヶ国により分割された。この3ヶ国は、それぞれの占領地域を、本国領に併合する形をとった。第一次世界大戦まででハンガリー王国の統治下にあった東部の小地方プレクムリエはハンガリーに併合され、ザラ県とヴァシュ県の一部となった。ゴレンスカ、コロシュカ、シュタイエルスカはドイツに併合され、ケルンテン帝国大管区とシュタイアーマルク帝国大管区の一部となった。リュブリャナを含むドレンスカ地方はイタリアに併合され、ルビアナ（リュブリャナのイタリア語名）県が設置された。このときには、コチェウイェ地域にまとまって暮らしていたドイツ系住民が、ドイツに併合された地域に移住させられてもいる。これらの被併合地域のうち、ドイツに併合された領域では、非協力的なスロヴェニア人に対する弾圧が行われ、多くの人々が追放されたり強制収容所に送られたりした。また、公的な場でのスロヴェニア語使用が禁止されるなど、スロヴェニア人に対するドイツ化政策が開始された。ナチ政権は、スロヴェニア人を「スラヴ化したドイツ系住民」とみなし、長期的にはそのドイツ化を図っていた。

枢軸国により占領・併合されたスロヴェニア人地域においても、他のユーゴスラヴィアの地域と同様に、パルチザンと呼ばれた占領への抵抗運動が急速に組織された。スロヴェニア人地域では、スロヴェニア民族解放戦線が結成された。抵抗運動の主な担い手となったのは共産党であったが、運動は、それ以外の枢軸支配に反対する人々も結集するようになっていった。解放戦線は、１９４１年の夏以降、イタリア領となった地域を中心に武力による抵抗運動を徐々に拡大していった。その活動は、戦前のイタリア領にも広がった。枢軸国は、解放戦線に対抗するのに反共主義のスロヴェニア人を動員して対処することとし、白衛隊などのパルチザン掃討のためのスロヴェニア人組織がつくられた。この結果、第二次世界大戦は、スロヴェニア人地域においては内戦として展開することとなる。この内戦は、１９４３年のイタリア降伏後にルビアナ県がドイツに占領され、郷土防衛隊（ドモブランツィ）と呼ばれる親枢軸の民兵組織が結成されると、より激烈なものとなった。第二次世界大戦中の内戦は、他のユーゴスラヴィアの地域でも見られたが、ボスニアなどでは、それが民族間の紛争の色彩も有していたのに対して、スロヴェニアでは、スロヴェニア人同士の政治イデオロギーをめぐる剥き出しの対立であった。スロヴェニアにおける解放戦線の活動は、ユーゴスラヴィアの他の地域とはかなり独立して展開していたが、解放戦線はユーゴスラヴィア・パルチザンの一部として活動する意思を明確にしていた。そして解放戦線を基に、スロヴェニア人民解放委員会が創設され、大戦後にユーゴスラヴィアの連邦構成単位としてスロヴェニアが位置付けられることが、はっきりと表明された。

大戦末期にかけ、パルチザンは解放地域を拡大していった。スロヴェニア人地域では、「解放」の対象は戦前のユーゴスラヴィア領内にとどまらず広がった。パルチザンは、戦前にはイタリア領であった沿海地域にも部隊を進め、トリエステにまで至った。結局、イギリスの圧力により、トリエステは市街地を含むA地域と、南側のB地域に分割され、ユーゴスラヴィアはB地域の施政権を得て、A地域は連合国の軍政下に置かれた。最終的な地位の確定は戦後に棚上げされた。また一時的には、戦前のオーストリア領ケルンテンのスロヴェニア人地域にも部隊を進めたが、英米の強い抵抗にあい、撤退を余儀なくされた。

スロヴェニアのパルチザンは、多大な犠牲を払って国土を解放した。そして、その際に、枢軸側についたスロヴェニア人に対する大規模な暴力が見られたのも事実である。少なくとも数千人の郷土防衛隊員やその家族が、コチェウスキ・ロクやツェーリェ郊外のテハリェなどで処刑された。この事実は、社会主義体制のもと、長くタブーとして隠蔽されていたが、スロヴェニアの独立後に明らかにされ、社会に大きな論争を生み出すこととなった。

（山崎信一）

11

社会主義ユーゴスラヴィア時代

★ユーゴスラヴィアの先進地域★

ユーゴスラヴィアは、第二次世界大戦後、連邦制をとる社会主義国家として新たな出発を図ることとなった。その方向性はすでに大戦中から明らかにされており、スロヴェニアも、連邦国家ユーゴスラヴィアを構成する共和国の一つとして規定された。スロヴェニア人は、連邦構成民族の一つとなり、スロヴェニア語も連邦公用語の一つとなった。第二次大戦後のスロヴェニアは、戦間期にイタリア領であったスロヴェニア人地域（プリモルスカ地方）をその領域に加えた。これにより、スロヴェニア人居住地域の相当部分がユーゴスラヴィア内のスロヴェニアに含まれることとなった。一方で、これらの地域では、イタリア系住民に対する追放や殺害がみられた。暴力に晒されたイタリア系住民の間では、殺害の舞台となった鍾乳洞の穴を指す「フィオベ」という語が、イタリア系住民の受難を象徴するものとなり、記憶され続けた。

第二次大戦後、沿海部の中心都市トリエステは自由地域とされ、市街地（A地域）が連合国占領下、コペルを含む南部郊外（B地域）がユーゴスラヴィア側となっていた。トリエステの地位確定をめぐっては、ユーゴスラヴィアは、全域を自国領に併合することを目論んだ。この時期には、「トリエステはわれらのもの」というスローガンが掲げられ、その領有が目指されていた。しかし１９４８年にコミンフォルム除名という形でソ連圏から追放されたユーゴスラヴィアは、西側諸国との関係改善の必要があった。この問題は、１９５５年に、A地域をイタリア領、B地域をユーゴスラヴィア領とすることで最終的に解決された。この結果、スロヴェニアは、短いながらアドリア海の海岸線を得ることになった。

社会主義期のスロヴェニアは、さまざまな意味でユーゴスラヴィアを牽引する存在であった。生涯にわたりチトーの側近であり続けたエドヴァルト・カルデル（日本ではカルデリとして知られる）はスロヴェニア人であり、ソ連と袂を分かった後、ユーゴスラヴィア独自の社会主義路線である「自主管理社会主義」を理論的に確立したのもカルデルであった。また、戦後ユーゴスラヴィアの経済政策の組織者であり、５ヶ年計画に関わったボリス・キドリッチもスロヴェニア人であった。キドリッチは、１９５３年に若くして死去した。カルデルとキドリッチの名は、ユーゴスラヴィア各地の主要都市の通りの名に採用された。また、クロアチアの港湾都市プローチェは一時期カルデルにちなんでカルデリェヴォと呼ばれており、また、スロヴェニアの小都市の一つは、キドリッチにちなみ、現在に至るまでキドリッチェヴォという名である。

ペンキをかけられた、リュブリャナ市内のカルデル像
［撮影：鈴木健太］

指導者を輩出していただけではなく、スロヴェニアは、戦間期以来、最も工業化の進んだ経済先進地域であり、ユーゴスラヴィア全体の工業を牽引する役目も負っていた。ユーゴスラヴィアは、自主管理社会主義路線を強化する中で分権化を推し進め、経済運営の権限を共和国レベルに移し始めたが、このことは、連邦の政治的中心から離れていたスロヴェニアには、有利に働いた。こうして、社会主義期にも、重工業から軽工業に至るまで大きな経済発展が見られた。第二次大戦後に創立されたゴレーニエ社は、洗濯機や冷蔵庫などのいわゆる「白物家電」のユーゴスラヴィア第一のメーカーで、国内のみならず国外でも知られていた。その他にも、スキー板メーカーのエラン社などは、世界に広く知られる存在だった。いずれにしても、スロヴェニアの技術力の高さは、ユーゴスラヴィアでも最高水準にあった。また、チトーがその最晩年に入院し、最後を迎えたのがリュブリャナの総合病院であったことが示すように、医療水準の高さを誇っていたのもスロヴェニアであった。

経済発展により大きく上昇した生活水準を一つの背景として、社会主義期のスロヴェニアでは、文化もまた目覚ましい進展を見せた。高等教育の拠点としてのリュブリャナ大学が拡充され、1938年に設立されていたスロヴェニア科学芸術アカデミーが、学術研究の拠点として位置付けられた。またスロヴェニアは、ユーゴスラヴィアの中で最も西にあり、イタリアやオーストリアと接していたことから、西側の大衆文化が最も容易に伝わる地域でもあった。社会主義期のユーゴスラヴィアは西側諸国にも開かれており、大衆文化も例外ではなかったが、多くの場合、それはスロヴェニアを経由して、ユーゴスラヴィア各地に伝播していった。例えば、1970年代半ばに生まれ、世界を席巻したパンク・ロックのムーブメントは、まずスロヴェニアにやってきた。1977年にリュブリャナで結成された「パンクルティ（ならず者）」は、ユーゴスラヴィアにおける最初のパンク・バンドであり、1980年前後にユーゴスラヴィア各地にパンク・バンドが生まれる端緒となった。

スロヴェニアは、ユーゴスラヴィアの中でも最もリベラルな雰囲気を持つ共和国であった。これは、特に1980年代になると顕著になる。体制に対する批判的な意見も、スロヴェニアでは、相当に許容されるようになった。世界的にも知られるようになるアヴァンギャルド・バンド「ライバッハ」が結成されたのは、1980年のスロヴェニアの小都市トゥルボウリェでのことである。その批判的なスタンスが、当局の警戒を呼ぶことはあっても、活動の自由は許容されていた。

スロヴェニアの経済発展は、徐々に連邦中央や南部の諸共和国との対立を生み出すものともなった。国富の相当部分をスロヴェニアが稼ぎ出していたのにもかかわらず、インフラ投資などはボスニア、マケドニア、コソヴォなどの南部に重点的に配分されており、スロヴェニア人の間には、自らの富が収奪されているという不満が高まっていった。こうした不満は、1980年代後半からは、政治的なスロヴェニアの分離の動きに繋がってゆくこととなる。1987年には、雑誌『ノヴァ・レヴィヤ（新評論）』が、民主化と複数政党制を主張する「スロヴェニア民族綱領に寄せて」を掲載した。そして、1988年のヤンシャ事件は、その動きを決定的なものとした。青年雑誌『ムラディナ（青年）』をめぐり、機密漏洩のかどでヤネス・ヤンシャらに軍事裁判で禁固刑が科されたこの事件は、裁判に際しスロヴェニア語が用いられなかったこともあり、スロヴェニア人の間に連邦国家への反発が広がった。スロヴェニア人の間に独立へのコンセンサスが生まれ、独立が政治課題として浮上したのである。

（山崎信一）

12

独立への過程と「十日戦争」

★ユーゴスラヴィアからスロヴェニアへ★

「今夜、夢はかなった。明日は新しい一日である」――1991年6月26日夜、リュブリャナ中心部の共和国広場で開かれた独立式典で、大統領（正式には共和国幹部会議長）M・クチャンは、独立を謳う演説をこう締めくくった。そして新国歌となった「祝杯（ズドラウリツァ）」の演奏と歌声が流れるなか、会場中央の掲揚柱には新しい国旗が掲げられた。

前日にはスロヴェニア共和国議会で、「スロヴェニア共和国の主権と独立に関する基本憲章」「独立宣言」などが採択され、独立表明に向けた最終的な決議が整えられた。この「6月25日」は以後、「国家の日」として祝日に定められ、スロヴェニア国家の第一歩が踏み出された歴史的な日として記憶される。

このように今から25年以上前に宣言された独立は、スロヴェニアにとって歴史上はじめての独立国家の創設を意味した。それまで属した社会主義連邦国家ユーゴスラヴィアを離脱し、独自の道を歩んだ過程には、どのような背景と経緯があったのか。そこにはこの国が連邦国家の一員をなした、まさにその経験が深く関わっている。

第二次世界大戦後に建国されたユーゴスラヴィアにおいて、

スロヴェニアははじめて政治的単位として承認され、連邦を構成する6共和国のひとつとなった。独自の社会主義理念（「自主管理」）の下、分権化と自由化が推進され、共和国には大きな権限が認められた。とくに1974年以降の「緩い」連邦制では、統一国家の理念やイデオロギーが共有されつつも、外交と軍事以外の多くの分野で共和国ごとの経済・社会生活が営まれた。そのような大幅な主権を認められた共和国単位の枠組みとその実態が、後の独立をめざす過程に少なくない影響を与えたのは確かである。

もっとも、この緩やかな連邦制は当時、ユーゴスラヴィアの国是である諸民族の平等や多民族性の承認を積極的に実践した結果として考えられていた。実際1980年代中葉まで、共和国の独立が想定されることはほぼ皆無であった。逆に言えば、独立が現実の選択肢となり得る状況を生んだのが、80年代後半以降の目まぐるしい政治情勢の変化である。様々な要因の偶発的、また必然的な連関のなかで、連邦制からの離脱＝独立の路線が焦点化されていった。

何よりもその前提となったのが、ユーゴスラヴィアの体制の機能不全である。1980年代を通じて、経済危機が深刻化して国民の生活水準は低下し、政治的にはセルビアのコソヴォ自治州の統治と民族間関係をめぐる問題が長期化した。共産党政権の正統性は徐々に衰退し、体制批判や体制変革の論調が高まった。この点でスロヴェニアは最も顕著な事例であった。80年代前半には青年層を主体に「オルタナティヴ」と呼ばれる社会運動や文化芸術の様々な活動が生まれた。一方、民族派知識人の間では民族の利害を訴える言動が活発になり、とくに文芸雑誌『ノヴァ・レヴィヤ（新評論）』第57号（87年2月）は後の独立と民主化を支える重要な綱領となった。そしてこれらの諸活動は、88年6月からの「四人裁判」（この裁判を含む一連の出来事は、「ヤンシャ事件」とも呼ばれる。第11章参照）を機に結集し、より大きな運動に発展していくことになる。この軍事裁判では、ユーゴスラヴィア人民軍（ユーゴスラヴィアの軍隊で連邦の管轄）の機密漏洩をめぐって、共和国の党青年組織機関誌『ムラディナ（青年）』の関係者4名が裁かれた。これを受けて「人権擁護委員会」が創設され、大衆規模の抗議運動が展開するなか、人民軍への非難、スロヴェニアの主権の保持（公判がスロヴェニア語ではなく、多民族的な軍の「共通語」であったセルビア・クロアチア語で行われたことを受けて）などが主張されていった。

１９８９年になると、より分離主義的な傾向が顕在化した。その触媒となったのが、セルビアとの共和国間対立である。体制改革の路線をめぐって、スロヴェニアは分権化や独自性の保持を主張したのに対し、セルビアは連邦の再集権化をめざした。そもそも国内の経済的最先進地域であるスロヴェニアでは、例えば連邦への出資金をめぐる問題のように、連邦制によって搾取されているという言説がしばしば登場した。また当時の経済危機への対応として連邦の権限を拡大する決定がなされると、連邦に対する不満は一層大きくなった。89年9月には共和国議会において、共和国の主権を広く担保し強調する共和国憲法の修正条項が採択された。

他方、折しも１９８９年夏から、東欧諸国では共産党政権の崩壊が相次いだ（いわゆる「東欧革命」）。スロヴェニアはこの「民主化」の波に敏感に反応した。共和国内では、先の人権擁護委員会を中心に複数政党制を求める動きが主導されており、クチャン率いる当時の共和国党指導部もその流れを支持し、早くも同年12月末に複数政党制の導入と自由選挙の実施が決定された。加えて直後の１９９０年１月、連邦の共産党臨時大会が開催されると、連邦形態に関する議論の対立からスロヴェニアの代表団が退席し、統一国家の支柱であった連邦の共産党組織がそのまま解散に至る事態となった。

こうしてユーゴスラヴィアでも1990年には共産党の一党支配が終焉し、社会主義から西欧型民主主義への転換が進行する。スロヴェニアでは4月の議会選挙で野党連合DEMOS（スロヴェニア民主反対派）が議席の過半数を占め、大統領選ではそれまで共和国の共産党トップを務めたクチャンが勝利した。新政府を率いる連合内は政治的、思想的に多様で、齟齬も見られたが、唯一、独立路線に関しては共通していた。一方、直後のクロアチアの選挙では、非共産党系のクロアチア民主同盟とその党首F・トゥジマンが勝利し、従来以上にクロアチアの主権と独立を強調する政権が誕生した。この結果、スロヴェニアとクロアチアは、早くも6月頃から連邦離脱を視野に入れた共同歩調を開始し、10月には現行の連邦制を独立国家の連合とする国家連合案を共同で発表した。これに対し、残る4共和国では11～12月に選挙が実施されており、各首脳が揃う連邦全体の協議は翌年を待たねばならなかった。

共同歩調のなかでスロヴェニアの遠心傾向にはますます拍車がかかった。冷戦終焉直後の時代にあって、連邦に留まるよりも独立した形で東西ヨーロッパの統合に参入する方がより望ましい道筋であると考えられた。1990年12月23日に実施された独立の是非を問う国民投票では、共和国の有権者総数の88％という圧倒的多数が賛成票を投じた（結果が公表された「12月26日」は「独立と統一の日」として祝日に定められる）。これを受けて、共和国政府は6ヶ月の準備期間を設け、独立国家を確立するための制度上の手続きを進めた。1991年2月には、共和国議会が再び憲法修正条項を採択し、連邦の法体系からの離脱を決定した。その間1月から6月まで、連邦国家の将来像に関して、幾度にもわたって6共和国の代表が集まり、上述の国家連合案とその対案となった連邦再編案の間の協議が続けられ、一時は一定の合意がなされたかにも見えた。だが本章冒頭のように、6月25日、スロヴェニアとクロアチアの両議会はそれぞれ独立宣言を採択した。

しかしながら、独立の道程は平和裡に終わらなかった。ユーゴスラヴィアの連邦解体に際しては、クロアチアとボスニア・ヘルツェゴヴィナの戦争が知られているが、スロヴェニアでも短期間の戦争が生じた。独立に付随する国境管理の問題が武力衝突に発展したのである。

DELO
Samostojen časnik za samostojno Slovenijo
TEMA DNEVA
Dan D in potem
REPUBLIKA SLOVENIJA SAMOSTOJNA DRŽAVA!
DANES V DELU
Hrvaška je samostojna
Zvezni zbor Sloveniji odrekel legitimnost sprejete odločitve

独立を宣言する関連諸法が決議された翌日の国内主要紙『デロ（*Delo*）』1面（1991年6月26日）。題字下に「スロヴェニア共和国、独立国家！」の見出しが載る

独立式典が行われた6月26日、前日の議会の決議を実行に移すべく、スロヴェニア政府は、共和国領内のオーストリアやイタリアとの国境施設、および空港の出入国施設を接収し、共和国の管理下に置く措置をとった。この実力行使に対し、連邦当局は施設の奪還を命じ、ユーゴスラヴィア人民軍の部隊が出動する。国境や空港に急ぐ人民軍の戦車や装甲車を待ち受けていたのは、各地の道路を封鎖

したバリケードとスロヴェニア軍であった。1990年以降、独立に向けた動きが加速化するなか、共和国政府は独自の軍事組織の建設を秘密裡に進めていた。連邦当局は当然警告や武装解除を発したが、共和国国防省を中心に武器密輸が進められ、ユーゴスラヴィア独自の防衛戦略によって連邦全土に配置されていた地域防衛隊を基礎に兵力の編制が行われた。両者の戦闘は27日から発生し、ヨーロッパ共同体（EC）の仲介のもとでいわゆる「ブリオニ宣言」が合意される7月7日まで断続的に続いた（「十日戦争」と呼ばれる）。2000人の人民軍の部隊が若年兵士中心であったのに対し、スロヴェニア軍は士気と戦術で上回り、戦局を優位に進めた。ある数字によれば、10日間の戦死者60名のうち、スロヴェニア軍は12名、人民軍は48名であり、人民軍の4分の3以上が捕虜になったという（岩田昌征『ユーゴスラヴィア』NTT出版、1994年、84頁）。

ブリオニ宣言によって、スロヴェニア（およびクロアチア）の独立宣言は3ヶ月間凍結された一方、同宣言を踏まえ、連邦当局は人民軍のスロヴェニアからの撤退を決定した。これにより、離脱の障壁はとり除かれた。他方、独立の国際的承認をめぐっては、当初欧米主要国は判断を見送っていたものの、積極的なドイツが同年12月に単独で承認に踏み切ると、翌1992年1月にEC諸国が2共和国の独立を承認した。こうして世界的にも承認の動きが広まり、同年5月にはスロヴェニアの国際連合への加盟も認められることになる。

（鈴木健太）

アンゲラ・ヴォデ——反骨の精神を貫いた女性

コラム4

柴 宜弘

アンゲラ・ヴォデは1892年にリュブリャナで生まれ、1985年に同地で生涯を閉じるまで、社会的・政治的なマイノリティの立場から反骨の精神を貫き、知的障害児教育や女性の権利拡大に奔走した女性である。第二次世界大戦後の社会主義ユーゴスラヴィアの時代に、ヴォデの存在はほとんど知られておらず、1991年6月25日のスロヴェニアの独立以後、3冊本の著作集がスロヴェニア語で出版されるにいたり、その存在がようやく知られるようになった。

ヴォデが生まれた当時、スロヴェニアはハプスブルク帝国（オーストリア・ハンガリー二重君主国）の統治下にあった。この時代のスロヴェニアでは、まだ女性の職場が限られていた。有能な女性の多くと同様、1911年にヴォデも初等学校の教員となった。多民族国家の典型であったハプスブルク帝国では、諸民族の自治を求める民族運動が活発になっていた。第一次世界大戦を前にして、スロヴェニア人の地域でも反ハプスブルクを掲げる若いスロヴェニア人たちの民族運動が生じた。ヴォデはこうした運動に身を投じたため、1917年には教員の職を解かれた。

第一次世界大戦後、スロヴェニアは新たに建国されたセルビア人・クロアチア人・スロヴェニア人王国（1929年にユーゴスラヴィア王国と改称）の一部となった。ヴォデは戦後、プラハ、ベルリン、ウィーンで知的障害児教育の勉学を続けたあと、リュブリャナに戻り1944年まで知的障害児の学校の教員として働いた。両大戦間期に、社会的な不公平の是正を求める女性運動が展開されると、ヴォデはその主要な活動家の一人になった。1920年代初頭には、ス

アンゲラ・ヴォデ

ロヴェニア労働者社会党（共産党）に入党したが、1939年8月に独ソ不可侵条約が結ばれると、これを批判したため党を除名された。

第二次世界大戦期、イタリア占領下のリュブリャナで抵抗運動「解放戦線」がつくられると、ヴォデはすぐさまこれに加わり、この組織の執行委員会の一人となった。しかし、「解放戦線」を指導していたのは共産党であり、この組織が自立した知識人の自由な活動や発想を生かせないことに失望して、ここを離れた。ヴォデは人道援助に徹し、強制収容所に送り込まれた人々に食料や衣料を送り届ける組織を作り、活動を行った。ヴォデ自身も1944年には政治犯として逮捕され、ドイツの強制収容所に数ヶ月間送られている。

第二次世界大戦後、チトーを指導者とする社会主義ユーゴスラヴィアが成立すると、ヴォデは反共産党の政治組織の結成を目指すグループに参画した。1947年には逮捕され、ヴォデを含む15人が裁判にかけられて、国家反逆罪に処せられた。以後、1953年まで政治犯として収監され、その後も公職追放が続いた。社会主義ユーゴスラヴィアで、ヴォデの名はしだいに忘れ去られていった。1970年代中頃になると、民族主義の視点から「修正主義」の動きが現れ、スロヴェニアでは、枢軸軍に協力した郷土防衛隊（ドモブランツィ）の評価をめぐって歴史の見直しが続いた。しかし、ヴォデのような自立・自主の反体制知識人たちの評価の見直しが行われることはなかった。
1991年のスロヴェニアの独立とともに、ヴォデたちの裁判判決の取り消しが行われ、全員の名誉回復がなされた。ヴォデの死後、6年経ってのことだった。1998年から2000年にかけて、ヴォデの著作集、第1巻『ジェンダーと反逆』、第2巻『個性と運命』、第3巻『記憶と忘却』がスロヴェニア語で出版された。

一貫して、自立した一個人の判断から、時代に流されることなくあらゆる権威に抵抗したヴォデの生涯は感動的でさえある。ヴォデのような女性が独自の社会主義を貫いたユーゴスラヴィア時代のスロヴェニアで、なぜ名誉回復されずに闇に葬られてしまったのか、今後、歴史的な検証が必要であろう。

III

多様な地域

13

首都リュブリャナ

★竜伝説の市★

スロヴェニアの首都リュブリャナの市章はゴシック調の盾の形をしている。背景は赤で、その前方に緑の丘が、丘の上には銀色の城壁と時計塔が描かれている。時計台の上には、翼を広げ長い尾を丸めた竜（ドラゴン）がいる。古代ローマの著述家で博物学者のプリニウスが伝える話によると、紀元前1300年頃、一匹の恐ろしい竜が現在のリュブリャナ近くの湿地帯に生息していた。ギリシャ神話の英雄イアソンがアルゴー船に乗った勇士たちを引き連れこの湿地帯を通過した際、この竜を討ち取ったとされる。しかし、他の言い伝えによると、リュブリャナ城内の教会の守護聖人ユリ（聖ゲオルギオス）がキリスト教以前の信仰の象徴である竜を討ち取ったとされる。そのため、歴史家たちはこの竜がリュブリャナのシンボルの一部になった、あるいは竜はそれまで単なる動物だったが、城壁や城門を描いた中世の紋章に装飾物として添えられたと考えている。竜は現在でもなお人気のある市のシンボルであり、竜の橋はリュブリャナ最大の観光スポットの一つである。

リュブリャナは南東アルプスの東端に位置し、標高は295メートル。城がある丘陵地帯のふもとのリュブリャニツァ川に

リュブリャナの市章

沿って広がっている。この地に人類の痕跡が残されるのは、新石器から中石器時代にまでさかのぼることができる。紀元前2000年頃から、人がこの湿地帯に居住するようになった（現在のリュブリャナ近郊の湿地帯にある住居跡を示す一連の15の杭は、ヨーロッパのこの地域の銅器時代の遺跡のなかで最も興味深いものの一つである）。紀元前1世紀に、ローマ時代の要塞コロニア・ユリア・エモナが今日のリュブリャナの地につくられた。ここには5000人が居住したが、452年にフン人によって破壊された。6世紀から9世紀にかけて、スラヴ人（スロヴェニア人の祖先）がこの地に定住するようになる。

リュブリャナという名称は、12世紀にドイツ語で初めて言及されたライバッハ（湿地帯の意味）に由来している。スラヴ人やローマ人によるルヴィガナという呼称も12世紀にみられた。12世紀後半期には、都市の建設が始まり、堅固な城壁がつくられた。リュブリャナの発展にとって最も重要な要因は、北方からアドリア海への、また西欧からバルカンへの交通路に位置していたことである。リュブリャナは1335年に、ハプスブルク家の支配下に置かれた。リュブリャナはハプスブルク家がアドリア海やトリエステの港に進出する立脚地となり、オスマン帝国がバルカン半島に進出し、ハプスブルク帝国とヴェネツィア共和国との関係が悪化したあとは戦略上の要地にもなった。

16世紀以来、リュブリャナはハプスブルク帝国のカルニオラ州の州都となり、司教座が置かれ、スロヴェニア人が居住する地域のなかで最大の経済活動の中心地となった。およそ5000人の住民が

竜の橋［提供：Ljubljana Tourist Board archive］

生活しており、町はドイツ的な外観を呈していた。上層民はドイツ語を話し、土着のスラヴ語方言を話したのは下層民だけであった。しかし、リュブリャナは16世紀前半には、スロヴェニア語を用いるルター派の活動の中心にもなった。スロヴェニアのプロテスタントはスロヴェニア語による学校を創設し、初めてスロヴェニア語の書籍を出版した（主としてドイツで印刷されたが、1575年にようやく、リュブリャナで印刷されるようになった）。16世紀末に排他的なカトリック教会が勢力を回復すると、プロテスタントは追放され、学校は閉鎖されてしまった。1597年、イエズス会がリュブリャナに布教活動にやってきて、ギムナジウム（中等学校）や神学と哲学研究のカレッジを設立した。1773年にイエズス会が禁止されたのち、この学校は国の中等学校とされた。

リュブリャナには、中世やルネサンス期の建造物はほとんど残っていない。リュブリャナ城が築かれたのは、11〜12世紀であるが、城内の建造物の大半は16〜17世紀のものであり、一部は19世紀につくられた。17世紀にバロック様式がイタリアから広まり始め、18世紀にはイタリアの建築家や彫刻家が新バロック調の街並みをつくりだした。ニコライ聖堂（リュブリャナ聖堂）、フランチェスコ会教会、ウルスラ会教会、噴水のある市庁舎など多くの建物はこの時代につくられた。1693年には、科学・芸術協会アカデミア・オペロソルム（「勤勉なる者のアカデミー」の意味）が創立され、市の公共の図書館を初めて設置した（神学校の建物は、現在でも来訪者に開放されている）。

フランスのナポレオンがこの地にも勢力を拡大し、1809年にハプスブルク帝国がアドリア海沿海地方とその後背地をフランスに割譲した結果、リュブリャナはイリリア諸州と称されるフランスの自治州となった（第6章を参照）。1813年秋、フランス軍がイリリア諸州から撤退すると、ハプスブルク帝国の支配が復活した。1821年には、神聖同盟（ロシア、プロイセン、オーストリア3国君主の同盟）の会議がリュブリャナで開催された（市の中央の広場の一つは、現在、会議広場と呼ばれている）。19世紀の市の外観はもっぱらドイツ的であったが、スロヴェニア人の文化運動が活発になり、1860年代以降はスロヴェニア人の政治生活や政治活動の中心となった。スロヴェニアの最も重要な文化、政治、経済の諸団体が、リュブリャナで結成され、文化関連の新聞・雑誌がここで刊行された。20世紀初め、市の人口は3万7000人（このうち、85％がスロヴェニア人）であり、スロヴェニア語とドイツ語の二言語状況が続いた。1895年の地震で市街地は崩壊したが、1910年までには、ウィーンの分離派の様式で完全に復興した。スロヴェニア人都市エリートたちは経済力を蓄え、詩人フランツェ・プレシェレン（第46章を参照）やスロヴェニア語で初めて本を出版したプリモシュ・トルバルを讃える記念碑を建造することで、自らの力を示した。ハプスブルク君主国が崩壊し、1918年にセルビア人・クロアチア人・スロヴェニア人王国が建国されると、リュブリャナはようやくスロヴェニア人の町になると同時に、新国家ユーゴスラヴィアのスロヴェニア人地域の政治、経済、文化の中心地となった。主要な文化、教育、科学、芸術の諸機関だけでなく、スロヴェニアの政党、銀行、最も重要な企業の本部がリュブリャナに置かれた。1919年にはリュブリャナ大学が、1938年には科学・芸術アカデミーが創立された。リュブリャナの中心は1921年から、建築家ヨジェ・プレチュニク（第50章を参照）によってデザインし直された。プレチュニクは古典的な建築技法と近代の革新的な技法を用いて、長く耐えうる特有の雰囲気を町に漂わせた。

第二次世界大戦の時期、リュブリャナは1941年にイタリアにより、1943年からはイタリアに代わりドイツによって占領された。リュブリャナは占領軍に対する抵抗運動だけでなく、占領軍との協力者たちの中心地でもあった。1945年、ユーゴスラヴィア社会主義連邦を構成する一共和国、スロヴェニア共和国の首都とされた。これ以前にも、工場や企業はあったが、1945年以後になって初めて、真の意味での工業都市に成長した。リュブリャナ市は管轄する地域を拡大することに伴い、1948年には8万9599人だった人口が、1991年には26万7000人に増大した。

リュブリャナは1991年から独立スロヴェニアの首都となり、現在、人口は約29万人に達している。

（ペテル・ヴォドピヴェツ／柴 宜弘訳）

14

マリボルとシュタイエルスカ

★緑の丘陵とワインの郷★

スロヴェニアの国の形は鶏に似ている。ハンガリーのパンノニア平原に続くプレクムリェ地方が頭で、シュタイエルスカ地方は、その首から胴に当たる。緑におおわれた丘陵に若草色の牧草地とブドウ畑が広がるなか、赤茶色の屋根と白い壁の家々が点在、窓辺には季節の花がとりどりに咲き乱れている……。これがシュタイエルスカ地方の典型的な光景である。

シュタイエルスカの地名は、西暦955年オットー大帝がレヒフェルトの戦いでマジャール人の侵入を退け、現在のオーストリア南部からスロヴェニアにわたる地域にスティリアの名を用いたことに始まる。オーストリア側の地域は、今もグラーツを中心都市とするシュタイアーマルク州である。

鶏の「首」の部分にスロヴェニア第二の都市マリボルがある。マリボルの人口は11万5000で、ドラヴァ川の川沿いに発達した商業都市であった。川沿いの場所はレントと呼ばれて、今でも旧市街の面影を残している。

特に有名なのが、ギネスブックに掲載されているという最古のブドウの木で、観光客が必ず訪れる場所である。毎年10月初め頃このブドウの収穫祭があり、そのブドウで作られるワイン

ドラヴァ川に面したマリボルの旧市街レント
［提供：www.maribor-pohorje.si, by Matej Vranic Sto］

は、市の貴重な財産として顕彰などに用いられている。だいたいこの地方は白ワインの生産が主だが、このモニュメントの木は赤ワイン用のブドウである。

旧市街には15世紀に建てられた領主の館がある。隣接する広場は地下がワインの貯蔵庫になっていて、「マリボルはワインセラーの上に町がある」と言われるほど規模が大きい。広場の北には市民公園がある。市民がよく散策する所で、中学生くらいの子供が親と一緒に散歩しているのも珍しくない。家族間の絆が強いからだろう。ゲームセンターなどは見あたらず、若者たちは劇場やスポーツ施設、あるいはショッピングやディスコなどで余暇を楽しんでいる。

この公園の奥からピラミダと呼ばれる小高い丘に登る道があり、頂上には11世紀にハンガリーの侵攻を防ぐために建てられた砦の遺構がある。マルフブルフという名が伝えられているので、これがマリボルの語源だろうか。この丘にはマリア像を納めた白い小さなチャペルもあり、町を見渡す絶好の展望台でもある。この丘に続く森もまた散歩に格好の場所で、スキーのストック様の杖を両手にした人たちによく出会う。見知らぬ人でも「こんにちは」と挨拶を交わすのが常である。

マリボルは２０１２年度のヨーロッパの文化首都に指定され、様々な行事が行われた。おかげで道路や建物の外装などの整備が進み、町が見違えるようにきれいになった。しかし気になるのは、旧市街地域の商店街の寂れようである。

マリボルは旧ユーゴ時代から工業の中心地で、郊外には工場地帯が広がっている、いや広がっていたというべきか。町の人によれば、１９９１年の独立を機に経済体制が変わった際に、マリボルの工場のほとんど全部が破産したそうだ。

しかし最近そんな工場の跡地が広い駐車場を備えたショッピングモールに変わり、車で入りにくい町の中心部の店が、お客を取られてしまっている。休日には、ドラヴァ川を隔てたショッピングセンター「ユーロパーク」が、息抜きを兼ねた買い物客で賑わっている。

マリボルには2万人の学生がいるといわれ、学生の街でもある。ヨーロッパでは普通だがここも日本でいうタコ足大学で、町の各所に学部が分かれていて、どこでも学生たちに出会う。夏休み中も、特に6月の終わりに行われる「レント・フェスティバル」には、至る所にステージが造られ、歌や踊りでたいそう賑やかである。大学でもこの機会を利用して様々な夏季講座を用意している。

もう一つマリボルの特徴は、ヨーロッパでも有数のオーケストラの学校とオペラ座を擁することである。オペラはいつも満席で、そのような伝統文化を支える人が多いことも、文化レベルの高さの表れであろう。

マリボルのすぐ南にはポホリェという標高１０００メートルから１５００メートルほどの山がある。

ピラミダの丘から見たマリボルの町とポホリェの山並み
[提供：www.maribor-pohorje.si, by Jurij Pivka]

山頂まで車やケーブルカーで入れて、冬にはスキーの国際競技、夏はハイキングと、マリボルはまたレジャーの町でもある。

ポホリェ山地はマリボルに始まり西に向かって次第に高度を上げ、やがてオーストリアとの国境をなすカラヴァンケ連山へ、あるいはスロヴェニアの屋台骨とも言えるサヴィニャ・アルプス、ジュリア・アルプスへと続く。ポホリェは森や湖の美しい地域である反面、かつてパルチザン軍の拠点でもあった。

マリボルからドラヴァ川を20キロほど南東に下ったところに、ローマ時代の遺跡が残る古い町プトゥイがある。小高い丘に築かれた館を遠くからも見ることができる。2月には、日本の「なまはげ」に似た装束で厄払いをする「クレント」という祭りがある。異様な面と毛足の長い毛皮を纏い、カウベルをいくつも腰にぶら下げた装束の重さは、20キロにもなるという。

マリボルとプトゥイを結ぶドラヴァ川の東は、ブドウ畑が連綿と続くワインの産地で、そこにイェルザレムという村がある。イスラエルのエルサレムを連想させるが、地元の人の話では、その昔十字軍がイスラエルを目指した行軍中にこの村にとどまり、あまりに旨いワインと美しい女性たちにそそのかされて、ここを目的地のエルサレムだとしてしまったとのこと。話は座興としても、美味しいワインだけは今も確かに残っている。

マリボルから首都リュブリャナへは約130キロあるが、その道程のほぼ半分の所に、ツェーリエというスロヴェニア第三の町がある。人口は約5万で、旧ローマ時代の館の跡が残り、特に14世紀にツェーリェ伯家が婚姻によってヨーロッパの名家に連なって、ポーランド・リトアニアのアンナ王妃、神聖ローマ帝国のバルバラ女王などを輩出した栄光の歴史がある。15世紀にハプスブルク家に取って代わられるが、丘の上の城のみならず、駅周辺の旧市街のあちこちにも、栄光の跡が残されている。

ツェーリェ付近の平野にはホップが多く栽培されている。すぐ南にビール生産で著名なラシュコがあって、サヴィニャ川の濃いエメラルド色の渓流が美しい町である。プトゥイもそうだが、ここでも温泉を利用したレジャー施設が人気を呼んでいる。

シュタイエルスカ地方の南端を流れるサヴァ川を下り、クロアチアとの国境まであと20キロという地点に、旧ユーゴ内で唯一の原子力発電所があって、スロヴェニアとクロアチアに電力を供給している（コラム6を参照）。シュタイエルスカを一言でいえば、自然に恵まれた楽園だが、ここにも現代の生活と折りあいをつけなければならない現実がある。

（日下部　慧）

15

アドリア海とプリモルスカ（沿海地方）

★地中海的スロヴェニア★

リュブリャナから西方にあるプリモルスカに向かうときはいつも心が弾む。分水嶺を越えてアドリア海側に入ると、そこはプリモルスカだ。リュブリャナは霧でも、プリモルスカはだいたい晴れ。家の形も地中海風になる。食べ物も変わる。内陸のハムやサラミは固く燻製されるのに対して、プリモルスカでは、冬の空っ風で乾燥されるので柔らかくて香ばしい。プリモルスカは別世界だ。

その名は、ハプスブルク帝国時代の沿海地方（キュステンラント）に由来する。第一次世界大戦後、イタリアに割譲された沿海地方と中部スロヴェニアの西側約3分の1の地域が、第二次世界大戦後にスロヴェニア領とされてから、その地域全体をプリモルスカと呼ぶ習慣ができた。

プリモルスカの大部分は地中海の気候や文化から影響を受けているので、地中海的スロヴェニアと言ってもよい。地中海的世界はオリーブが採れる地域と一致するという。一方、地理学的に見て、黒海とアドリア海との分水嶺下のアドリア海側というと定義が簡潔になるだろう。このように見てプリモルスカは三つの地域に分かれるのである。①アドリア海に面している地域、狭義での沿海地方、②カルスト高原、そして③アルプスおよびアルプス山麓を含むソチャ川の水域である。

アドリア海沿いには、コペル、イゾラ、ピランという三つの、すべて古代ローマ時代かそれ以前に由来する町がある。古代ギリシャ時代からあるコペル（市街地の人口2・5万人、市全体の人口3・7万人）は、現在沿岸カルスト地域の行政、農業、産業および教育の中心地だ。北アドリア海では最大の港湾を誇り、大きなワイナリー、自動車部品産業などもあれば、「プリモルスカ国立大学」の所在地でもある。中世・ルネサンスの雰囲気を残しているヴェネツィア調の市庁舎（現在、プリモルスカ大学の本部）、町の有力者が集まっていたゴシック様式の美しい館ロッジャ、12世紀に建設された聖母被昇天大聖堂とその隣にある鐘楼など現在も旧市街の魅力の一つだ。コペル港にはまた、世界各地からの豪華旅客船が連日寄港している。

コペルから6キロ離れたイゾラの町は沿岸では最も小さい（市街地の人口1万人強、市全体の人口1・5万人弱）。古代ローマ時代にすでにあったイゾラは漁師の町だったが、現在は中世に形を整えた町の中心街とそれに隣接する海水浴場のお陰で静かな観光ブームに沸いている。

イゾラからさらに6キロほど南には、ピランの町がある。ここも古代ローマ時代からある町だ。長いヴェネツィアの支配が町の中心街の景観を特徴付けている。町にはバロック音楽の作曲家・ヴァイオリニストのジュゼッペ・タルティーニや版画家のピラネージが生まれ、一時活躍していた。中世に町を守るために作られた城壁も、ほぼそのままである。古来、ピランは塩造りと農業（ワインとオリーブ）が主要産業だった。ハプスブルク帝国時代からは観光が発達しはじめ、ピランの隣にできたポルトロ

ピラン市のタルティーニ広場。作曲家・ヴァイオリン奏者のタルティーニの銅像が立っている［提供：Ubald Trnkoczy/Slovenian Tourist Board］

シュ（バラの港の意味）が現在スロヴェニア観光のメッカになっている。

第二の地域であるカルスト高原と言えば、まず無数の鍾乳洞だ。一番有名なのは、鍾乳石の多い「バロック」調のポストイナ洞窟とそのスケールの凄まじさから「ゴシック」調といわれるユネスコ世界遺産のシュコツィヤン洞窟だ。カルスト高原の東側は牛や羊の放牧が営まれている。海沿いの地域に繋がる断崖絶壁を境とする西側は標高がいくらか低いので、名物ワインのカルスト・テランと生ハムのカルスト・プロシュート（クラシュキ・プルシュト）で有名だ。

第三の地域のなかで、カルスト高原とアルプス山麓高原に挟まれているヴィパヴァの谷は温暖で、ブドウや桃、ワインの名産地である。その中心であるアイドウシュチナの町には古代ローマ時代の面影が強く残っているだけでなく、最先端の技術を駆使して軽量飛行機を生産するピピストレル社もある。他にもハイテクの色々な企業が点在している。この隣の町ヴィパヴァには、大きなワイナリーとノヴァ・ゴリツァ大学（公立）の本部がある。

ヴィパヴァの谷を西へ進むと、イタリアの国境沿いに広がっているノヴァ・ゴリツァ（市街地の人口1・3万人、市全体の人口3万人）の町がある。現在、プリモルスカ北部の行政、文化、教育、医療、産業の中心だ。従来の中心地だったゴリツァ（イタリア語でゴリツィア）が戦後、イタリア領にとどまったので、新しくできた町だ。ハイテク企業やそれを支えているノヴァ・ゴリツァ大学の他に、ワイン名産地のブルダの入り口でもある。

ソチャ川に沿って北に行くとソチャ川とイドリツァ川の合流地点の近くにトルミン（ソチャ川上流の中心地）という中世からの町がある。地域の行政の中心だけでなく、自然保護を進めながらの独自の観光開発でも有名だ。イドリツァ川を遡ると地中海的世界に取って代わって、アルプス山麓の世界が現れる。家や集落は中部スロヴェニアに似ている。まずはツェルクノという小さな町がある。ジャズフェスティバル、伝統行事のプスト（謝肉祭）で有名なこの町は家電工場があることでも知られており、周辺の山には大きなスキーリゾートもできた。近くに、第二次世界大戦中のパルチザンが山中に築いたフラニャ病院という野戦病院が残されていて、現在はユネスコ世界遺産になっている。

さらに奥に進むとイドリヤの町にたどり着く。16世紀から20世紀半ばまで、水銀生産が世界2位か3位だった町には、今も水銀汚染による被害の爪痕が残っている。数年前に水俣市と姉妹都市になった。にもかかわらず、この山岳地帯の「頑固な」人々はその後、ハイテク産業をいくつも興し、コレクトルという企業は、韓国や中国にも子会社を持つ。水銀鉱山は今やユネスコ世界遺産になり、鉱山会社の本部だった「イドリヤ城」には水銀生産と郷土史に関する博物館がつくられた。

トルミンからさらにソチャ川を遡ると、ソチャの谷の最後の地中海的な町コバリトにたどり着く。第一次世界大戦の激戦地帯だったコバリト（イタリア語名カポレット）は、いまは落ち着いた町に様変わりした。第一次世界大戦博物館は世界的にも高い評価を受けている。周辺の高原の牧場で生産された牛乳から、国内一の美味しい乳製品を作っているプラニカ社がある。この地域で現在、最も重要なのは観光収入だろう。ジュリア・アルプスへの登山口としての地理的な条件と自然に恵まれたお陰で、この地域は国内指折りの郷土料理をベースにした創作料理が食べられ、それが魅力になっている。

コバリトと違って、カニン山塊の麓にある隣の町ボーヴェッツは完全にアルプス的な景観を持つ。かつては農業で何とか生活を営んできたこの地域は、いまはカニンのスキーリゾート、周りの山とソチャ川やその支流で楽しむラフティングやキャニオニングなど、すっかり観光中心になった。

さらに北に行くと、トリグラウなど最大の山の麓にトレンタの谷が延びている。ここは本格的なアルプスの世界だ。ソチャ川の水源から道路がヴルシッチ峠にさしかかる。この道の建設には、第一次世界大戦中、ロシア軍の捕虜があてられた。強制労働中に死んだロシア兵たちを悼んで作られたルスカ・カペリツァ（ロシア教会堂）が、いまもその苦痛を物語っている。

概観してきたように、プリモルスカはアルプスからアドリア海までと非常に多様で、ラテン的世界、ゲルマン的世界とスラヴ的世界の狭間にあるだけに、複雑な悲しい歴史を持つ地域である。一方、潮風の影響なのか、山岳地帯の人の頑固さなのか、そこに住む人びとは積極的で、常に新しい道を切り開こうとしている。

（アンドレイ・ベケシュ）

コラム5

アンドレイ・ベケシュ

ピラン塩田

ピラン塩田の最初の記録は9世紀初めにある。イストリア半島もその支配下であった海洋国家ヴェネツィア共和国の政策で、14世紀から、ピランは北東アドリア海の最大の塩田となる。塩はヴェネツィア共和国の専売品であった。18世紀の末、ヴェネツイア共和国は滅び、ピラン塩田は次第にハプスブルク帝国の支配下に入る。第一次世界大戦が終結し、今度はイタリア王国領になる。第二次世界大戦後、トリエステ自由地域をへて、1954年、ユーゴスラヴィアのスロヴェニア共和国に組み込まれる。塩を伝統的な工法で作り続けてきたが、当時のユーゴスラヴィアでは、塩田より、岩塩の生産が重視されていたので、生産は下火となって、1968年から伝統的な工法による塩の生産をいったん中断した。しかし、塩田そのものは、伝統文化の遺産であり、また野鳥および渡り鳥の貴重な住処なので、ピラン塩田の一部であるドラゴニャ川沿いのセチョウレ塩田だけが保存され、1990年にセチョウレ塩田自然公園となる。

独立後のスロヴェニアでは、残された塩田の中にピラン市立博物館付属の塩田博物館が開かれ、観光客を引きつけてきた。セチョウレ塩田自然公園の活動の一環として、伝統的工法の塩造りも再開され、塩は「ピランの塩」というブランドで売り出される。美食への関心も高まりつつある1990年代、2000年代では、「ピランの塩」、その中で特に「塩の花」（スロヴェニア語で「ソルニ・ツヴェート」、フランス語で「フルールデュセル」）がヒット商品となり、『ニューヨークタイムズ』にも記事が出るほど世界中から注目を浴びるようになる。

「塩の花」というのは、田圃のような浅い囲いに流し込まれた海水が蒸発していく過程でできる、塩のもっとも上部の薄い結晶の層を指す。この結晶は塩化ナトリウム以外の様々なミネラルも豊富に含み、味のバランスが良く、『ニューヨークタイムズ』によると、今はアラン・デュ

ピラン市セチョウレ地区にあるピラン塩田の塩の収穫
［提供：Ubald Trnkoczy/ Slovenian Tourist Board］

カスのような世界の一流シェフも愛用する塩になった。

塩造りを任されている企業のソリネ社は、食塩だけでなく、品質のあまり高くない塩もバスソルトとして商品化し、塩田の底に自然にできる泥も石鹸などさまざまな美容のための製品として蘇らせている。「塩の花」入りのビターチョコレート、イストリア半島の名物トリュフの「塩の花」漬けなど、面白いグルメ製品もできている。その製品はすべて、首都や観光地に開店したこざっぱりした専用のブティックで人気のお土産として販売されている。利益は、セチョウレ塩田自然公園の運営にまわされている。

ピラン塩田は一時、塩の生産が下火になって滅びそうになったが、スロヴェニア独立後の上手な運営で地元の伝統文化、食文化と密接に結びつくことで、再び、花を咲かせた面白い例である。

16

ノヴァ・ゴリツァ

★対立を乗り越えた国境の町★

ノヴァ・ゴリツァはスロヴェニアの西端、イタリアとの国境に接する町である。ノヴァ・ゴリツァとはスロヴェニア語で「新しいゴリツァ」を意味し、国境を挟んでイタリア側にはゴリツィアという町がある。ゴリツィアという地名自体、スラヴ語の「ゴリツァ（小さい丘）」に由来しており、この二つの町はともに「ゴリツァ」もしくは「ゴリツィア」の名を冠する一つの町だった。

旧ユーゴスラヴィア地域のような多民族地域では、名称が言語により多岐にわたることは珍しくない。ゴリツィア／ゴリツァの場合、この地がスラヴ人の定住地であった一方で、イタリアやオーストリアの影響下に入ったことから、それぞれの言語で土地の名が呼ばれてきた事情がある。先述の通りスラヴ語では「ゴリツァ」、イタリア語では「ゴリツィア」、そしてドイツ語では「ゲルツ」と呼ばれ、それぞれがそれぞれの呼称を用いてきた。この地は現在、イタリアとスロヴェニアという二つの文化の境界に位置しているが、歴史的にも複数の文化の境界に位置してきたことが窺える。

ゴリツィアの名が史料に初めて登場するのは１００１年にま

でさかのぼり、フリウリ＝ヴェネツィア地方の中心地アクイレイアの大司教とフリウリのエッペンシュタイン伯にこの地が与えられたことが記録に残っている。また、土地が封授される際、この地にスラヴ人が居住し、スラヴ語で「ゴリツァ」と呼ばれていることも伝えられている。1107年にはバイエルンのマインハルト伯がアクイレイア司教の代官としてこの地に封じられ、地名に基づき「ゲルツ伯」と称した。ゲルツ伯はアクイレイアの弱体化に伴い間もなく自立し、ヴェネツィアに対抗するため14世紀までにハプスブルク家の庇護下に入るが、時の神聖ローマ皇帝ジギスムントと対立し、1420年代にはヴェネツィアに従属した。オスマン帝国の侵入を受けたのち、ゴリツィアは再びオーストリアの領有となり、さらにナポレオン戦争の際にはフランス領イリリア諸州に組み込まれるなど、その帰属が目まぐるしく変わったが、第一次世界大戦に至るまで基本的にはオーストリアの下にとどまった。1850年代に敷設された鉄道路線も1907年にはウィーンまで延伸され、このような歴史的経緯から、ゴリツィアではイタリアとの統一を目指す組織が結成される一方で、ハプスブルク家に対する愛着というものも残った。

しかし東部欧州の例にもれず、この地も第一次世界大戦前後からいわゆる民族問題が顕在化する。オーストリアとイタリアの境界に位置するゴリツィアは、第一次世界大戦では両国が対峙する最前線となった。戦後、ゴリツィアはイタリアに正式に併合され、町は周囲のスラヴ人農村地域を取り込む形で拡大した。1921年のイタリア側の統計によれば、地域の4万7000人の人口のうち、45・5%がスロヴェニア人、33%がイタリア人、20・5%がフリウリ語話者であったという。スロヴェニア人たちに対してはムッソリーニ政権下で強圧的なイタリア化が図られ、あらゆるスロヴェニア人組織が解散され、公共の場でのスロヴェニア語の使用は禁止された。反ファシズム・分離主義的なスロヴェニア人地下組織が生まれる一方で、多くのスロヴェニア人がユーゴスラヴィア王国や南米へと移住した。

第二次世界大戦中、ムッソリーニ政権の崩壊後にドイツがこの地を接収すると、これに対してイタリア人とスロヴェニア人の両者が抵抗運動を展開するが、それも常に協力関係にあるわけではなかった。1945年5月初め、チトーと現地パルチザンによってこの地は解放されるが、その際にイタリア系住民や兵士の殺害があったとも言われ、その後は連合国の管理下に置かれた。この地にも多民族ゆえの近代史的困難が存在していたと言える。

第二次大戦後の都市建設には青年たちが参加した

およそ2年にわたる連合国管理期間を経て、1947年9月15日、ゴリツィアはイタリアと社会主義ユーゴスラヴィアに分割して編入された。戦前のゴリツィア自治体のおよそ半分、人口にして約20%がユーゴスラヴィアに割譲されたが、街の中心地はイタリア側に配され、ユーゴスラヴィア側の領域には郊外の湿地帯があてがわれた。この地に建造された町が、「新しいゴリツィア」——ノヴァ・ゴリツァであった。

都市計画は、当時のスロヴェニア人民共和国建設大臣イヴァン・マチェクの指揮の下、早くも1947年には着手され、建築家エドヴァルト・ラウニカルが実際の都市計画を担った。ラウニカルは、リュブリャナ市内の建築で知られるヨジェ・プレチュニクに師事し、ル・コルビュジエの指導も受けた建築家で、のちにはリュブリャナの複合文化施設ツァンカリェウ・ドムや共和国広場の建造を手掛け、スロヴェニア現代建築を代表する存在となる。

1948年に実際の建築が開始されるものの、ラウニカルの野心的な都市計画は、戦後の物資不足や人手不足もあり必ずしも順調ではなかった。その問題を解決したのが青年層の労働参加だった。戦争直後のユーゴスラヴィアでは、各自治体に「旅団」と呼ばれる青年組織が生まれ、若者たちが各地で規模の大小を問わず土木・建築事業に携わった。「青年労働活動」と総称されるこの活動によってノヴァ・ゴリツァのインフラ整備も進み、かつての湿地帯には市庁舎はもとより、集合住宅や文化施設、大型デパートまでが建造され、1950年には700人が居住し労働活動を送るようになった。

しかしながら、1950年代にはノヴァ・ゴリツァの都市計画は国家プロジェクトとしては継続されず、ラウニカルの構想の多くも事実上頓挫した。以降、ノヴァ・ゴリツァの発展は、いわば「双子の姉」とも言えるイタリア領ゴリツィアとのつながりの中で追求されていくことになる。ゴリツィアとノヴァ・ゴリツァの間には国境があり、実際にフェンスが設けられていたが、両者の歴史的つながりはゴリツィアにとっても重要であった。このため、両者を隔てる壁にはベルリンのような物々しさはなく、西側諸国と良好な関係を維持していたユーゴスラヴィアの特殊な事情もあり、ゴリツィアとノヴァ・ゴリツァは社会主義時代を通じて国境を越えて協力関係を構築してきた。1964年には両都市の代表の間で正式な協力関係が調停され、交通網の確立をはじめ都市域における諸問題の解決と、都市間境界の開放が図られた。以降も両都市は定期的に代表会議を開き、共同で様々なプロジェクトを推進してきた。スロヴェニアがユーゴスラヴィアから独立し、EUに加えシェンゲン協定に加盟することで両者のつながりはより強くなっている。つながりが強くなったからこそ両者の違いが目立ち、行き違いが生じる部分もあるが、二つの町は共存の歴史を背景に、対立の記憶を乗り越えて、現在もともに歩みを進めている。

（百瀬亮司）

現在のノヴァ・ゴリツァの町並み
［提供：Jošt Gantar/ Slovenian Tourist Board］

17

プレクムリェ地方

★ムラ川の向こう側のスロヴェニア★

プレクムリェ地方はオーストリアおよびハンガリーと国境を接するスロヴェニア北東端の低地帯である。その名はムラ川に由来している。一帯は農業が中心で、主要都市はムルスカ・ソボタ、レンダヴァである。プレクムリェはスロヴェニアの穀倉地帯であり、コウノトリの生息地として知られている。ムラ川沿いのカルパチア盆地および北部のゴリチコの丘陵地帯には自然および文化的魅力が満ち溢れている。プレクムリェは大半が低地だが、ゴリチコからムルスカ・ソボタの北までは森と丘陵地帯が続き、東部のレンダヴァ周辺にはレンダヴァシュケ・ゴリツェと呼ばれるワイン生産地域がある。隣国のハンガリーはこの地域に大きな影響を与えており、それは料理に最も顕著にあらわれている。例えば、メインディッシュの大半はピリリとした胡椒が効いており、サラダや他の地元料理にかぼちゃの種からつくった油が多用されているのが特徴である。

プレクムリェは温泉やミネラルウォーターなど天然資源も豊富で、豊かな生態系をなしている。多くの宗教上の記念物や建造物が地域の長く豊かな歴史を物語っている。石器時代から人が住み、ローマ帝国、東ゴート王国、ランゴバルド王国、アヴァール王国、スラヴのサモ王国、フランク王国、パンノニア公国（9世紀）、カランタニア公国（9〜10世紀）の一部となった。10世紀末、ハンガリー人に征服され、ハンガリー王国領土がハプスブルク帝国とオスマン帝国に分断される16世紀まで、中世ハンガリー王国の統治下にあった。以来、プレクムリェの大半は短期間オスマン帝国に支配された時期を除き、ハプスブルク帝国の支配を受けた。1918年のハプスブルク帝国の崩壊後、この地域はまずハンガリー民主共和国に編入され、続いて1919年3月に成立したハンガリー・ソヴェト共和国のもとに置かれた。同年5月、短命ながらプレクムリェ共和国として独立宣言が出されたが、ハンガリー・ソヴェトに鎮圧された。1920年のトリアノン条約によって、南スラヴ人の統一国家セルビア人・クロアチア人・スロヴェニア人王国（1929年からユーゴスラヴィア王国）に編入された。1941年から1945年までの第二次世界大戦の時期、プレクムリェは一時的に枢軸国に占領されたが、戦後の1945年以後、新しい社会主義ユーゴスラヴィアのもとに置かれた。

宗教に関して、プレクムリェは伝統的にスロヴェニアで最も異質な地域である。ローマカトリックが大半を占める一方で、プロテスタントのマイノリティが確固たる存在感を持ち、プレクムリェ人口の20〜25％を占めている。第二次世界大戦前、ユダヤ人人口も多く、ムルスカ・ソボタとレンダヴァの町に集中していた。その大半はホロコーストの犠牲となった。ロマもこの地域に多く存在する（第24章を参照）。

プレクムリェの大半の人々は標準語またはプレクムリェ方言のスロヴェニア語を用いる。マイノリティのハンガリー人とロマはそれぞれハンガリー語とロマ語を用いている。また、プレクムリェはオーストリアとも国境を接することから、ここに住む多くの人がドイツ語を話すことができる。地域の経済および文化的生活の中心はいくつかの都市にある。この地方の中央に位置するムルスカ・ソボタはビジネスと経済の中心である。プレクムリェで二番目に大きな町レンダヴァは、ハンガリーとクロアチア国境に近接している。ワイン畑に覆われた丘や素晴らしい景観、温泉に恵まれており、大半の観光客は、ウェルネスセンター、ホテル、アパートやキャンプ施設のあるレンダヴァ・スパに滞在する。美味しい伝統料理とワインは聖マーティンのワイン祭りやぶどう収穫祭などのイベントで体験できる。

ムルスカ・ソボタの南に位置するベルティンツィは典型的なカルパチア盆地にある町で、ムラ川左岸に拡がる広大な沃野の地方である。この地方で最重要の産業は農業である。観光はローマ時代の遺跡、バロック建築のベルティンツィ・グラート、ムラ川でのラフティング（ゴムボートでの急流下り）、愛の島（イジャコウツィ村を流れるムラ川の中州にある美しい島）、サイクリング、豊かな伝統芸能などを基本にしている。

プレクムリェの北部ゴリチコ地方は「丘の国」として知られる。ゴリチコの名は地元の人々がこの丘を呼ぶ際の名称「ゴリツエ」に由来する。遥か昔ここはパンノニア海の海底で、後に隆起してできたとされる。先史時代、人々は形状の緩やかな砂地に住み、ここに定住した。ヨーロッパの諸都市が近くにあるものの、ゴリチコの丘では「進歩」は妨げられ、第二次大戦前の古い中欧の独特の景観が保存されている。長い間ゴリチコは忘れられた地方であった。

プレクムリェを訪れる際には必見の場所がいくつかある。なかでも興味深いのはゴリチコ自然公園、イ

ムラ川の水車小屋

ジャコウツィのムラ川の水車小屋、ボゴイナの「白い鳩」教会であろう。ゴリチコ自然公園は462キロ平米の広さがある。大半は美しい湿地帯と牧草地で、清流に沿って広がっている。ここは野生動物の宝庫でもある。例えば、鳥の種類は170を数え、いくつかは珍種で世界的に貴重な種類である。

ムラ川の水車小屋はイジャコウツィ村にあって、かつてムラ川沿いの村の特徴だった製粉の伝統を受け継ぐ目的で残されている。イジャコウツィは特にムラ川にある前述の「愛の島」が、有名である。さらに「ブイラシュキ・ドネヴィ」(川を護る人たちの日)という例年の祭りには、ムラ川の手つかずの自然を愛する人々が参集する。イジャコウツィの教会は1906年に建てられ、「憐れみの聖母」に捧げられている。

プレクムリエの中心には彼らの教区教会「白い鳩」で知られる村ボゴイナがある。これはスロヴェニアの近代宗教建築のなかで最も美しい教会と言われている。この教会は、スロヴェニアの首都リュブリャナの中心街を設計し、スロヴェニア人のアイデンティティ形成に大きな影響を与えた著名な建築家ヨジェ・プレチュニクにより建設された。

最後に、プレクムリエを訪れる際に忘れてならないのは、地域の伝統的なケーキ「プレクムルスカ・ギバニツァ」だ。けしの実、クルミ、カッテージチーズ、アップル・タルトが詰まった層状のシュトルーデルケーキである。これはスロヴェニアで最も人気のあるお菓子のひとつと言えるだろう。

（ボシティアン・ベルタラニチュ）

18

ドレンスカ地方とノヴォ・メスト

★シトゥラの町★

ドレンスカ地方はスロヴェニアの南東部に位置する。緩やかな丘陵と点在する小さな教会、そして「ツヴィチェク」というロゼワインを生産する小規模なブドウ畑がその風景を形作っている。コチェウイエ、ゴリャンツィ、クラコヴォなど、原生林の広がる森林地帯には茶色の熊が闊歩し、野生動物の宝庫となっている。美しいエメラルド色で知られるクルカ川が谷間を縫うように蛇行し、サヴァ川へと流れ込む。クルカ川は、石灰華《せっかいか》（多孔質の沈殿岩）を形成するスロヴェニア唯一の川で、これによって特徴的な石灰棚が生じ、かつては河畔で多くの製粉所や製材所が操業していた。クルカ川の渓谷は「城の谷」とも呼ばれ、土地の農民を統治した外国貴族の中世の城塞が多数残っている。中でも見事なのが、川の中州に建つオトチェツ城である。他にはスティチュナやコスタニェヴィツァ、プレテリェの修道院が目を引く。美しく修復されたコスタニェヴィツァ修道院内には、ドレンスカを代表する芸術家ボジダル・ヤカッツの名を冠した美術館があり、野外彫刻美術館「フォルマ・ヴィーヴァ」には数名の著名な日本の彫刻家の作品も展示されている。スティチュナ修道院には中世に開設された薬局があり、スロヴェニア語で書かれた初期の手稿が残されていることでも知られている。ドレンスカ出身のプロテスタントの牧師、プリモシュ・トルバルは、スロヴェニア語で印刷された最初の書籍を16世紀に執筆した人物で、彼が用いたドレンスカ方言は標準スロヴェニア語の基礎となった。

クルカ川の中州に建つオトチェツ城［提供：Iztok Medja/ Slovenian Tourist Board］

ドレンスカ地方の中心地で「新しい町」を意味するノヴォ・メストは、七つの丘にちなんで「ドレンスカのローマ」とも呼ばれ、その道はローマに続いていると信じられている。町の建設は1365年だが、多数の考古学的資料から、有史以前にもこの地域に人が定住していたことが分かっており、紀元前8世紀から紀元前1世紀にかけてノヴォ・メストがヨーロッパ有数の文化的中心地の一つであったことが明らかになっている。交通の要衝で穏やかな地勢と気候に恵まれ、鉄鉱資源が豊かなこの地の天然の要塞である丘陵地帯に定住が進み、その周囲に多くの土墳が残っている。墳墓からは、身分の高いイリリア人のものと考えられる甲冑や陶器、宝飾品など、人工遺物が多く見つかっている。中でも注目に値するのが、シトゥラと呼ばれる9点の青銅製の容器である。人間と動物の躍動感にあふれる姿が刻まれたこの青銅器は、祝宴や儀式において肉やワインを供するために用いられていたと考えられている。ノヴォ・メストは現在「シトゥラの町」として活性化を図っている。

紀元前33年にドレンスカ地方をローマ人が占領し、「イリリクム」と呼ばれる行政単位が設置されたが、後に上パンノニア属州に編入される。3世紀から4世紀にかけてのものと推定される、200以上の墓を含む大規模なローマ時代の墓地が、町の中心部およびカピテル教会（聖ニコラウス大聖堂）の庭部分で発見されている。他方、4世紀からノヴォ・メスト市が建設された1365年までの時期の考古学的遺物は見つかっていない。

中世にヨーロッパ南部の領土を支配し、政治的、経済的権益を握っていた貴族と教会は、主権の行政的、軍事的中心となる市場や都市を整え始める。1365年4月7日、ハプスブルク家のオーストリア公ルドルフ4世が町を建設し、自分の名に因んでルドルフスヴェルトと名付けるが、地元民は当初からノヴォ・メストと呼んでいた。数世紀の間、経済活動の中心であった工芸品と貿易によって町は繁栄する。歴史家のヴァルヴァゾル（1689年）によると、ノヴォ・メストは当時クランスカ公国においてリュブリャナに次ぐ重要な都市だった。町の発展は自然産業や火災、疫病によって阻害され、中でもトルコ人の襲来は重大な危機であったが、征服は免れた。ノヴォ・メストはクルカ川が屈曲して岬のように突き出た険しい地に位置し、さらにその要塞によって難攻不落の町であった。

都市の発展には教会組織が大きく寄与した。1472年、トルコの襲撃を逃れてきたフランチェスコ会の修道士たちがこの町に定住し、中央広場のすぐそばに教会と修道院を建てる。修道院の管理は1746年に女帝マリア・テレジアが設立したギムナジウムに委託され、そこで教育が行われた。2

ノヴォ・メストの町並み［提供：Matevž Lenarčič/ Slovenian Tourist Board］

70年もの間、途切れることなく続いたこの学校は、スロヴェニア人の重要な科学者や芸術家、政治家を多数輩出した。皇帝フリードリヒ3世と法王アレクサンデル6世は、聖ニコラウス教会に聖堂参事会を設置する。教会は岬状の土地の突端に位置し、ノヴォ・メストの景観を特徴付けている。この教会の最大の見どころは、ルネサンス期のイタリア画家ティントレットによって描かれた教会の守護聖人、聖ニコラウス（ミクラウシュ）の祭壇画である。この教会は2006年にノヴォ・メスト大聖堂とされた。

19世紀初頭、ノヴォ・メストはフランスの管轄下で短期間イリリア諸州に組み込まれた。19世紀後半には民族意識が覚醒する。民族図書館や体操協会、音楽協会といった民衆のための諸施設が整備された。1873年、スロヴェニアで最初の「民族会館《ナーロドニ・ドム》」がここに設立され、19世紀末から20世紀初頭における、政治的、文化的諸活動の中心としての役割を果たした。この時期に町と病院を結ぶノヴォ・メストで最初の路線が敷設された他、クルカ川に新しい橋が掛かり、町の周囲に公共施設が建設されて町の拡大が進んだ。

第一次世界大戦の終結と共にハプスブルク体制は終焉し、南スラヴ諸民族の連帯が始まる。この結果、統一国家ユーゴスラヴィアが成立し、1991年に分離独立するまでスロヴェニアは南スラヴ諸国と密接に結びついていた。1920年にノヴォ・メストでは、詩の朗読を始め、展覧会、コンサート、討論会など、様々な芸術的催しが盛んに開かれた。この所謂「ノヴォ・メストの春」はスロヴェニアにおける前衛芸術の先鞭をつけた。その中心的存在であったアントン・ポドベウシェクの功績を称え、その名が「APT劇場」(Anton Podbevšek Teater、アントン・ポドベウシェク劇場)に残されている。

第二次世界大戦中の1943年9月10日、ノヴォ・メストはパルチザンによって最初に解放される町となるが、その後まもなくドイツ軍の爆撃によって町は物理的な被害を受けた。人々は農村へ逃れ、翌月ドイツ軍が進軍したとき、町は打ち捨てられた状態だった。

ドレンスカ博物館ではノヴォ・メストの歴史が詳しく紹介されている。常設展示では、この地域で発掘された貴重な考古学的資料の他、中世から現代までの歴史的な工芸品も鑑賞できる。EUの共同融資を受け、中心的な遺構のあるカピテルスカ・ニーヴァ遺跡とマーロフの丘に「リヴィング・ミュージアム(生きている博物館)」として、野外考古学公園を造営する計画が現在進められている。

今日、ノヴォ・メストはドレンスカ地方における大学、行政、ビジネス、文化、教育の中心地となっている。また、クルカ、レヴォース、アドリアモービル、TPVといった大企業が拠点を構え、良質の雇用と投資機会が生まれている。生活水準は高く、失業率はスロヴェニアで最も低い。現在、ノヴォ・メストは23の行政区画を有し、九つの小学校、四つの高校、音楽学校が一つある他、工科専門学校が2校、総合大学と研究所が一つずつ置かれている。

【町自慢】

①ノヴォ・メストには世界最大のシトゥラ発掘遺跡があり、そこから「シトゥラの町」という愛称がつけられている。
②スロヴェニアで最初の「民族会館」は1873年、ノヴォ・メストに設立された。
③2番目の聖堂参事会長ユリ・スラトコニャはウィーン少年合唱団の設立に寄与した。
④ノヴォ・メスト出身のレオン・シュトゥケルは、オリンピックで最も大きな成功を収めたスロヴェニア人選手で、6個のメダルを器械体操で獲得した。
⑤ノヴォ・メストには製薬会社クルカ、自動車会社レヴォース、日本とも取引がある移動住宅会社アドリアモービルを始めとする企業があり、スロヴェニアで最大の輸出産業を誇っている。
⑥バスケットボールチーム「クルカ」は国内リーグで幾度も優勝している強豪である。
⑦ノヴォ・メスト近郊にあるオトチェツ城は、川の中州に建てられた個性的な城である。
⑧町の西方に位置するブドウ畑に覆われた美しい丘、トゥルシュカ・ゴラには幹周りが830センチに及ぶスロヴェニアで最も太い菩提樹が生えている。

（イェリサヴァ・ドボウシェク・セスナ／三田 順訳）

19

ベラ・クライナ

★スロヴェニアの白い異境★

スロヴェニアの最も南東に位置するベラ・クライナは、スロヴェニアの他の地方とかなり特色が異なっている。この地方は、すでに15世紀にはクランスカの国の一部だったが、その後、現在のスロヴェニアの他の地方とは異なる道を歩んだ。ベラ・クライナへ通じる道は、スロヴェニア側からは木が生い茂る標高の高い山々に妨げられていたため、かつてクランスカからの交通の便はよくなかった。むしろこの地方は、数百年前から国境で、現在もスロヴェニアとクロアチアの境界であるコルパ川対岸のパンノニア平原の方に開けていた。つまりベラ・クライナは、コルパ川向こうのクロアチア側と関係が深かったのである。そのためかベラ・クライナの方言は、クロアチア語を強く想起させる。またこの地方は、15世紀から16世紀にかけてオスマン軍侵攻の影響を受けて、人口が大きく減少した。バルカン南部からオスマン軍の襲来を逃れてきた人々は、この空白になった土地に住み着いた。これらウスコク（アドリア海沿岸の海賊）やヴラフ（牧畜を営む山地住民）は、その後も自らの習慣を守っていたため、この周辺の言語はスロヴェニア語と他の南スラヴ語とが絡み合ったものになった。また、風習や民族衣装などの文化遺産もコルパ川向こうの人々のそれと共通項が多い。

さて、ベラ・クライナという名前の由来については、いろいろな説がある。よく耳にするのは、この名前は、ベラ・クライナが位置する低地カルスト地方に多い白樺の樹皮に由来するというものである。その他に、地表がカルスト地方に特徴的な白い石灰岩で覆われていることから来たという説もある。三つ目の説は、白い（訳者注：「ベラ」は日本語で「白」の意）民族衣装に由来しているのではないかというものである。伝統的な白い民族衣装は、隣接するクロアチアや他のスラヴ民族によく見られる。衣装の材料は亜麻で、亜麻はかつて多くの畑で作られていたが、産業化の時代を迎えるにつれて、次第に消えていった。

カルスト地方は、従来、農業には適していなかった。それに加えて、ベラ・クライナはスロヴェニアの中でも降水量が少ない地方の一つである。ベラ・クライナの中心チュルノメルは、夏、スロヴェニアで最も気温が高くなる町の一つで、最高気温が40度になることも珍しくない。しかし、地表には草や白樺林の下草が広がり、特にシダは畜産業に適していた。また、パンノニア平原の端に位置するこの丘陵地帯は、降水量が少ないことから、ワイン産業が発達した。耕作面積はそれほど広くはないものの、ベラ・クライナはスロヴェニアで最初にロゼワインと貴腐ワインが作られたということで、スロヴェニアのワイン史に新しい一ページを刻んでいる。

ベラ・クライナは、スロヴェニアでも人口の少ない地方の一つであり、人の流出も多かった。その背景には、第一に何世紀にもわたるオスマン軍の侵攻、そして経済の遅れがある。ベラ・クライナは、長い間工業化の恩恵を受けていなかったが、外の世界と繋がって生活が便利になったのは、ようやく

春の訪れを祝うユリェヴァニェ祭。民族衣装姿の行列の中にいるのが、体中に枝葉をまとった「緑のユリ」［提供：RIC Bela krajina］

1914年に鉄道が敷かれて周りの町と行き来ができるようになってからである。

ベラ・クライナは、第二次世界大戦において重要な役割を担っていた。1943年末から戦争終結まで、ベラ・クライナは人民解放運動の中心地だった。戦時下の混乱期、スロヴェニア人民解放戦線はこの地で国家的な組織を結成し、1945年に占領軍を追放した後も、解放戦線の指揮者はスロヴェニア（共和国）でそのまま国家組織の指揮をとった。ベラ・クライナには、したがってこの時代の記念碑が多く見られる。

ベラ・クライナ最大の都市はチュルノメルである。この町が初めて史実に言及されるのは13世紀である。チュルノメルは二つの川にはさまれた小高い場所に位置している防御の要所であった。旧市街には古い城の一部や宗教的な建物を見ることができ、足を延ばせば市立博物館にも行くことができる。チュルノメルが最も賑やかになるのは、ユリエヴァニエの時期だろう。ユリエヴァニエは、キリスト教伝来以前から広く各地に伝わる古い風習だったが、今ではベラ・クライナだけに残っている祭りである。ユリエヴァニエでは、まず4月23日あるいは24日、聖人ユリ（聖ゲオルギオス）の

第19章
ベラ・クライナ

日に成人男子が春の訪れを祝う。村では、ひとりの男性が選ばれ体中に新緑の枝葉が付けられるが、このとき、中にいる人は外からすっかり見えなくなるまで緑で覆われる。「緑のユリ」は、人々のもてなしを受けながら、町をねり歩く。この古い風習はほとんど廃れていたが、チュルノメルで行われていた祭りは他の地方で行われていた祭りとは少し異なっていたので、チュルノメルでは50年ほど前からこの風習を復活させて、発展させている。今日ではスロヴェニアで最も大きな民族フェスティバルとして毎年6月半ばに数日間の祭りが催される。緑のユリのもとに、各国から民族のグループが集まり、手工芸のワークショップ、展示、スポーツが披露される。もちろん伝統的な食べ物も欠かせない。チュルノメルの町は、ユリェヴァニェの時期には、民族文化の色濃い行事を楽しむ人々で賑わう。

ベラ・クライナの第二の都市メトリカは、チュルノメルより古い小さな町である。旧市街には、町の礎となった多くの重要な建築物が残っている。メトリカ城にはベラ・クライナ博物館があり、先史時代から現在までのベラ・クライナの過去を見ることができる。メトリカでは19世紀にスロヴェニアで初めての消防団が結成されたことから、近くには消防博物館もある。チュルノメルに通じるオトク村には、ダグラスの軍用輸送機DC－3機が据えられていて、第二次世界大戦中ここに軍用飛行場があり、スロヴェニアのパルチザンとイタリアの西側同盟団を結んでいたことを物語っている。メトリカから遠くないところには、トゥリ・ファァレの巡礼で有名なロザルニツェがある。トゥリ・ファァレは三つ（訳者注：「トゥリ」は日本語で「3」の意）のゴシック建築の教会で、三つの教会が塀に囲まれて平行に建てられ、その内側には墓地がある。なぜ中世にこのようなひなびた土地にこのような教会が建てられたかは、今でも明らかになっていない。

ベラ・クライナに人々が訪れる理由は、この土地に手つかずの自然が残されていること、そして特徴のある地形、多種多様な生物や、他では見られない動植物がこの土地で見られることである。ベラ・クライナには、ラヒニャ国立公園が位置し、清流ラヒニャ川に沿って自然と文化遺産が見られる。南部のコルパ川沿いに位置するコルパ国立公園では、今も水力を利用した建物、例えば水車小屋やのこぎり小屋などが現役で使われているのを目にすることができる。屋外には修復された建物が数多くあって、昔の生活ぶりをそのままうかがわせる。コルパ川沿いのヴィニツァには、この土地で生まれたスロヴェニアの詩人オトン・ジュパンチッチ記念館がある。ベラ・クライナ地方の博物館には、先史時代から古代にかけての多くの遺跡や発掘物が収集されている。また自然の中にもローマ時代の遺跡が残されていて、ロジャネツへの道には岩に掘られたローマのミトレ神を目にすることができる。

ベラ・クライナを訪れる人々は、コルパ川にも魅了されるだろう。コルパ川はスロヴェニアで最も水温の高い川で、そのために多くの観光アトラクションが用意されている。人々は川遊びをしたり、整備された川沿いの道で散歩やサイクリングを楽しんだりすることができる。

（アレシュ・ガブリチ／守時なぎさ訳）

20

ブレット湖とボヒン湖

―― ★頑固さが守るスロヴェニア山岳地方の自然と生活★ ――

スロヴェニアの名前は建国当時ほとんど日本人には知られていなかった。かくいう私もスロヴェニア人と結婚していなかったら、それがヨーロッパにあるかさえ知らなかったかもしれない。今では観光の新しい目的地として多くの日本人に知られるようになったが、そのほとんどは近隣国とのセットツアーであり、ツアーの中で占めるスロヴェニアでの滞在は1泊か2泊である。

そのわずかな滞在期間の中でも外せないのが「アルプスの瞳」とも言われるブレット湖だろう。この1周約6キロメートルという小さな氷河湖には小さな島が浮かんでいて（まさに浮かぶという表現が適している）、小島には15世紀に建てられた聖マリア教会がある。観光シーズンともなれば多くの人がここにプレトナと呼ばれる伝統的手漕ぎのボートで訪れるのだ。

標高501メートルのブレット湖はもともと1855年（当時はハプスブルク帝国の統治下）にスイス人のアーノルド・リクリが「自然豊かで温泉にも恵まれた美しい保養地」として貴族たちに紹介し始めたのがきっかけであり、日本人には知られていなかったとしても昔からヨーロッパでは有名な避暑地であった。

撮影スポットの丘から見たブレット湖

ユーゴスラヴィア時代には、かのチトー大統領もここに別荘を持っていて、今はその別荘跡がヴィラ・ブレットという気品がありながらも家庭的なホテルになっている。四つ星ホテルではあるが外国からの要人がブレット湖を訪れる際にはこのホテルに泊まることが多く、現天皇・皇后両陛下もこのホテルに滞在なさっている。このホテルからキャンプ場までの遊歩道から見る小島の風景が四季を通して私は一番好きである。春は若葉が映え、夏は青い空と水辺には白鳥の親子が漂う、秋には落ち葉が哀愁を誘い、正面に見えるストウ山（椅子という意味）に雪が被ってくる頃ともなればもう冬は間近になる。冬は湖面が凍り真っ白な雪原が出現し、夏の喧騒が夢だったかのように静まり、それこそどちらが現実か解らない物語に迷い込んだような錯覚に陥りそうだ。

さてそのブレット湖からさらに30分ほど車を西に走らせた所にボヒンという湖がある。この先はもう山で閉ざされているこの湖は幅1・2キロメートル、長さ4・1キロメートルのスロヴェニア最大の湖だ（ただしリュブリャナの南にはツェルクニツァ湖という雨期限定でさらに大きくなる湖がある）。大きな湖なので遊覧船も運航しているのだが訪れる人はブレット湖に比べると少ない、それゆえに喧騒を嫌う長期滞在者が好んで選ぶ夏の避暑地となっている。こんなどん詰まりの僻地（失礼！）に人が入って来たのは7世紀後半だと言われている。10世紀初頭にかけては鉱物資源を求めてドイツ人を中心に多くの人が入植し定住していった。とはいえ1906年、ボヒンスカ・ビストリッツァに鉄道が入る前まではこの地は鉱山関係者以外にはあまり知られていない場所であった。現在、山に囲まれたボヒン湖はトリグラウ国立公園内にあり、ポクリュカやモイストラナと同様にジュリア・アルプスに入る登山口の一つとなっている。また第一次世界大戦のときにはこの辺りの山がヘミングウェイの小説『武器よさらば』に書かれているようにイタリア軍とのフロントラインであり、ボヒン湖がオーストリア軍のベース基地であった（悲しいことに当時スロヴェニア人はオーストリア側とイタリア側に分かれて戦った）。ここからコムナ小屋を経由してソチャ谷の方向に歩く登山道はアルプス気候と地中海気候が混ざり合うため花の多い楽しい登山道なのだが、その可愛らしい花たちの陰に今でも薬莢や銃器のかけらを見つけることができる道でもあるのだ。ボヒンから北の絶壁を登り登山道を辿るとトリグラウ国立公園の心臓部とも思われる通称セブンレイクがある。深いエメラルドグリーンの水を湛える小さなツインの湖の周りには数多くの種の

セブンレイク小屋

植物が見られ、その畔にある山小屋は清潔でかつ自然と調和した人気の小屋だ。現在のトリグラウ国立公園の原型はこの辺りの自然を守るというアイデアから1908年に始まったものである。当時まだヨーロッパにおいて国立公園がなかったという時代に、ここスロヴェニアの山奥でこのような動きがあったのは特筆すべきことである。

ここまでジュリア・アルプスの南にあたるブレット湖とボヒン湖について書いてきたが、このブレットやボヒン、そしてクランスカ・ゴラを含む山あいの村からリュブリャナの北までを大きくゴレンスカ地方と呼ぶ。ゴレンスカ地方の気質はというと、口の悪い他の地方の人に言わせれば一言で「ケチなゴレンスカ」ということになるのだが、頑固で我慢強くよそ者への警戒心がある気質ということであろうか。しかしいったん「誰それの友人」とか「親戚」となると、彼らは一転して心を開き受け入れてくれる。山に囲まれたこの地方は自然も厳しいながら昔から山を隔てて大国イタリアとドイツ系民族との国境をなす民族のフロントラインでもあるので、それも致し方ないことだろう。東欧の社会主義が崩れスロヴェニアが独立し、ヨーロッパがひとつになり、資本主義の波が押し寄せてきても、この地方の人たちの考え方は未だゆっくりと進んでいて、便利でも新しいモノには直ぐには飛びつかない。生活や人生に本当に必要なものを長い目で見極めようとしているかのようだ。しかしスロヴェニア時代に育った若者が社会で活躍するようになった今、少しずつそれも変わっていくのだろう。

私が二十数年前にスロヴェニア人と結婚したときに接した彼の両親の考え方や生活スタイルは「明治の人？」と思わされたほど厳格かつ正しかった。例えて言うと、その家には「ゴミ」がなかった。私としてはとても見習えなかったけれど、生ゴミも燃えるゴミもプラスチック容器も全て再活用して

80歳を過ぎても精力的に、落ちてしまったリンゴを無駄にせず拾って加工するお義母さん

いた。だいたいがモノを買わない……。たいていの家には自家用の畑と果樹があり、収穫物はごく自然に食卓にあがり、そして肥料として土に還っていった。肉を食べるのは週に一度、庭の果樹からはコンポートやジャム、お酒（シュナップスという強い蒸留酒でスロヴェニアでは自家製が許されている）、お酢までも作る。生ゴミはもちろん堆肥であり、燃えるゴミは燃料として地下で燃やされていた。夏から秋にかけて人々は皆、食物や燃料を蓄え冬に備え（本当に当時の冬場の店には品物がなかった）、家や家の周りの修理をした。今でこそ、オーガニックやスローライフ生活を志す人がいるだろうが、彼らにはしごく当然のことであった。そんな生活を傍目で見ていて（そう、あくまで傍目で）外国資本が流入する時代の変化との折り合いをどうつけるのか心配になる時もあるのだが、このゴレンスカ特有の頑固さと辛抱強さのおかげで、山は人との距離をほどよく置き、数々の伝説と共に尊厳を保っている。そして他のヨーロッパ山岳リゾート地のようにリフトやロープーウェイ等で自然があまり傷つけられていないことを、私はとても誇りに思う。

そんな自然に添った人の営みを大事にしているスロヴェニアを感じるには、この国の時間性に合わせた旅を味わってもらえたらと……足早に他国に向かう日本人旅行者たちを見るにつけ、いつも残念に思うのである。（中嶋千春）

Ⅳ

マイノリティと ディアスポラ

21

スロヴェニアのナショナル・マイノリティ

★イタリア人とハンガリー人★

スロヴェニアには二つのマイノリティであるイタリア人とハンガリー人コミュニティ、および特別なロマ・コミュニティがある。これら三つのコミュニティの権利は憲法で保障されている（スロヴェニア共和国憲法第64条および第65条）。

イタリア人、ハンガリー人およびロマは「自生的」コミュニティとされ、憲法でも特別な扱いがされている。ロマ・コミュニティには憲法第65条の特別条件が認められている。イタリア人とハンガリー人コミュニティは憲法第64条でナショナル・マイノリティとして認知され、集合的な権利保有者と規定される。これらの憲法上の権利には、民族的シンボルの使用、母語による教育、母語による放送と出版、それぞれの母国との交流や、スロヴェニア国会へのそれぞれのマイノリティからの1名の代表選出が含まれている。概して、スロヴェニアのマイノリティの権利保障レベルは非常に高く、特にイタリア人とハンガリー人コミュニティについてはそう言えるだろう。一方で、より小さな「土地固有」のコミュニティ（ドイツ人やユダヤ人など、第22章を参照）および「新しいマイノリティ」（旧ユーゴスラヴィアの共和国からの「移民」、主にボスニアからのムスリムやセルビア人やクロアチア人、コソヴォのアルバニア人、コソヴォおよびアルバニアからのロマ、第23章を参照）は、ナショナル・マイノリティとはみなされていない。これらのマイノリティはそれぞれのアイデンティティを保持し、文化を守り、母語を使用する権利を持ち、それらの権利は憲法第61条で保障されている。しかし、彼らは旧ユーゴスラヴィアの時代に持っていた様々な権利（教育その他）を保障されていない。

イタリア人マイノリティ

スロヴェニアのイタリア民族コミュニティは、沿海地方のイタリア人自治コミュニティ内で組織されている。これはイタリア民族コミュニティを統括する組織で、イタリア人が先住市民として居住する自治体であるコペル、イゾラ、ピラン、アンカランの自治体政府との行政上の連絡などを行う。沿海地方のイタリア人自治コミュニティは公共団体としての資格を有する。

コペル、イゾラ、ピラン、アンカランの自治体では、イタリア人自治コミュニティ内で組織されたイタリア人の民族コミュニティがその代表団、すなわち選挙で選ばれたメンバーを通じて統括組織に意見が集約される。

イタリア人が先住市民として住むコペル、イゾラ、ピランの自治体では、副市長の1名はイタリア人自治コミュニティのメンバーでなければならないと条例で定められている。アンカランの自治体では、最低1名、通常2名までが副市長と決められている。自治体に2名の副市長がいる場合、1名は自治体議会のメンバーおよびイタリア民族コミュニティのメンバーでなければならない。

イタリア人自治コミュニティのメンバーは、当該の自治体議会の議員でなければならず、彼らはイタリア民族コミュニティのメンバーにより選出される。この民族コミュニティのメンバーは地方と国政レベルで二重の投票権を持つ。彼らは自分たちの代表をスロヴェニア共和国議会へも選出する（スロヴェニア共和国憲法第80条3項）。

さらに、スロヴェニアのイタリア民族コミュニティは、各種の協会と同等のイタリア人組織を設立した。この組織はクロアチアのイタリア組織との関係を築き、「本国」であるイタリアとスロヴェニアやクロアチアとの経済的・文化的な架け橋となっている。

イタリア民族コミュニティはイタリア語を使うことのできる様々な文化協会をつくり、教育機関としては三つの幼稚園、七つの小学校（9年制）、三つの高校（4年制）を持っている。リュブリャナ大学およびコペルに本部を持つプリモルスカ大学では、イタリア語と文学が習得可能である。イタリア民族コミュニティのメンバーはさらにイタリア（特にイタリア語で言語以外の分野を学びたい場合）およびクロアチア（リエカ、プラ）の大学で学ぶことができる。

ハンガリー人マイノリティ

スロヴェニアのハンガリー民族コミュニティは、プレクムリェのレンダヴァに本部を持つポムリエ・ハンガリー自治コミュニティ内に組織されている。これはスロヴェニアのハンガリー民族コミュニティの統括組織であり、21人から構成されていて、スロヴェニアの国家機関と連絡を持つ。ハンガリー民族コミュニティはレンダヴァのほかに、プレクムリェのドブロウニク、モラウスケ・トプリツェ、シャロフツィ、ホドシュの自治体内に置かれている。各自治体のハンガリー民族コミュニティの最高の決議機関として、民族議会がある。これら自治体の組織はその代表団、すなわち選挙で選ばれたメンバーを通じて、統括組織であるポムリェ・ハンガリー自治コミュニティに意見を集約すると同時に、地方レベルで政治的代表を選出する。この民族コミュニティのメンバーは地方と国政レベルで二重の投票権を持つ。彼らは自分たちの代表をスロヴェニア共和国議会へ選出する（スロヴェニア共和国憲法第80条3項）。

ハンガリー民族コミュニティはハンガリー語を使うことのできる様々な協会、文化・教育機関を持つ。イタリア語で教育を行う学校を持つイタリア民族コミュニティとは違い、ハンガリー民族コミュニティがある自治体の学校は法律でバイリンガルと定められている（これら自治体のすべての住民の教育はスロヴェニア語とハンガリー語で行われる）。四つのバイリンガル幼稚園、10のバイリンガル小学校、一つのバイリンガル高校がある。ハンガリー民族コミュニティはマリボル大学やリュブリャナ大学でハンガリー語の習得が可能である。

ハンガリー民族コミュニティはいくつかの文化・芸術協会や団体（民族音楽、合唱団、独奏会、演劇などを目的とする）を創設しており、それらの活動および組織事務はハンガリー民族コミュニティの文化研究所が実施している。

（ボシティアン・ベルタラニチュ）

22

今はなきマイノリティ

★ドイツ系住民★

オーストリア第二の都市と呼ばれるグラーツから列車に乗って1時間ほどで、スロヴェニア第二の都市マリボルに到着する。駅舎から一歩外に出れば、右手奥にピラミダの丘が書き割りのように見える。夏ならば、青々と茂るぶどうの木が斜面に立ち並んでいるだろう。道路を渡ってまっすぐ進めば旧市街、左手へ降りていけばドラヴァの河岸にでる。川沿いには柳が風に揺れ、のんびりと白鳥が泳いでいる。その昔、ケルンテンの山林から切り出した木材を運ぶ筏が列をなしてこの河岸に停泊していたという。この河岸には世界最古とギネスに認定されたぶどうの木が、今もたわわに実をつけている。その「スタラトルタ」が蔦を這わせる建物に入ると、中にはワイン栽培の歴史を紹介したコーナーがあり、そこで最も大きく描かれているのはヨハン大公である。皇帝フランツ2世の弟で啓蒙君主だったヨハン大公は、ドイツのラインラント地方からぶどうの苗木を取り寄せ、土壌が適したマリボル郊外にぶどう園をつくった。ぶどうはかの地の特産品となり、地域経済の振興を担ったのである。ヨハン大公といえば、グラーツの中央広場に大きな銅像があり、今も市民に親しまれている人物でもある。マリボルとグ

世界最古のぶどうの木（マリボル）

ラーツが、ハプスブルク帝国時代にはシュタイアーマルクという領邦で同じ歴史を共有していたと強く感じさせるシンボルとなっている。

このマリボルは、２０１２年にヨーロッパ文化首都に指定された。その際、さまざまな文化的催し物が行われたが、そのうちの一つが、中央広場の老舗カフェハウスを会場とした写真展だった。そのタイトルは「ドイツ人とマリボル」といい、大判フルカラーの詳細なカタログが3言語（スロヴェニア語、ドイツ語、英語）で出版されているので、展示が終わったいまでもその内容を確認することができる。その序文をみると、写真展企画の意義が「第二次世界大戦のためにマリボルという街の歴史が歪められたが、１９４１年以前の街のありようを若い人に伝えるため」と述べられている。

この写真集のページを繰ると、ドイツ系の市民たちが町の政治的・経済的・文化的中心にいたことがはっきりと伝わってくる。第一次世界大戦以前は、町の通りや広場の多くが、「ヨーゼフ皇帝」通り、その妃である「エリザベート」通り、詩人「シラー」通りなどドイツ系の人名を冠しており、標識板はドイツ語表記のみであった。広場や公園には「ヨーゼフ2世」「ヨハン大公」「テゲトフ提督」「フランツ・ヨーゼフ1世」「体操協会の祖ヤーン」らの銅像が置かれていた。しかし、例えばこの

「ヨーゼフ2世」像が、1929年、くず鉄として売却されることになったのは運命の皮肉である。この街の呼び名自体が、帝国内では公式にはマールブルク（アン・デア・ドラウ）であり、マリボルというスロヴェニア語式の呼び方が認められたのは、ようやく1910年になってからのことであった。

1890年の国勢調査によると、マリボルでは1万7245名のドイツ語使用者に対し、スロヴェニア語は2653名であった。1910年においても、ドイツ語2万2623名、スロヴェニア語3823名で、とりわけドイツ系住民の経済的プレゼンスは決定的だったという。同時代の歴史家でギムナジウム教師だったルドルフ・グスタフ・プフは1847年のマリボルの状況を以下のように描いている。「都市での生活はほぼドイツ語、郊外はスロヴェニア語だが、土地の者の大多数は両言語を話せる。労働者も、1年も街に暮らせばドイツ語を話すようになる。だが彼らの出自はほぼスロヴェニア語圏である」。街の住民の3分の1はドイツ系の自由業や公務員や兵士たちで、それぞれの家庭で働く下男下女、使用人たちはスロヴェニア系が多かった。1925年に操業していた215企業のうち192がドイツ系で、159名の高額納税者のうちスロヴェニア系は9名しかいなかった。ドイツ語を話してドイツ系に同化することは社会的上昇を意味していた。こういった状況はマリボルに限ったことではなく、都市部でドイツ系ブルジョワが強いのは、プトゥイ（ドイツ語ではペッタウ）やツェーリエ（ツィリ）、リュブリャナ（ライバッハ）でも同じことだった。圧倒的にスロヴェニア語を話す住民が多く居住する地域にぽつりぽつりと飛び地のように点在するこれら「ドイツ系」の都市は「言語島」とよばれ、ドイツ系ナショナリストたちからは「保護しなくてはスロヴェニア系に飲み込まれてしまう」という危機感を持って防衛すべき地域として認識されていた。とりわけ、シュタイアーマルク領邦にあったマリボル、プトゥイ、ツェーリェの三つの言語島を点のようにむすんだ地図上の三角形を「ドイツ三角要塞」と名付け、南からのスラヴの脅威に備える堡塁としようと盛んに喧伝された。言語島の中で異質だったのはクロアチア国境近くのコチェウイェ（ゴッチェー）で、この街には周辺にドイツ系の村が多かったため、ブルジョワのみならずドイツ系農民たちも居住していた。

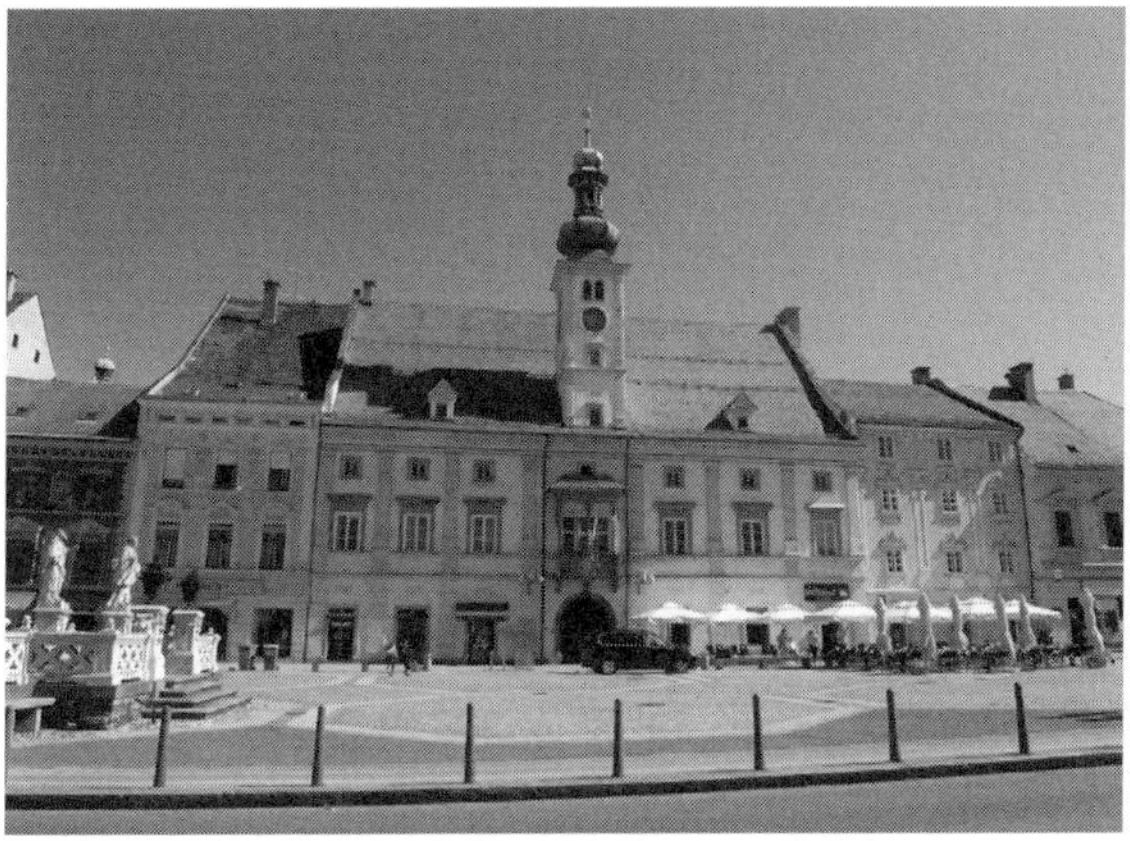

マリボル旧市街の中央広場。1919年1月27日、血の日曜日事件がおこった

第一次世界大戦が起こると、「大逆罪」という嫌疑でスロヴェニア系の住民が相次いで逮捕された。マリボルでは492名、ツェーリェで31名、プトゥイで25名が逮捕された。この戦争の後、シュタイアーマルク領邦の南の部分（下シュタイアーマルク）地域は、セルビア人・クロアチア人・スロヴェニア人王国へと編入され、ドイツ系住民たちはマリボルから脱出していった。それでも、1919年5月からのサンジェルマンでの講和会議のためにマイルズ調査団が派遣されてくると、中央広場にはマリボルがドイツ系の街であると示すために1万5000人もの人々が集まったという。しかし、一発の銃声により群衆はパニックとなり5名の死者を出す「血の日曜日事件」と呼ばれる事件となった。結果として、帰属を

問う住民投票は行われなかった。

1921年には、母語をたずねる調査が行われ、マリボルでは2万7995名がスロヴェニア語を、6595名がドイツ語を選んだ。ドイツ系とスロヴェニア系の数がたった10年ほどで逆転したことになる。ドイツ系の官僚や公務員、教師たちが離職し、かわりにラパロ条約によりイタリア領となったプリモルスカ（キュステンラント）からスロヴェニア語を話す住民たちが流入してきた。1920年1月より、すべての分野においてスロヴェニア語が公用語となり、ドイツ系の協会は解散させられた。通りや広場の名もスロヴェニア語へと変更され、ドイツ系のシンボル的人物たちの銅像はすべて撤去された。

戦間期、マリボルは工業都市として発展した。リュブリャナが政治的・文化的・財政的な中心だったとすると、マリボルは工業、とくに鉄鋼業と繊維工業の中心となった。マリボルとグラーツのあいだに、国境のみならず税関が設けられたため、マリボルの経済もスロヴェニア化がすすんだ。1918年に行われた企業の国有化により、マリボルでも50ほどの企業が国有化された。ドイツ系住民たちの財産もスロヴェニア人に接収され、ドイツ系はマリボルにおいて3000人ほどの少数派となった。1930年代から、シュヴァーベン・ドイツ人文化同盟がスロヴェニア地域でも支部をつくり、会員700名を擁した。この団体は、そもそもはドイツ文化と学校の保護を求めていたのだが、1932年に建築技師だったホルツァーが代表となって政治化し、1933年ヒトラー政権掌握後はナチ化した。1941年までに会員数は2000名を超え、マリボルだけで15の支部を持っていた。

1941年4月8日、マリボルにドイツ軍が侵攻してくるのを、ドイツ系住民たちは歓呼して迎えたという。武装した文化同盟のメンバーがユーゴスラヴィア兵を逮捕し、敵対的とされたスロヴェニア系の聖職者、教師、弁護士たちも逮捕した。全スロヴェニア地域から26万人が移送され、移送された人々の財産はドイツ帝国へと繰り入れられた。マリボルからだけでも4500人近くが輸送されたという。その後スロヴェニア系の文化的活動は禁止され、202の協会団体が解散させられた。地名もドイツ語になおされ、たとえば中央広場はヒトラー広場と改名された。1941年10月にはユーゴに国有化された財産を再びドイツ系のものとした。ドイツ化されたマリボルは工業地域であり軍需産業も盛んだったため、ユーゴスラヴィア全域でみて連合国軍から最もはげしい攻撃を受けた街となった。そのような状況下、スロヴェニア系住民たちは解放戦線に組織され、レジスタンスとして戦った。1945年、ドイツ軍が引き揚げていく際にマリボルを通過したが、戦闘行為とはならなかった。1945年5月8日にドイツが降伏し、この日が解放記念日となった。

第二次世界大戦後、ドイツ系がふたたび退去し、スロヴェニア系が帰還した。ドイツ系住民の財産はすべて没収され、これを免れたのはパルチザンや解放戦線に協力した者だけだった。コチェウイエでもドイツ系住民たちの大規模な追放が行われ、追放後に空き家になった住居には、移送から帰還したスロヴェニア系住民たちが入居した。「解放」後、多くのドイツ系住民が逮捕され、強制収容所に送られたり、処刑、追放された。1945年から46年にかけて、スロヴェニア全体から1万人近くのドイツ系住民が移住し、結果として1931年当時に居住していたドイツ系住民の8%しか残らなかった。

（藤井欣子）

23

「見えざるマイノリティ」

★旧ユーゴスラヴィア出身者★

スロヴェニアの現行憲法は、第3条で「スロヴェニアは、スロヴェニア民族の、永続的で奪うことのできない自決権に基づき建国された、その全ての市民の国家である」と規定している。またその一方、第5条では、「土地固有のイタリア人とハンガリー人の民族集団は、その諸権利を保護、保障される」と定め詳細な規定が第64条に設けられている。この他、第11条は、公用語がスロヴェニア語であると規定すると同時に、「イタリア人とハンガリー人の民族集団の居住する自治体においては、イタリア語とハンガリー語もまた公用語となる」と定めている。スロヴェニアにおいては、イタリア人とハンガリー人が、言語使用を含む広範な権利を認められたマイノリティとなっていることがわかる。この他、憲法の第65条は、ロマの地位と権利が法律で定められる旨規定している（第21章を参照）。

2002年国勢調査の民族別人口を見ると、スロヴェニア人は最多数で163万人余りにのぼり、人口の83％を占めている。公認されているマイノリティであるイタリア人、ハンガリー人は、それぞれ2258人（人口の0・1％）、6243人（人口の0・3％）に過ぎない。これらより数の上で多いのは、旧ユー

第23章

「見えざるマイノリティ」

ゴスラヴィアの各共和国にルーツを持つ人々である。例えば、セルビア人は3万8964人（人口の約2％）、クロアチア人は3万5642人（人口の約1・8％）、ボシュニャク人とムスリム人を併せてボスニア・ムスリムが3万2009人（人口の約1・6％）などとなっている。これに「ボスニア人」と申告した8000人余りや、モンテネグロ人、アルバニア人、マケドニア人、さらに「ユーゴスラヴィア人」と申告した者などを加えると、その総数は、およそ12万8000人で、全人口の6・5％を占める。しかしこれらの旧ユーゴスラヴィア出身者は、イタリア人やハンガリー人と比べればはるかに多数にのぼるにもかかわらず、土地固有のマイノリティではないという位置付けから、教育や母語使用などのマイノリティとしての権利を付与されていない。いわば、「見えざるマイノリティ」となっている人々である。ボスニアやセルビアなどの出身者の多くは、「-ić」で終わる姓を持ち（スロヴェニア人であれば「-ič」となる）、見分けるポイントの一つとなっている。

2013年のスロヴェニア映画『出て行け、ユーゴ野郎！』は、スロヴェニアの首都リュブリャナに暮らす旧ユーゴスラヴィア出身者の第二世代の、スロヴェニア社会の中での暮らしのフラストレーションを活き活きと描いた作品で、大きな話題と議論を呼んだ。いわば、「見えざるマイノリティ」であった彼らが、これによって可視化されたのである。映画の原題は、「*Čefurji raus!*（チェフール、出て行け！）」といい、自身旧ユーゴスラヴィアにルーツを持つ監督のゴラン・ヴォイノヴィチが書いた同名の小説に基づいている。「チェフール」とは、スロヴェニア以外の旧ユーゴスラヴィア各共和国の出身者を指して用いられる蔑称であり、民族の相違は問わず用いられる言葉である。映画では、「二級市民」として扱われ、スロヴェニア人とはわかり合えない「チェフール」たちが、主に彼らが

『出て行け、ユーゴ野郎！』のDVDジャケット

暮らす低所得者向けのリュブリャナ郊外の団地フジーネ地区を舞台に描かれている。「チェフール」の2世たちは、スロヴェニアで生まれ育ったにもかかわらず、依然本当のスロヴェニア人にはなれずにいつまでも「チェフール」のままである。一方で、彼らがひとたびルーツのある旧ユーゴスラヴィアの地域に行けば、今度は彼らは「スロヴェニア人」として扱われる。こうした彼ら2世の不安定なアイデンティティのあり方は、西側各国の移民社会にも共通するものである。

　スロヴェニアに旧ユーゴスラヴィアの各共和国から人々がやってきたのは、社会主義期にスロヴェニアが経済発展する中でのことであり、その多くは、経済的に貧しかったボスニア出身者であった。彼らは、産業労働者としてスロヴェニアにやってきたが、この当時は、もちろん（国外への）「移民」だったわけではなく、ユーゴスラヴィア国内での居住地の移動に過ぎなかった。またこの当時は、連邦軍の関係者やその家族としてスロヴェニアに暮らすことになった人々も、一定数存在していた。こうした人々の状況が激変するのは、１９９１年にスロヴェニアが独立を宣言した時である。独立宣言により、旧ユーゴスラヴィア各地域の出身者は、いわば一夜にして「外国人」となったのだった。多くの者はスロヴェニア市民権を取得したが、この際にさまざまな理由でそれを申請しなかったおよそ2万5000人が市民権を失ったとされている。ただし、スロヴェニア市民権を得ても、「チェフール」の状況が好転したわけではなかった。前述の映画『出て行け、ユーゴ野郎！』に現れる主人公のモノローグ「ウザイなんてもんじゃない。お前らスロヴェニア人は、オレらを檻から脱走した獣みたいに見てやがる。独立時に市民権を失った2万5000人よりもっと、オレらに消えてほしかったんだろう」は、それを象徴している。

旧ユーゴスラヴィア出身者やその子弟の中には、依然として困難な暮らしを送る人々がいる一方で、社会的に成功を収める人々も現れている。成功者は、スポーツ、とりわけサッカーなどの球技で顕著だが、中には、政治の舞台で一定の成功を収める者もいる。ゾラン・ヤンコヴィチは、セルビア人の父親とスロヴェニア人の母親の間に、セルビアで生まれた。その後少年期にスロヴェニアに移り住み、まず実業界で成功を収めた。その後は、2006年から5年間にわたり、首都リュブリャナの市長を務めた。そして、2011年の総選挙に新党「積極的なスロヴェニア」を結成して臨み、第一党の座を得た。しかし議会の多数派工作に失敗し、「-ić」で終わる姓を持つ最初のスロヴェニアの首相となることは叶わなかった。その後は、金銭スキャンダルもあり政治的影響力を失った。しかし、ヤンコヴィチの台頭にあたり、「旧ユーゴスラヴィアにルーツを持つから」という批判が見られなかったこと、むしろ改革者としての期待を集めたことは、ある面でスロヴェニア社会の成熟を示すものであった。

（山崎信一）

24

スロヴェニアのロマ

★権利保障への道★

ロマ（スロヴェニア共和国憲法に従って、ここでは「ロマ」という名称を用いる。いくつかの歴史的文書においては、「ジプシー〔Cigan/Zigeuner〕」の語が用いられている）がスロヴェニアに居住するようになったのは、17世紀および18世紀のことであった。出生届の文書からロマの子どもの出生届を追ってみると、以下のことがわかる。1681年と1690年にボゴイナでロマの子どもが登録され、レンダヴァ、ムルスカ・ソボタ、ティシナがそれに続いた。メトリカでは最初に見られるのは1738年で、ゴレンスカ地方（ラドウリツァ）では1876年である。これらの書類は、森の中でとか茂みの中でといったデータを出生地に加えて提供しており、信頼に足る情報である。かつてロマは、伝統的に鍛冶屋を生業としており、しばしば農民を助けて農場での仕事を行っていた。ゴレンスカ地方のシンティは、音楽家や回転木馬の管理者として知られていた。

スロヴェニアにおけるロマの歴史は、周縁に暮らす集団であるロマの強制移住、隔離集落、追放によって特徴付けられている。過去の歴史的状況のもとでは、ロマが完全に社会的に排除されることもあった。ロマの移動する生活様式は、しばしば

図１　ロマの分布

スロヴェニア全体	3246
コロシュカ	0.1%
沿岸クラシュカ	0.2%
ザサウスカ	0.2%
内陸クラシュカ	0.3%
ゴリシュカ	0.4%
サヴィンスカ	1.2%
ゴレンスカ	1.5%
下ポサウスカ	2.4%
中央スロヴェニア	8.1%
ポドラウスカ	21.9%
ポムスルカ	30.5%
南東スロヴェニア	33.1%

表１　ロマの人口の推移

年	1953	1961	1971	1981	1991	2002
ロマの人数	1663	158	951	1393	2259	3246

「浮浪と物乞い」という言葉で定義され、これはそのまま犯罪を連想させるものだった。何世紀にもわたるロマの周縁化と主流社会からの制度的な排除、そしてロマの生活様式に対する否定的イメージは、現代の社会においてもロマに対して一般に見られるところの偏見や不寛容の主たる要因となっている。

人口データと地域分布

スロヴェニアのロマの多数は、伝統的に、特にプレクムリエ、ドレンスカ、ベラ・クライナの各地域に暮らしている。スロヴェニアのロマには、異なったロマ語の方言を用いる三つの主要なグループが存在する。それは、プレクムリエのロマ、南東部（ドレンスカ、ベラ・クライナ、ポサウイェ）のロマ、ゴレンスカのシンティである。ロマの大多数は、いまだに、村落や都市のはずれの孤立した集落に暮らしている。伝統的に暮らすロマが最も

図２　ロマ人口（2002年国勢調査）

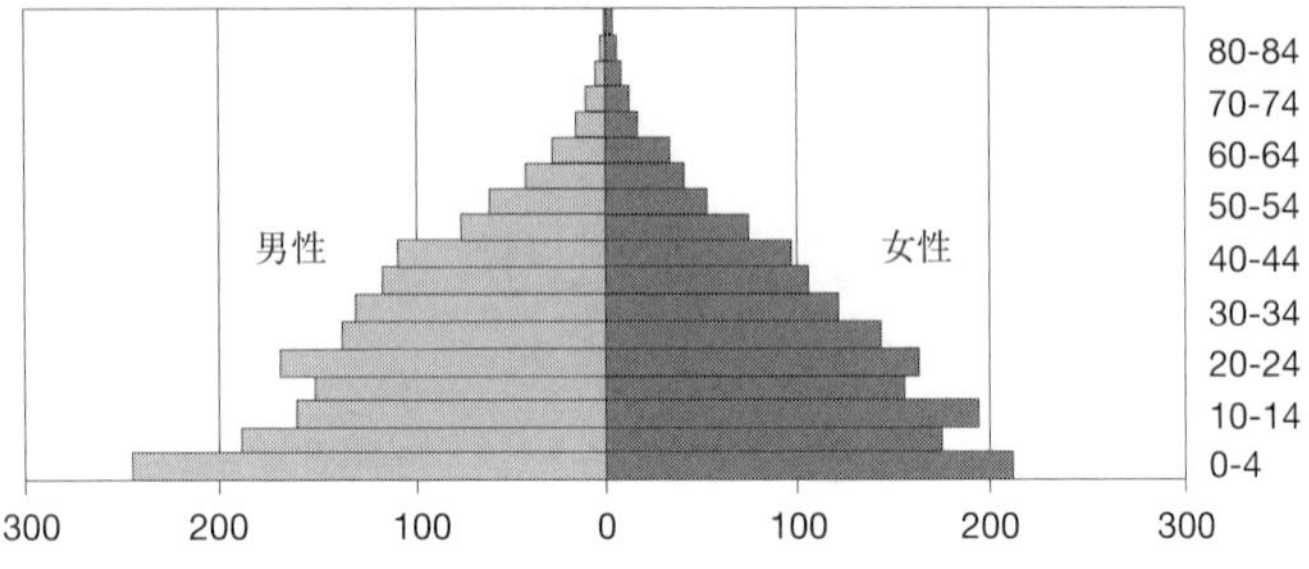

図３　スロヴェニア人口（2002年国勢調査）

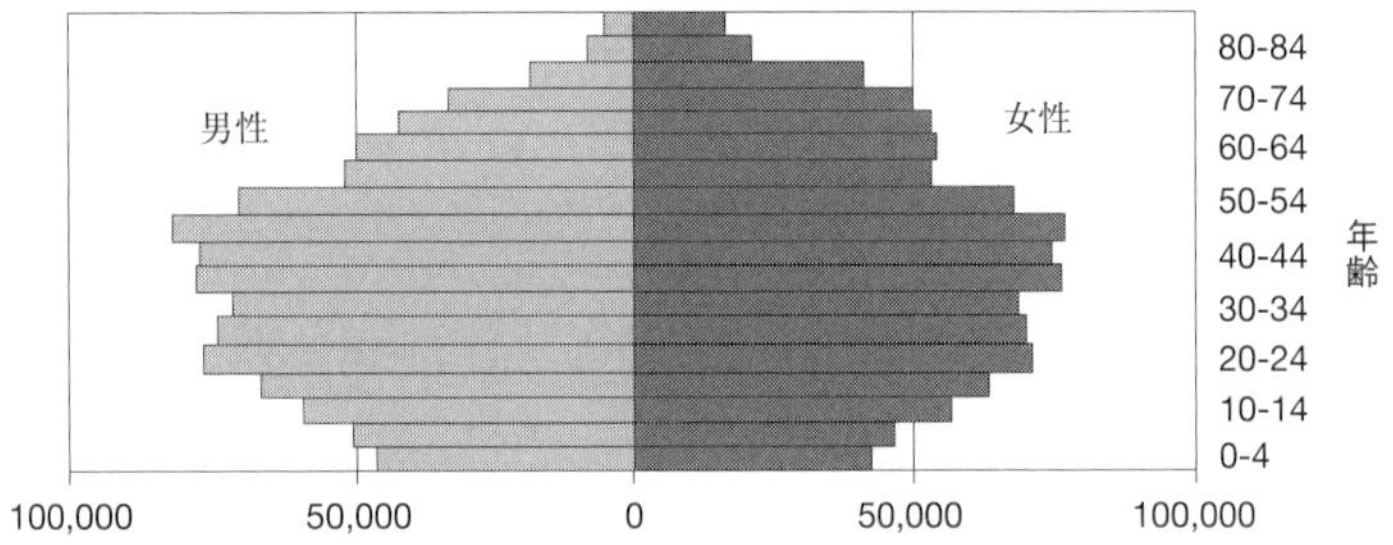

多く見られるのは、プレクムリエのムルスカ・ソボタ市（プシュチャ集落）と、ドレンスカのノヴォ・メスト近郊である。ムルスカ・ソボタ近郊のプシュチャ集落は、スロヴェニアのロマが永続的に居住している中で、最古のロマ集落である。近年、この集落のロマは、集落で最初に家が番地を付与されてからの百周年と、集落に保育園が開設されてからの50周年を祝った。

旧ユーゴスラヴィアの他の地域から移住してきたロマは、マリボル、ヴェレニェ、リュブリャナなどの、主として大きな工業都市に定住した。２００２年の国勢調査によると、スロヴェニアにおけるロマの数は3246人であった。ロマの数が最も多かったのは、マリボル（613人）、ノヴォ・メスト（562人）、ムルスカ・ソボタ（439人）、リュブリャナ（218人）、プツォンツィ（137人）、コチェウイエ（127人）、シェントイエルネイ（98人）、メトリカ（90人）、レンダヴァ（86人）、ティシナ（86人）、チュルノメル（85人）であった。非公式な推計値によると、スロヴェニアに暮らすロマは、7000人から1万人に及ぶとされる。

国勢調査で自らをロマと申告した者の数の推移を見ると、スロヴェニアにおけるロマ人口が増加していることが見てとれる（2002年以降、スロヴェニアでは公式の国勢調査は行われていない）。

また、スロヴェニアにおけるロマも、他のヨーロッパ諸国におけるのと同様に、年齢層の若い集団である。

法的地位

スロヴェニア共和国の憲法は、基本的人権と自由に関して規定している章の中で、ロマ共同体の特別な権利について取り上げている。第65条は、スロヴェニアに住むロマ共同体の地位と特別な権利が、法律で定められるべきことを規定している。第64条に定められている、イタリア人とハンガリー人の民族共同体の地位と特別な権利に対する憲法上の規定と比較すると、ロマに関する条項は、ロマ共同体とその成員の集団的、個人的権利には触れておらず、弱い規定になっている。ロマの法的保護と統合に関する規定は、教育、文化、メディア、政治参加などに関する個別の法律にも含まれている（法律は以下のウェブサイトにおいて閲覧できる。http://www.dz-rs.si）。2002年の地方自治法改正により、ロマ共同体の地方レベルの政治参加が規定され、ロマが伝統的に居住している自治体においては、ロマ共同体が少なくとも一人の議員を自治体議会に持つ権利が保障された（地方自治法を改正する法律、官報51／2002）。この法律の101a条は、ベルティンツィ、ツァンコヴァ、チュレンショウツィ、チュルノメル、ドブロウニク、グロスプリエ、コチェウイエ、クルシュコ、クズマ、レンダヴァ、メトリカ、ムルスカ・ソボタ、ノヴォ・メスト、プツォンツィ、ロガショウツィ、セミッチ、シェントイェルネイ、ティシナ、トレブニェ、トゥルニシュチェの各自治体において、ロマ共同体から自治体議会に一人の議員を送る権利を保障せねばならない旨定めている。

全般的なロマ共同体の法的地位は、ロマ共同体法（2007年）に定められている。この法律は、国家機関と地方自治体が負う、ロマ共同体の特別な権利の保障とその財政措置に関する責務と義務に関して定めており、また、全国および地方レベルでのロマ共同体の組織に関して規定している（Uradni list RS, št. 33/2007）。この法律の第2条の定めによると、ロマ共同体の成員は、スロヴェニアにおけるロマ共同体の特別な状況に鑑みて、法律の定める追加的な特別な権利を有することとなっている。スロヴェニア共和国の全ての市民に保障される権利と義務に加えて、スロヴェニア社会への円滑な統合のためには、この特別な権利が必要とされているのである。この法律に基づいて、スロヴェニアのロマの代表機関たる、スロヴェニア・ロマ共同体評議会が設立された。

スロヴェニア共和国政府は、ロマ統合のための長期的な国家プログラムを採択している。これは、ロマの住宅事情、教育、雇用、政治参加、文化、ロマに対する偏見と不寛容の除去のための、各省と政府機関の活動を定めている。

（ヴェラ・クロプチッチ／山崎信一訳）

25

ケルンテンのスロヴェニア人

★民族意識と生活環境★

南ケルンテンのスロヴェニア人について記述するドイツ語の文章のなかに、しばしば「根源的不安（Urangst）」ということばが出てくる。その中身は、国境線が変わるかもしれないという不安、つまりは南ケルンテンがスロヴェニアに奪われる恐怖だという。ケルンテン州歌の歌詞の4番には「血でもって境界をかいたところ」とある。事実、ユーゴスラヴィアおよびスロヴェニアは、二度にわたって南ケルンテンを要求した。この「不安」に刻印された政治的状況が、ドイツ系住民とスロヴェニア系住民たちの関係を敵対的なものにしてきた。

この禍根をつくった原因の一つは、1920年10月10日に行われた住民投票であった。第一次世界大戦の末期、セルビア人・クロアチア人・スロヴェニア人王国（SHS）の南スラヴ軍がケルンテンに侵入し、クラーゲンフルトを占領した。ケルンテンの住民たちは、これに対してオーストリア共和国軍とともに「郷土防衛戦（ドイツ語ではAbwehrkampf）」を戦った。その結果、停戦後のパリ講和会議によって、住民投票が国境地域であるケルンテン南部で行われることが決定した。激しいプロパガンダ合戦の末に、59・01％対40・96％で、南ケルンテンは

住民投票のプロパガンダのためのビラ。上：親オーストリア、下：親ユーゴスラヴィア［出所：Hellwig Valentin, *Der Sonderfall. Kärntner Zeitgeschichte 1918-2004*, Hermagoras, 2009, p.29, 30.］

オーストリアに帰属することになった。これは、住民たちが軍事政権色の濃いＳＨＳよりも民主主義的なオーストリアのほうを選んだとか、クラーゲンフルトやフィーラッハのような都市から切り離されては経済的に不安があると判断したためといわれている。なかでも決定的だったのは、州政府がスロヴェニア系住民に対し、言語的および民族的独自性を擁護すると約束したからである。州政府は「自由にして不可分のケルンテンのために」オーストリアに投票せよと呼びかけた。しかしその約束は守られなかった。

　オーストリアに帰属が決まった直後から、スロヴェニア系住民たちに対するドイツ語化の圧力が高まった。スロヴェニア・ナショナリズムを推進する知識人には歴史的に聖職者が多かったのだが、そういったスロヴェニア系の司祭や、さらには教師たちもが職を解かれ、30年代半ばには二言語学校の現場でもスロヴェニア系の教師は4名しか残っていなかった。1927年、ドイツ・ナショナル派の歴史家ヴッテは、「ヴィンディッシュ」という概念を示した。これはスロヴェニア・ナショナリズムに関心のないスロヴェニア人を「ヴィンディッシュ」として一つの民族集団カテゴリーとするものだった。彼らが話す言語はスロヴェニア語ではなくヴィンド語であり、文化的にはドイツ人とされた。この「ヴィンド人」または「ヴィンディッシュ」とはスロヴェニア人を指していたが、この時期からスロヴェニア系住民たちを「親ドイツ」とそうでないものに分別するという政治的意味を持つものとなった。ケルンテン民族誌研究の森明子によれば、ヴィンディッシュ概念はスロヴェニア・ナショナリズムの形成に大きな影響を与えたという。スロヴェニア系住民たちのあいだに、ヴィンディッシュとは異なる自分たちというスロヴェニア国民の輪郭が意識されるようになったためである。戦後しばらく姿を消したこの語だが、1951年のオーストリアの国勢調査の際に再び導入され、現在でも使用されている。2001年の国勢調査では、ケルンテン全体の住民数55万9404人のうち、スロヴェニア語話者が1万4010人、ヴィンディッシュ話者が556人となっている。

ナチ体制下で、スロヴェニア系住民に対する迫害はますます激しさを増し、1942年4月には947名のスロヴェニア系住民がドイツ帝国へと移住させられ、かわりにカナルスカ・ドリナ（カナルタール）のドイツ系住民が入植してきた。スロヴェニア系の有力な政治家や教師や聖職者たちは強制収容所へ送られ、公的な場でのスロヴェニア語の使用は禁止された。これに対し、1942年から、スロヴェニア系住民たちの武装闘争が始まった。スロヴェニア・パルチザンとよばれた彼らは、１００名をこえる犠牲者を出しながら抵抗した。ナチ体制下のオーストリアにおいて、軍事的な抵抗運動は唯一これのみであったという。そしてこれこそが、オーストリアがナチス・ドイツによる最初の「犠牲者」である根拠とされたのである。この「犠牲者テーゼ」は、戦後長らくオーストリアの政治的レトリックとして利用されていった。

戦後10年間にわたり4ヶ国占領下におかれたオーストリアは、１９５５年にようやく「国家条約」によって独立を回復した。それまでは国内の少数民族に対して国家条約第7条による保護を約束していたが、やがて宥和的な態度は崩れていった。戦後の学校規則は言語混交地域における二言語授業を義務付けていたが、１９５８年にこの授業を受けたくない者は届け出られるよう変更した。その結果、1万２０００人の生徒のうちおよそ1万人が届け出を提出した。そのなかには、子供にドイツ語のみで教育を受けさせたいスロヴェニア系住民も多く混ざっていた。ドイツ語は、社会的上昇とつよく結びついていたからである。翌１９５９年にはさらに、スロヴェニア語授業への出席が届け出制となったため、学習者は年々減少の一途を辿った。１９９０年代にようやく微増傾向に転じ、２００５／０6年度には36・25％が受講者したが、この半数以上がドイツ系住民であった。彼らは、外国語である英語を学ぶような感覚でスロヴェニア語を学んでいるという。このような、ある意味共存を模索するような一般のドイツ系住民の動きとは裏腹に、政治のレベルでは言語を指標として教室を分ける「ケルンテン・モデル」が１９８８年に国民議会で承認された。その結果、二言語授業は国民学校の4年間のみとなった。

二言語教育がこのように制限される一方で、1957年にはクラーゲンフルトにスロヴェニア語で教育を行うギムナジウムが設立された。1978年には音楽学校が、1990年には二言語使用の「連邦商業アカデミー」が設立されている。しかし、スロヴェニア語の初等教育が国民学校4年間で途切れてしまうため、ギムナジウムまでの空白の期間と学習量の不足が問題となっている。

二言語教育の問題と並んでケルンテンで大きな論争となったのは、地名標識設置の問題である。1972年7月に成立した地名標識板法によって9月から二言語で表記された地名板の設置が開始されたが、これはドイツ系ナショナリストたちの激しい抵抗にあった。彼らは地名標識板を力づくで撤去し、さらにスロヴェニア系専門学校への爆破予告や州首相への腐った卵の投げつけなどのテロを行った。1976年7月には下院で民族集団法が可決され、これによりゲマインデに少数民族が25%居住していた場合、二言語表記の標識板を設置するよう定められた。しかし、やはり設置は遅々として進まなかった。70年代を通して争われたこの「標識板戦争」が、新しい民族集団法により一応の決着をみたのはようやく2011年であった。二言語標識板は、二言語教育の現状からかんがみるに、日常生活に必要欠くべからざるものではない。それがここでこのような大きな意味を持つのは、二言語で表示することがスロヴェニア系住民の存在を可視化し公的に認めることになるからであろう。ケルンテンでスロヴェニア語を意識して選びとり、少数民族集団に属すると宣言することは、当人の意思とは関係なく、政治的な存在となることを意味するのである。

ユーゴスラヴィアが過去に南ケルンテン地域に領土を要求したとき、いずれも口実となったのはかの地のスロヴェニア系住民の存在だった。1991年に国民国家として独立したスロヴェニアも20

04年にはEUに加盟し、「根源的不安」はいまや現実的な問題ではなくなったかにみえる。ただし、それはEUの存在が安泰であるならばという留保がつくだろう。EUにより移動の自由が保障された現在、スロヴェニア共和国から多くの人々が国境を越えてケルンテンにも入ってくるし、「新少数派」とよばれる東からの移民も増えてきている。「根源的不安」は、亡霊のように幾度も呼びだされ参照される歴史的記憶の一部なのである。

（藤井欣子）

26

イタリアのスロヴェニア人

★「国境の向こう側の人」★

私の祖母は、オーストリア・ハンガリー帝国に生まれ、イタリア王国で青春を過ごし、結婚後ナチス・ドイツ、チトー大統領のユーゴスラヴィア、トリエステ自由地区で仕事をしながら子育てし、イタリア共和国で仕事を終えて老後を過ごした。その間、一度も生まれ育ったトリエステ市のサンヴィト地区から引っ越していない。祖母だけではない。その世代のトリエステの人はみんな、同じ家に住みながら、転々と変わる国家の国民に成り代わっていった。国境がよく動く地域なのである。

スロヴェニア語では、スロヴェニア国外に住んでいるスロヴェニア人のことをザメイツィ、「国境の向こう側の人」という。不思議なことに、イタリアに住んでいるスロヴェニア人も自分のことを指してこの言葉を使う。他人の視点に立って考えることになれている少数民族、上から決められた国境の「向こう側」になった人々なのである。

陸続きの地形にはあらかじめ自然によって定められた国境などない。ジュリア・アルプス山脈からフリウリ平原、クラス（カルスト）地方に沿ってアドリア海まで続く地域、現在イタリア北東のフリウリ＝ヴェネツィア・ジュリア州の東側に当たる地域には、中世から複数の民族が定住している。古代ローマ時代からこの地域に定住していたロマンス系の住民、アルプスの北からおりたゲルマン系の住民、そして東から移動してきたスラヴ系の住民が7世紀ごろからこの地域で暮らしている。ロマンス語族の領域とスラヴ語族の領域の境は、ある程度地形に沿っており、中世から20世紀にかけて、フリウリ平原と沿海部の町には主にロマンス系（後にイタリア人と呼ばれる人）が居住し、フリウリ平原を囲むアルプス山脈の麓、それに続くカルスト台地、内陸側には主にスラヴ系（後にスロヴェニア人、クロアチア人と呼ばれる人）が住んでいたが、断言できる境目はなく、特に都市部、トリエステ市やゴリツィア市には複数の民族と言語が長い歴史の間、時には平和に、時には悲惨な摩擦を起こし、共存してきた。

7世紀にランゴバルド人との戦いの結果、フリウリ平原の東側を囲む未開発の丘陵地帯に定住したスラヴ人は、15世紀まではロマンス系の都市を取り巻く奥地に点在し、アクイレイア総大司教とゴリツィア伯爵によって統治されていたが、後にその全域がハプスブルク君主国の領有となり、同じ国に属することになった。トリエステ市が18世紀にハプスブルク君主国の主な港となったとき、経済発達に伴い人口が増えたが、トリエステに移民した多くの人は、クラス地方とイストリア半島内陸のスラヴ系（スロヴェニア人とクロアチア人）であった。もっとも、当時は「スロヴェニア人」という名前、一民族としての意識がまだ形成されていなかったが、1848年に起こった「諸国民の春」革命を節目に、この領域に住んでいたイタリア人、スロヴェニア人、クロアチア人などがそれぞれの民族運動に参加し、対立し始めた。

1866年に普墺戦争で敗れたオーストリア・イタリア戦線の領域では国民投票が行われ、現在のイタリア北東にあたるベネシュカ・スロヴェニヤ（スラヴ系フリウリ地方）の領域はイタリアの領土となり、そこに住んでいたスロヴェニア人も最初の「イタリアのスロヴェニア人」となった。

第一次世界大戦後、さらに広い範囲、現在のスロヴェニア共和国の西側に当たるプリモルスカ地方とイストリア半島全体がイタリアの領土となり、主に海岸に居住していた39万人のイタリア人の他に、32万人のスロヴェニア人と17万人のクロアチア人もイタリア国民となった。１９２２年にファシスト党が政権を獲得し、スロヴェニア語・クロアチア語の使用が公共の場で禁止され、スロヴェニア人学校にはイタリア人教師が派遣され、スロヴェニア系・クロアチア系の人名、地名も強制的にイタリア語に改名され、スラヴ系の政治運動家は冷酷に抑圧された。経済不況と政治弾圧によって生活が苦しくなったスロヴェニア系イタリア国民の多くは外国へ移民し、6万人ほどがアメリカやオーストラリアに移民したが、故郷に残ったスロヴェニア人の多くはファシストの暴力に抵抗するために政治運動に加わり始め、第二次世界大戦が始まってからパルチザン運動にも多くが参加し戦った。

１９４１年にイタリアがスロヴェニア中央のリュブリャナまで占領し、１９４３年のイタリアの降伏を機にドイツ軍がその地域を占領したが、2年後にはパルチザンがトリエステを含むスロヴェニア語圏領域をドイツ軍から解放し、また国境を動かした。しかし、戦略的要衝だったトリエステには西からイギリス軍もまもなく到着し、トリエステを含む地域の北部はイギリス軍が、南部はユーゴスラヴィア軍が占領する協定が結ばれ、１９４７年に国連安保理によって「トリエステ自由地域」の設置が承認された。その地域は英米軍が統治するA地区（トリエステ市を含む）と、ユーゴスラヴィア軍が統治するB地区に分割され、B地区からは多くのイタリア系住民がA地区、またはイタリア本国に逃

トリエステ自由地域（1947～54年）

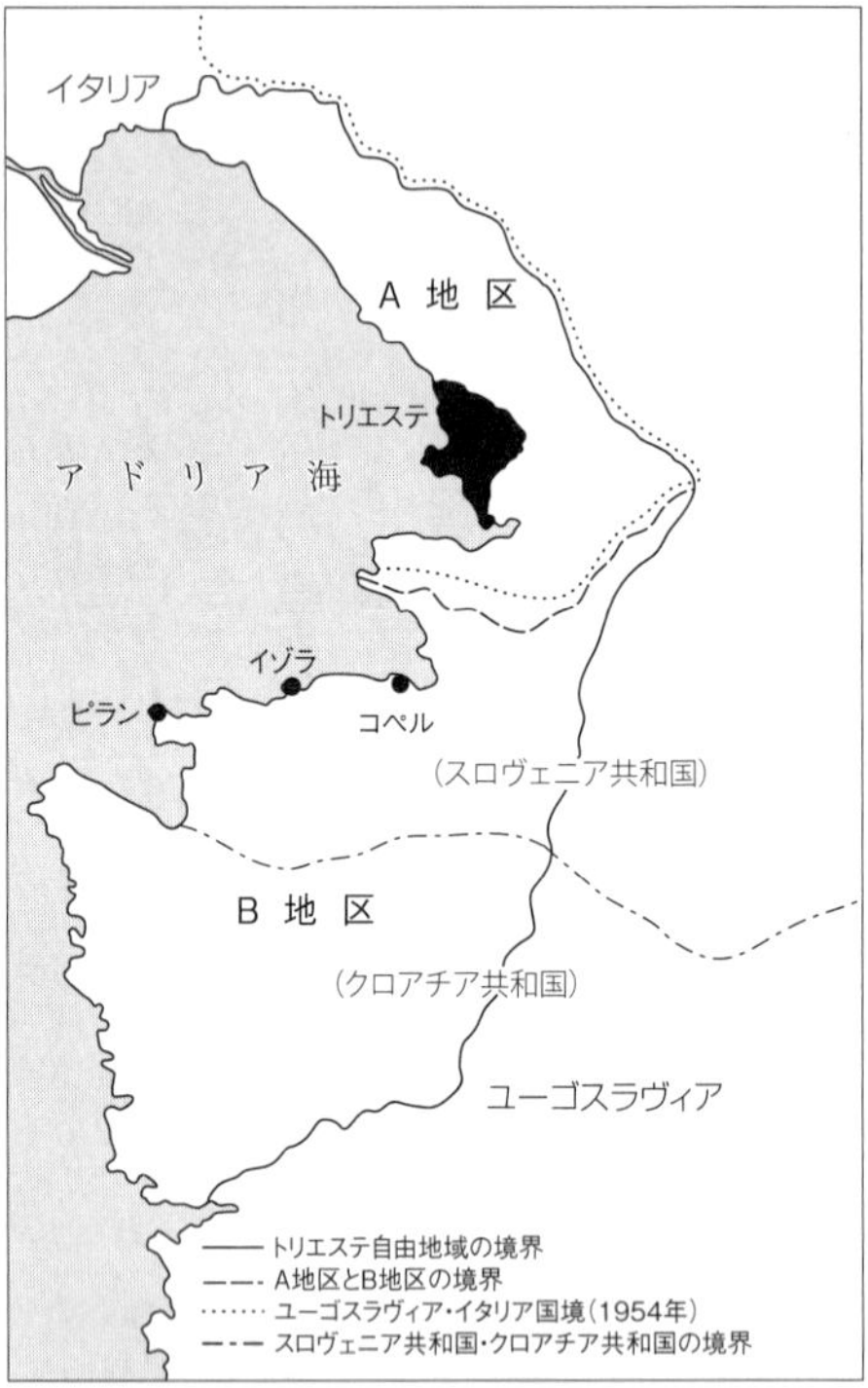

出所：柴宜弘、石田信一編著『クロアチアを知るための60章』（明石書店、2013年）より一部改変。

亡した。しかし「自由地域」が一つの自治体になることはなく、1954年のロンドン条約によってA地区がイタリア共和国に、B地区がユーゴスラヴィア連邦に合併された。

平和条約、1954年のロンドン条約によってイタリアとユーゴスラヴィアの国境が定められ、特に都市部を通る国境は、複数の民族が混在する地域を人工的に切り分け、両側に「少数民族」を作る結果となった。条約によって、少数民族の権利（母語による教育、公共の場での母語使用等）が定められたが、ファシスト時代から虐げられたイタリアのスロヴェニア人、戦後逃亡したイストリア半島のイタリア人は長い間差別を受け続け、民族的な対立が続いた。

イタリアに住むスロヴェニア人は全員、イタリア語もスロヴェニア語も母語のように話せるが、1960～70年代には、スロヴェニア語ができ、スロヴェニア語の学校へ通う機会があっても、就職に

イタリア語とスロヴェニア語・クロアチア語の多言語標識は、右翼には目障りで落書きされる［撮影：Matjaž Hmeljak］

不利だと判断し子供をイタリア語だけの学校へ通わせ、イタリア人に同化する人が少なくなかった。１９９０年代に入ってからスロヴェニアの独立、ＥＵ加盟に伴い以前の敵対的な態度が和らぎ、時代と共に戦前・戦中の記憶が緩和され、逆の現象が見られるようになった。スロヴェニア語が（まだ）できない親でも、子供により豊かな教育を与えようと、スロヴェニア語学校に通わせる親が増えてきた。同じ地域に複数の言語が存在し、複数の言語を使うことを負担、脅威としてではなく、より豊かな暮らしの可能性として理解できる世代が、これからも共存できることを願ってやまない。

（クリスティーナ・フメリャク寒川）

27

アメリカのスロヴェニア人

★アダミックからメラニアまで★

少し古いが、2000年のアメリカ合衆国の国勢調査によると、スロヴェニア出身者数は約18万人、クロアチア出身者数は37万人、セルビア出身者数は5万人である。国勢調査は自己申告であるし、何を根拠にスロヴェニア系と自己規定するのかは難しい問題であるが、ここから概数を把握することはできる。

スロヴェニア人移民の代表的な人物をあげるとすれば、アメリカ・エスニック文学の先駆者であるルイス・アダミック（スロヴェニア語名、アロイス・アダミッチ）と現在の米大統領夫人メラニア・トランプ（スロヴェニア語名、メラニヤ・クナウス）だろう。

アダミックは1898年にリュブリャナ南部の近郊、ドレンスカ地方（当時はハプスブルク帝国統治下のカルニオラの中央部）のグロスプリェ近くの村で生まれた。アメリカでベストセラーとなり、日本語訳もある移民の帰郷物語『わが祖国ユーゴスラヴィアの人々』（1934年）によると、アダミックはブラト村の農民の長男として生まれた。13人きょうだいのうち彼の上の3人は死去した。きょうだいの多さからもわかるように、彼の場合、貧困から集団で新天地アメリカを目指した一般的な移民のケースとは異なっている。比較的裕福な農民の家庭に生まれ、初等

ルイス・アダミック

学校（4年制）を卒業したあと中心都市リュブリャナのギムナジウム（9年制）に進学した。3年生になった1913年、反ハプスブルクを唱える生徒たちの政治グループに加わり、デモに参加して逮捕されてしまい、放校処分を受けた。当時、翻訳されていたアメリカ文学に慣れ親しんでいたアダミックは一大決心のもと、この年の末にアメリカに単身で移住した。

　一方、いまや時の人であるメラニア夫人は1970年、社会主義ユーゴスラヴィアの時代に、スロヴェニアの北東部シュタイエルスカ地方の古都であり工場町セウニツァの自動車・バイク部品店を営む家庭に生まれた。3人きょうだいの末っ子であり、首都リュブリャナのギムナジウムに進学し、リュブリャナ大学を1年で中退した。ミラノのモデル業者と契約を結び、ミラノやパリでモデル活動をした後、1996年に労働ビザでアメリカに入国した。トランプ大統領が経営していたモデル会社のパーティーで大統領と出会うことになる。結婚したのは2005年1月であり、アメリカの国籍を得たのは2006年であった。

　アダミックもメラニア夫人も、アメリカへのスロヴェニア人移民としては例外的な存在である。18世紀からみられる宣教師や冒険家の例を除くと、スロヴェニア人のアメリカ移民は二つの時期に大別できる。一つは、南北戦争後に工業の進展した1870年から移民を制限する移民法が制定された1924年までの時期であり、「経済移民」である。もう一つは、第二次世界大戦後、チトーのもとに

メラニア・トランプ［提供：AFP＝時事］

新たな社会主義ユーゴスラヴィアが生み出された時期であり、「政治移民」(第28章を参照)である。アメリカへの「政治移民」の数はそれほど多くないので、本章では「経済移民」を中心に概観してみる。

前者の時期に先立ち、1840年代から50年代に、ベラ・クライナ地方(当時はカルニオラ南部)の行商人が大挙してアメリカに移住し、そのなかで成功を収めた人が家族宛てに出した書簡などが新聞に掲載され、反響を呼んだ。1860年代には、宣教師の呼びかけに応えて、ゴレンスカ地方(当時はカルニオラ北部)の農民たちが肥沃な土地を求め家族を伴って、アメリカへ渡った。しかし、1880年代から飛躍的に増大する移民は、農業や林業の労働者、鉱山、鉄道、重工業の労働者となるものが大半であった。アメリカへのスロヴェニア人移民の特徴として言えるのは、貧困や飢え、ハプスブルク帝国の兵役忌避といった理由より、高賃金の労働を求めて「約束の土地」アメリカを目指したことであろう。スロヴェニアでは農業人口がまだ67%を占めていた1910年のアメリカの国勢調査では、スロヴェニア語を母語とする人は約18万人、1920年の国勢調査では約23万人であった。これは当時のスロヴェニアの人口の約25%であり、スペインやスウェーデンと同程度のヨーロッパでも高い移民率を示している。

第27章
アメリカのスロヴェニア人

この時期、シュタイエルスカ（当時はスティリア）地方やカルニオラ地方北部の農民のあいだでは、工業発展の目覚ましかったドイツのルール地方やウェストファリア地方の工業都市に移民する傾向もみられた。特殊な例ではあるが興味深いのは、「アレクサンドリンケ」として知られている、エジプトのアレクサンドリアに渡った女性たちである。これらの女性は乳飲み子を自宅に残し、エジプトの裕福な家庭やイギリス統治者の家庭の乳飲み子に授乳をさせた。彼女たちはイタリアと国境を接するゴリツァやプリモルスカ地方出身の貧しい農家の女性だった。これらの移民と比べると、アメリカ移住者の出身地に偏りはなく、ほぼスロヴェニアのすべての地方におよんでいる。

第一次世界大戦が勃発した1914年の時期までに、ヨーロッパの移民を扱う業者がいくつかの港からアメリカ行きの船を手配していた。スロヴェニアからの移民もこれらのルートを使った。かれらはまず、列車に乗りリュブリャナに向かった。ハプスブルク帝国の首都ウィーンとトリエステを結ぶ鉄道が1857年に完成しており、リュブリャナは西欧の諸都市へ向かう起点であった。アメリカ行きの船が運航されていたのは、ドイツのブレーメン、ハンブルク、フランスのパリ、イギリスのリヴァプール、オランダのアントワープ、ハプスブルク帝国のトリエステなどの港である。トリエステが距離的には最も近いが、このルートは運航されたばかりで周知されておらず、あまり使われなかった。アメリカに着くまでの所要時間が長く、運賃が高かったことも大きな理由であろう。

大西洋を渡って、ニューヨークに到着したスロヴェニア人移民の多くは、工業の発展したアメリカの北東部に向かった。その40％はオハイオ州に定住し、中心都市はクリーヴランドであった。これに続いて、ペンシルヴァニア州が12％、イリノイ州が約10％、ミネソタ州とウィスコンシン州がそれぞれ5％以上を占めた。このほか、ヴァージニア州、カリフォルニア州、コロラド州、ミシガン州、フロリダ州、ニューヨークなどにも広く定住した。この時期、ハプスブルク帝国やロシア帝国の被支配民族に対する人種的な偏見は強く、ポーランド人は「ポラックス」、ハンガリー人は「ハンキーズ」、チェコ人やスロヴァキア人は「ボハンクス」、スロヴェニア人は「グライナーズ」（カルニオラのドイツ語表記クラインが語源）と呼ばれて蔑視された。こうした社会環境のもと、スロヴェニア人は自らの教会や学校などの施設、互助組織、政治クラブなどをつくりながら、アメリカ社会に適応する努力を続けた。1891年にシカゴで発行された新聞『アメリカンスキ・スロヴェネツ（アメリカのスロヴェニア人）』は、スロヴェニア人移民の大きな心の支えとなった。

それから100年以上を経た現在、スロヴェニア出身の米国大統領夫人が誕生した。出身地セウニツァを訪れる外国人観光客が増えており、セウニツァでは観光による町おこしが進められているという。メラニア大統領夫人の存在はスロヴェニアの人々の目にどのように映っているのだろうか。

（柴　宜弘）

28

アルゼンチンのスロヴェニア人

★反ファシズムからの脱出と政治難民★

1991年にスロヴェニアが旧ユーゴスラヴィアから独立すると、アルゼンチン移民のなかには故国スロヴェニアに帰国する人が見られた。2000年に短期間ながら首相に就任し、その後も政党「新スロヴェニア」（キリスト教民主党）の初代党首として、財務大臣を務めた政治家アンドレイ・バユク（1943～2011年）がその代表であろう。本章では、政治的な理由からアルゼンチンに移住した人々の様子を概観してみる。

アルゼンチンは国民の約80％がヨーロッパ系住民からなる移民国家である。総人口約4000万人（2010年）のうち、イタリア系、スペイン系、フランス系、ドイツ系、ポーランド系が多くを占め、ユダヤ人の数もラテンアメリカのなかでは最大である。スロヴェニア系は3万人とされる。スロヴェニア人のアルゼンチンへの移民は、三つの時期に集中している。最初は1880年代から第一次世界大戦の時期にかけてであり、アルゼンチン当局の入植の呼びかけに応えて、主として、プレクムリエ（ハプスブルク帝国統治下のハンガリーとの境界地方）から貧しい農民が移り住んだ。ゴリツァ（ハプスブルク帝国のイタリアとの境界地方）の農民のなかには、アルゼンチンにわたり製紙工場

アンドレイ・バユク

で働いたり、酒場を営む人もいたが、その数は限られていた。いずれにせよ、この時期のスロヴェニア人移民は「経済移民」の色彩が強い。

このあと、第一次世界大戦後の1930年代前後の第二期と第二次世界大戦後の社会主義ユーゴスラヴィア成立時の第三期が続いた。第二期は政治的な要因と経済的な要因が密接に混じり合っており、第三期は政治難民と呼ぶことができるだろう。第二期の移民を説明する前に、スロヴェニア人居住地域が第一次世界大戦後、どの国に帰属することになったかを概観しておく。1918年12月、セルビア人・クロアチア人・スロヴェニア人王国（1929年にユーゴスラヴィア王国に改称）が建国され、スロヴェニア人居住地域の多く（ハプスブルク帝国統治下のカルニオラとスティリア南部）はこの新国家に帰属した。しかし、カリンティア（ドイツ語名ケルンテン）はオーストリアに、1920年のラパロ条約により、トリエステやゴリツァを含むアドリア海沿岸のプリモルスカ地方はイストリア半島、クロアチアのザダルおよびラストヴォ島とともにイタリアに組み込まれた。

イタリア支配下に置かれたプリモルスカ地方とイストリア半島のスロヴェニア人およびクロアチア人は、第一次世界大戦後の荒廃した状況に加え、「イタリア化」政策の犠牲を被った。さらに、1922年にムッソリーニのファシズム政権が成立すると、スロヴェニア人は二流市民と位置づけられ、自由な生活を営むことができなくなった。政治状況の悪化、人種的な偏見、経済的な貧困のため、ファシズムに嫌悪感をいだく若いスロヴェニア人たちは故郷を離れざるを得なかった。彼らは主として、ゴリツァやトリエステ周辺のプリモルスカ出身者であったが、同様にイタリアに組み込まれたイストリア半島やザダルのクロアチア人もいた。1926年から34年の時期に、故郷を「追放」されたスロヴェニア人移民の数は1万人を超えていたとされる。これらの移民は建設現場の石工や大工、塗装や金属細工の業種に携わった。とくに、プレクムリェ地方出身者は冷凍肉の袋詰め工場の労働者となることが多かった。

一足先にアルゼンチンに移住し生活が安定した者は、故郷の親類や友人たちに移民のための渡航費を仕送りして、家族を呼び寄せるなどつぎの移民を助けた。プレクムリェ出身者の場合、その大部分は、まずこの地方のオーストリアとの境界の都市ラドゴナ（現在のゴルニャ・ラドゴナ）に行き、そこから列車でトリエステ、マルセイユ、ハンブルクに向かい、これらの都市の港から船でアルゼンチンに渡った。かれらは農村出身者が多かったが、生活の糧を得やすい首都ブエノスアイレスなどの都市部に定住したようである。1929年に始まる世界恐慌はアルゼンチンにも大きな打撃を与え、国内の経済状況が悪化したため、移民の流入は激減した。しかし、1939年までに、スロヴェニア人移民の数は2万人に達した。

ラパロ条約でプリモルスカ地方、イストリア半島、ザダルなどがイタリアに割譲された際、アルゼンチンのクロアチア人やスロヴェニア人のあいだで、これに反対する動きがみられた。さらに、イタリアでファシズム政権が成立すると、当時発行されていたスロヴェニア語やクロアチア語の週刊紙や日刊紙で批判が展開された。これらの新聞や雑誌はスロヴェニア人移民を結びつけるうえで大きな役割を果たしたが、さまざまな文化サークルも重要な役割を果たした。例えば、1925年に結成された男声合唱団はその典型的な例であり、故郷の曲をともに歌うコーラス・グループが各地のスロヴェニア人コミュニティに広まった。1930年代から第二次世界大戦の時期には、出身地方別のスロヴェニア人相互援助協会も設立されるに至った。

アルゼンチンへの移民の第三期は第二次世界大戦期のスロヴェニア社会の分断・対立および戦後の社会主義ユーゴスラヴィアの成立と密接に関連している。第二次世界大戦の時期、スロヴェニアはドイツとイタリアによって分割され、その占領下に置かれた。スロヴェニア解放戦線、いわゆる、チトーを中心とするパルチザンが結成され、占領軍に対する抵抗運動が展開された。一方、リュブリャナを含むイタリア占領地域で、ユーゴスラヴィア王国時代のカトリック政党の人たちが占領軍に協力して自発的な防衛隊をつくっていたが、イタリア降伏後にドイツはこれらの人々を含めて郷土防衛隊（ドモブランツィ）を創設した。ユーゴスラヴィアでは、最終的にパルチザンによる抵抗運動が勝利を収め、1945年5月にドイツが降伏すると、郷土防衛隊の大部分はドイツ軍とともに、カラヴァンケ山地の険しい道を越えてオーストリアに逃亡した。しかし当時、オーストリアを占領していたイギリス軍は逃亡してきたこれらの人々の大半を、同盟軍であるパルチザンの支配するスロヴェニアに送還した。パルチザンはかれらを対敵協力者として処刑した。その数は1万2000人にも達したとされる。これら郷土防衛隊の存在とその記憶は、戦後のスロヴェニア社会を分断する主要因であり、早くも1970年代から国民和解の議論が続けられた。

一方、オーストリアの難民収容所にたどりついた郷土防衛隊の人たち約6000人の受け入れ先については、UNRA（連合国救済復興事業局）など諸機関が調整にあたったが、容易に進まなかった。1948年に入り、ようやくわずかな数のスロヴェニア人がカナダやヴェネズエラに受け入れられた。しかし、大半のスロヴェニア人はアルゼンチンに移り住むことになる。1947年、アルゼンチン在住のスロヴェニア人宣教師が直接、ペロン大統領と面会してスロヴェニア人難民の受け入れを要請した際、ペロンは反共の喧伝に利用できると考え、1万人の受け入れを表明したからである。受け入れの条件は、カトリックであること、勤勉であること、大家族であること、コミュニストでないことだった。

自らの意志によるのではなく、政治難民としてアルゼンチンに受け入れられたこれらのスロヴェニア人の生活は平坦なものではなかったが、ともかく新天地での暮らしが始められた。彼らはスロヴェニアへの望郷の念が強く、数世代にわたり家庭や教育機関でスロヴェニア語の保持に努めた。そのため、本章の冒頭でふれたバユクのように、1991年にスロヴェニアが独立すると、故国に帰還する人たちが多くみられたのである。

（柴　宣弘）

V

政治・経済・国際関係

29

政　治

★小党分立による連立政権★

スロヴェニアは独立時の「十日戦争」を除けば他の旧ユーゴスラヴィア諸国が直面したような民族紛争にほとんど巻き込まれることなく、その後の政治・経済改革を有利に進めることができた。それにもかかわらず、国内政治に関しては必ずしも安定しているとはいえない面がある。1990年から2016年までにスロヴェニアでは12の内閣が発足している。ある政党が単独過半数を確保できたことは一度もなく、組み合わせを変えながらも、つねに連立政権がつくられてきた。政権内部での意見の不一致から連立が解消され、不信任決議が可決される事態が何度も生じている。小党分立傾向が顕著に見られる上に、政党の離合集散が繰り返されてきたのである。ここでは、こうした問題を念頭に置いて、スロヴェニアの政治動向を見ていくことにする。

スロヴェニア議会は二院制だが、職業代表か地域代表を選挙人の間接選挙で選ぶ上院（定数40）の権限は限定的であり、議会といえば国民の直接選挙で選ぶ下院（定数90）を指すことが多い。下院選挙では全国得票率4％を阻止条項として88議席を配分する、やや複雑な小選挙区比例代表併用制が採用されてい

第29章
政　治

スロヴェニア議会議事堂［提供：National Assembly/Miran Kambič］

る。残る2議席はイタリア系、ハンガリー系コミュニティ代表にあてられる。首相は下院が選出し、大統領が任命する。大統領は直接選挙で選出されるが、議院内閣制のため権限は大きくない。

ユーゴスラヴィア時代に旧制度を一部維持したまま実施された1990年の自由選挙では、スロヴェニア民主野党連合（DEMOS）が旧与党・共産主義者同盟の民主改革党に競り勝ち、キリスト教民主党のロイゼ・ペテルレを首相とする中道右派連立政権を発足させた。ペテルレ内閣はユーゴスラヴィアからの分離・独立と体制転換を推進する役割を担ったが、その大目的を別にすれば当初から一体性を欠いていた。結局、92年4月に解散したDEMOSに代わり、社会主義青年同盟の流れをくむ自由民主党のヤネス・ドルノウシェクが首相となって民主改革党を主軸とする選挙連合「統一リスト」などとの連立政権を発足させた。自由民主党は同年末の総選挙で第1党（22議席）となり、キリスト教民主党、社会民主党、そして「統一リスト」を単一政党化した社会民主統一リストと「大連立」を組んだ。第2次ドルノウシェク内閣の政権運営はヤネス・ヤンシャ国防相の解任と彼が党首をつとめる社会民主党の連立離脱もあって非常に不安定なものとなった。

同党が右派路線に転換していったのもこの時期である。

1996年末の総選挙で自由民主党はふたたび第1党（25議席）となり、今度は人民党などの支持を得て第3次ドルノウシェク内閣を発足させた。この政権はスロヴェニアのNATO・EU加盟に向けた動きを強力に押し進めて成果をあげたが、人民党の離反によって崩壊した。2000年6月、キリスト教民主党と合併して党勢を拡大した人民党（略称は双方の党名を足したSLS＋SKD）のアンドレイ・バユクが首相となって新たに社会民主党との中道右派連立政権を発足させたものの、選挙法改正問題を契機とするバユク自身の離党と新党「新スロヴェニア」の結成などで政治は混迷し、最も短命の内閣となった。同年10月の総選挙では自由民主党が第1党（34議席）となり、SLS＋SKDのほか社会民主統一リストなどの支持を得て第4次ドルノウシェク内閣を発足させた。ドルノウシェク内閣は引き続き外交面に意欲的で、2001年にはクラン近郊のブルド城でブッシュ大統領とプーチン大統領の米露首脳会談を仲介・実現させた。ドルノウシェクが任期半ばで2002年末に大統領に転出したため、同じ自由民主党のアントン・ロップ財務相がその後任となったが、連立政権そのものに変化はなかった。ドルノウシェク大統領、ロップ首相の下で、スロヴェニアは2004年3月にNATO、同年5月にEUに正式加盟を果たした。

2004年10月の総選挙では初めて社会民主党から党名変更した民主党が第1党（29議席）となり、ヤンシャを首相として、「新スロヴェニア」、人民党、年金生活者民主党との中道右派連立政権を発足させた。それはドルノウシェク大統領の下での保革共存政権であり、外交政策や人事をめぐって激しい摩擦が生じた。また、ヤンシャ内閣はユーロ圏・シェンゲン圏入りの実現などで成果をあげる一方、税制改革を含む一連の社会・経済改革を断行し、中道左派の諸政党や労働組合の反発を招いた。その間、自由民主党からの離党者が相次ぎ、新党「ザレス」を結成するなどして、党勢の弱体化が顕著となった。08年年9月の総選挙では、社会民主統一リストから党名変更した社会民主党（民主党の前身とは無関係）が民主党を僅差で破って初めて第1党（29議席）となり、ボルト・パホル党首を首相とする中道左派連立政権を発足させた。連立政権には「ザレス」や自由民主党も参加した。政権交代の背景には、経済状況の悪化に加えて、ヤンシャが関与したとされる汚職事件の発覚があった。

しかし、パホル内閣も任期を全うできなかった。経済危機の中での改革の遅れに加えて、閣僚の不祥事や連立与党の離脱が続き、最後は内閣信任投票が否決される結果となった。2011年末に解散総選挙が実施され、大富豪として知名度の高いリュブリャナ市長ゾラン・ヤンコヴィチが結成した新党「積極的なスロヴェニア」が第1党（28議席）となったものの、多数派工作に失敗、第2党（26議席）の民主党を主軸とする連立政権が発足し、ヤンシャが首相に返り咲いた。その一方で、自由民主党は結党以来初めて全議席を失った。第2次ヤンシャ内閣は財政赤字の削減につとめ、大増税や緊縮財政措置を強行したが、これに対して各地で大規模なデモやストライキが頻発した。13年2月には汚職問題の責任を問われたヤンシャ内閣に対する不信任決議が可決され、翌月、同じく汚職問題で辞任したヤンコヴィチに代わって「積極的なスロヴェニア」党首代行となったアレンカ・ブラトゥシェクを初の女性首相とする中道左派4党連立政権が発足した。ブラトゥシェク内閣は財政赤字削減等に尽力したが、ヤンコヴィチ支持派との党内抗争もあって、14年5月に総辞職するに至った。解散総選挙で第1党（36議席）となったのは、自由主義を掲げる新党「ミロ・ツェラル党」（のちに現代中道党に改称）であった。同党のミロ・ツェラルを首相とする連立政権が14年9月に発足している。この選挙では「積極的なスロヴェニア」や人民党が全議席を失い、社会民主党は連立政権に加わったものの過去最低の議席数となった。

スロヴェニアでは有権者の支持を集める主要政党がめまぐるしく変化することに加え、第1党でさえ議会での多数派の形成に苦慮し、安定した政権運営を妨げてきた。極度の政情不安が生じていないこともあって、この問題への取り組みにはなお時間がかかりそうである。

（石田信一）

初の女性首相となったブラトゥシェク前首相［出所：Wikimedia Commons］

30

経済

★残る経済危機の傷跡★

自主管理社会主義時代に疑似市場経済を経験していたので、1990年代前半、計画経済から市場経済への転換に伴う「転換不況」よりも、むしろ旧ユーゴ市場喪失の影響の方が大きく、スロヴェニアは一時的に不況に陥った。この国はもともと西欧市場と大きなつながりを持っていたが、いっそう西欧市場に食い込む努力をすることによりこの危機を乗り切った。

この国の指導者たちはすでに1970年代に先端産業やサービス産業の重要性を認識し、これらの分野に力を入れてきた。この国の強みはもの作りにある。世界市場の中のニッチ（すき間）を見出し、それの生産、とくに機械の部品など中間財の生産に力を注いできた。国内市場が狭いので、フル・セットの産業は持たない。小国は積極的に貿易をしなければ経済発展を実現できない。この国は、経済的自立性の確保に努めてきた。開放経済体制をとりつつ、経済の基幹部門、企業のR&D（研究・開発）部門や銀行はできるだけ国内資本の手中にとどめるよう努力してきた。1990年代の非常に困難な時期を乗り切るために、家電メーカーのゴレーニェやモーターの部品である整流器のメーカーのコレクトールのように、積極的に事業の国際展開をはかり、その結果、多国籍企業になった企業が多く出現したことは注目に値する。

1990年代初めの危機的状況を乗り切るための政府、経営者、労働組合の三者による合意形成の仕組みが成立した。これは当事者が穏やかな賃金上昇に合意し、インフレ率を引き下げることを可能にした。これにより、その後スロヴェニアはいち早くマーストリヒト収斂基準を満たすことができ、早期（2007年1月）のユーロ導入が可能になった。1993年から2004年のEU加盟の頃まで比較的釣り合いのとれた経済発展が続いた。経常収支の赤字や財政赤字は小さく、毎年平均4％という穏やかな成長率ではあったが、GDPは着実に成長した。

2004年10月の総選挙後成立した中道右派政権は新自由主義的な改革に乗り出し、「ギャンブルの時代」（リュブリャナ大学法学部経済研究所所長のヨジェ・メンツィンゲルの表現）が始まった。正式なユーロ圏入り以前に、2004年のEU加盟により国の信頼性が高まったので、リスク・プレミアムが低下し、スロヴェニア通貨トラルでの借り入れの名目金利が低下し、ユーロ圏の金利に近づいた。こうして金融の分野では、ユーロ圏の経済とスロヴェニア経済との間の垣根は事実上なくなった。もちろん中央銀行が存在するものの、独自の金融政策は事実上もてなくなり、「金融政策の真空状態」が作り出された。家計の預金のかなりの部分が外国の証券の購入に向かった。同時に、スロヴェニアの銀行は国際金融市場で低利で短期資金を借り入れ、国内の企業に低利のローンを多額に提供し、中央銀行も国境を越えた資金の流れを規制しなかった。クロスボーダーの資本の大量かつ急激な流入はこの小国の経済を短期間にカジノ経済化した。

GDP成長率は2006年に5・8％、2007年には6・8％を記録した。総固定資本投資も2

０５年には対前年比の伸び率が２・５％であったのに、２００６年と２００７年には2桁の伸び率を記録した。２００７年に急速に成長したセクターは、建設業（18・4％）と金融仲介業（12・1％）であり、次いで製造業（8・3％）と小売商業（7・6％）であった。建設業は２００５年には３・０％の成長であったのに、２００６年から3年連続2桁成長を記録した。とくに２００８年の第１四半期には前年同期比32・５％を記録した。アンドレイ・ベルギンツ氏（２０１３年に駐日スロヴェニア公使を務めた）によると、カトリック教会でさえ、「ギャンブルの時代」の熱気に感染した。あるカトリックの司祭は投資ファンドを設立し、資金を運用していたが、リーマン・ショック後にそれは破綻した。バチカンは枢機卿を派遣し、この司祭を解任したという。

２００８年8月のリーマン・ショックは、クロスボーダーの資本流入の突然の停止と引き揚げをもたらし、この国の経済に大きなダメージを与えた。建設業の多くの企業が倒産した。２００９年のＧＤＰ成長率はマイナス７・８％であった（図1）。この落ち込み幅は、バルト三国の2桁の落ち込みに次いで大きかった。経済は２０１０年と２０１１年にわずかながら回復した（それぞれ1・2％と0・7％）ものの、２０１２年と２０１３年に二番底不況を経験した（それぞれマイナス

図1　GDP成長率

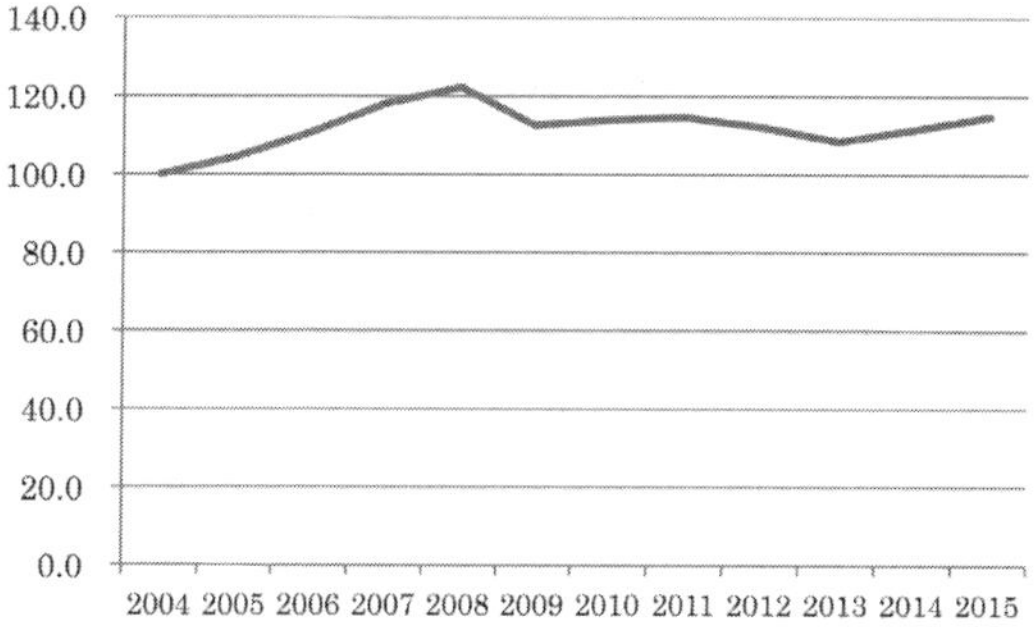

出所：ウィーン比較経済研究所 Current Analyses and Forecasts のデータに基づき、筆者が作成。

表１　スロヴェニアの公的債務と対外債務の動向（対 GDP 比）

	2004	2008	2009	2010	2011	2012	2013	2014
公的債務	27.2	22.0	35.0	38.6	46.9	53.7	70.8	80.9
対外債務	56.7	105.3	113.3	114.4	111.2	119.1	116	124.2

注：公的債務は EU の定義による。対外債務はグロスの数字。
出所：ウィーン比較経済研究所の Current Analyses and Forecasts のデータに基づき、筆者が作成。

２・３％とマイナス３・３％）。それは、欧州委員会によって押しつけられた緊縮策および主要輸出先であるＥＵのコア諸国での二番底不況（これも緊縮策が響いている）の影響による。このように不況が長引いたために、銀行は多額の不良債権を抱えるに至った。他のポスト社会主義諸国では銀行セクターの資産総額に占める外資系銀行の割合が圧倒的に高く（たいていは90％を超える）、本国の親銀行が何とか支えたのに対して、スロヴェニアでは外資系の割合が小さかった（約40％）ので、銀行システムを救済するために、政府が乗り出さねばならなかった。

２０１２年10月、いわゆるバッド・バンク（銀行資産管理会社ＢＡＭＣ）を創設する金融安定法が制定された。２０１３年12月欧州委員会の承認を得て、三つの銀行の不良債権のバッド・バンクへの移管およびスロヴェニア政府による資本注入が実施された。その結果、２０１３年度の財政赤字はＧＤＰの14・7％に達した。トロイカ（欧州委員会、欧州中央銀行、ＩＭＦ）の支援を受けることなく、ギリシャのような屈辱的な立場に陥ることはひとまず避けられた。しかし、トロイカのアドバイスに従い、２０１３年６月、スロヴェニア政府は民営化のいっそうの推進（航空会社、空港、高速道路、港湾、電話会社などインフラ分野の15企業の株式の政府保有分の売却）を約束せざるを得なかった。これへの国民の不満は非常に強く、当時の連立政権の最大与党「積極的なスロヴェニア」が２０１４年５月に分裂し、首相辞任、前倒しの総選挙実施という事態を招いた。

経済はようやく２０１４年に回復し始めた（ＧＤＰ成長率は２０１４年に３・０％、２０１５年に２・９％を記録）。しかし、２００８年には４・４％であった失業率は２０１３年には10・１％にまで高まり、２０１５年においても９・０％という高いレベルにあった。２００４年から２０１４年にかけて、公的債務（政府の累積債務）の対ＧＤＰ比は27・２％から80・９％、対外債務の対ＧＤＰ比も56・７％から１２４・２％へと大幅に増加した（表１）。「ギャンブル」の代償は非常に大きかったと言わざるを得ない。

（小山洋司）

31

EUの中のスロヴェニア

★旧ユーゴ諸国の優等生として★

２００４年5月1日、スロヴェニアは独立以来の国家目標であったヨーロッパ連合（ＥＵ）への正式加盟を果たした。他の旧ユーゴスラヴィア諸国が直面したような民族紛争に巻き込まれずに済んだスロヴェニアは、自らの積極的な政治・経済改革と外交上の努力によって１９９６年にＥＵ加盟申請に漕ぎ着け、最後はポーランド、チェコ、スロヴァキア、ハンガリーなどと同時に、そしてルーマニアやブルガリアに先んじて、ＥＵ加盟を実現したのである。事前に実施された国民投票では、投票率こそ60％程度にとどまったものの、ＥＵ加盟に対する賛成票が90％に達しており、国民の幅広い支持を得ていたことがわかる。時期的な違いもあるが、のちに隣国クロアチアでＥＵ加盟前に実施された国民投票の投票率が44％、賛成票が67％だったことと比べれば、その強いＥＵ志向を見て取ることができる。

スロヴェニアは２００６年5月に欧州委員会によって欧州通貨同盟に参加する条件を満たしたと判断され、従来の通貨トラルに代えて、２００７年1月からＥＵ新規加盟国の中で最初にユーロを導入した。また、同年12月にはＥＵ加盟国の大半が参加するシェンゲン圏に加わり、多くのヨーロッパ諸国との間で

スロヴェニアのユーロ導入10周年記念コイン［出所：Banka Slovenije - http://www.bsi.si/］

自由移動が可能となった。さらに、スロヴェニアは２００８年上半期に旧社会主義国として初めてＥＵ議長国（半期ごとの輪番制）となり、ＥＵの機構改革に踏み切るリスボン条約の批准、ＥＵの経済開発計画であるリスボン戦略の新サイクルの立ち上げ、ヨーロッパ研究圏（ＥＲＡ）の実現に向けたリュブリャナ・プロセスの創設などに取り組んだ。このように、スロヴェニアはＥＵ加盟国として積極的な外交活動を展開し、しばしば旧ユーゴ諸国のみならず中・東欧の「優等生」として言及されるようになった。

もっとも、外交面においてピラン湾問題を抱える隣国クロアチアとの関係は微妙で、２００８年から09年にかけてスロヴェニア側は最終段階に入ったクロアチアのＥＵ加盟交渉を中断させ、それを取引材料として問題の解決をはかろうとした。クロアチアで２００９年７月に首相がサナデルからコソルに交代するとスロヴェニア側も態度を軟化させ、同年11月に国際的な仲裁に委ねる合意を成立させたものの、仲裁裁判のプロセスでスロヴェニアに違反行為があったと主張するクロアチア側と折り合いがつかず、現在まで問題の解決には至っていない（第33章を参照）。

さらに、２００８年以降の世界的な金融・経済危機と欧州債務危機を通じて、スロヴェニアの「優等生」とはいえない面が露呈するようになった。２０１３年には銀行不安に端を発したキプロス危機の余波で、同じように銀行不安を抱えていたスロヴェニアも支援対象国になるとの観測が高まり、「第二のキプロス」と形容される事態となった。これに対して、スロヴェニアは国家資産の一元管理・運用を行うスロヴェニア国家ホールディングの設立や銀行不良債権の買い取り・運用機関の設立に続き、徹底した緊縮財政政策とあわせてスロヴェニア・テレコムやアドリア航空など国有企業15社の民営化や付加価値税の引き上げといった財政安定化政策を打ち出し、国際支援申請を辛うじて回避した。その後、スロヴェニア経済は回復しつつあり、国債の格付けも総じて引き上げられている。

２０１５年に頂点を迎えた欧州難民危機は、スロヴェニアにも暗い影を落とした。シリア、イラク、アフガニスタンなど主として中東から「バルカン・ルート」を北上してきた移民や難民に対してハンガリーが国境を封鎖すると、彼らはクロアチアからスロヴェニアを経由して最終目的地であるオーストリアやドイツに向かうようになった。同年10月半ばから翌２０１６年2月までにスロヴェニアに入国した移民・難民は約48万人に達したとされる。スロヴェニアは移民・難民の移送をめぐってクロアチアと対立する一方、国際列車の運行停止や国境地帯での有刺鉄線の柵の建設を通じて、彼らの流入を厳しく制限する措置をとったが、人権団体などからこうした対応を非難する声があがった。２０１６年3月に難民対策でＥＵとトルコの合意が成立すると、スロヴェニアはＥＵの難民再定住計画に従って限定的ではあるがその受け入れを開始したが、なお移民・難民をめぐる問題が解決したわけではない。

欧州難民危機の影響（ゴルニャ・ラドゴナ、2015年11月）
［提供：MORS/Borut Podgoršek］

なお、スロヴェニアは地方自治体レベルでもＥＵをはじめとする国際協力・国際交流の取り組みに率先して参加してきた。例えば、首都リュブリャナは2010年にユネスコの選定する「世界本の首都」となり、著名な外国人作家による講演会をはじめとする数多くのイベントを開催して注目を集めた。また、リュブリャナは2016年に欧州委員会が環境分野での自治体の取り組みを評価して毎年一都市を選定する「欧州グリーン首都」となった。リュブリャナ市民の環境意識向上、持続可能性政策の実施、都市環境対策の実施などが評価されている。

一方、スロヴェニア第二の都市マリボルは、EUが指定する2012年の「欧州文化首都」の一つとなった。マリボル周辺のムルスカ・ソボタ、ノヴォ・メスト、プトゥイ、スロヴェン・グラデツ、ヴェレニェをパートナーとして、国内外の質の高い文化芸術プログラムを提供する「ターミナル12」、都市のアイデンティティを見つめる「タウン・キー」、経済や社会・環境・エネルギー問題を取り上げ、共生の方法を探る「アーバン・ファロウ」、各地で開催されたイベントを世界に発信する「ライフタッチ」の四つを機軸に400種類以上の多彩なプログラムが設けられ、必ずしも知名度の高くなかったこれらの都市に450万人もの観光客を呼び込むことに成功した。マリボルは引き続き翌2013年に「欧州青年首都」となったものの、同年に予定されていたユニバーシアード冬季競技大会の開催を財政事情により断念し、隣国イタリアのトレンティーノに開催地を譲るという残念な結果になった。

2016年にイギリスがEU離脱を決定した際、パホル大統領は自国の利益のためにもシェンゲン圏およびユーロ圏での役割を強化していくと述べた。それは、依然としてスロヴェニアが小国ながらEUの牽引力となろうとする「優等生」らしい姿勢を示すものといえる。

（石田信一）

32

旧ユーゴスラヴィア諸国との関係

★不可欠な地域協力★

１９９１年6月にスロヴェニアとクロアチアが旧ユーゴスラヴィアからの独立宣言を出してから四半世紀が経過した。この間に、旧ユーゴスラヴィアは7ヶ国に分解してしまったが、その資産の相続・清算はまだ終わっていない。２００1年6月、国際社会の監督のもと、スロヴェニア、クロアチア、ボスニア・ヘルツェゴヴィナ、新ユーゴスラヴィア（セルビア）、マケドニアの代表がウィーンに参集して、旧ユーゴスラヴィアの相続問題に関する協定を結んだ。これらの国のあいだで相続に関する共同委員会が設置され、①動産・不動産、②在外公館、③資産と債務、④文書、⑤年金、⑥その他の問題が協議されてきた。２０１6年10月、相続に関する共同委員会の第18回会議がスロヴェニアのクラン近郊のブルドで開催された。

この共同委員会はスロヴェニアが仲介する形で進められており、今回は旧ユーゴスラヴィアの主要都市に置かれた在外公館の売却が決められた。具体的には、ニューヨークの国連代表部と代表公邸、東京、ボン、ベルンの3大使館の競売の公示がイギリスの『ファイナンシャル・タイムズ』と『エコノミスト』に掲載された。東京の北品川にある旧ユーゴスラヴィア大使館は、現在セルビア共和国大使館として使われているが、近々に処分されることになるのだろう。

ＥＵにいち早く加盟したスロヴェニア（第31章を参照）はこの地域の安定と安全保障の観点から、まだＥＵ未加盟の「西バルカン」諸国と呼ばれる、旧ユーゴスラヴィアのセルビア、モンテネグロ、ボスニア・ヘルツェゴヴィナ、マケドニア、コソヴォとアルバニアとの協力関係にも指導的な役割を果たしている。スロヴェニアとクロアチアが共同の呼びかけ国として発足したのが、ブルドーブリユニ（クロアチアの島）・プロセスである。２０１３年７月、地域協力を通じて「西バルカン」の安定を図ることを目的として、ブルドで第１回首脳会議が開催された。２０１６年はボスニア・ヘルツェゴヴィナが議長国であり、５月末にサラエヴォで第４回首脳会議が開かれ、この地域の安定こそが南東欧諸国のさまざまな活力を発揮させる基盤であるとの共同声明を発表した。毎回、ＥＵの主要国の一国が招聘されており、サラエヴォの会議にはイタリア大統領が参加し、議論に加わった。２０１７年はマケドニアが議長国となる。

ＥＵ加盟後も、ＥＵ内で地域協力を継続させている例

ブルドーブリユニ・プロセスの第４回首脳会議（2016年５月、サラエヴォ）［提供：AA/時事通信フォト］

がチェコ、ハンガリー、ポーランド、スロヴァキアの中欧4国からなるヴィシェグラード協力である。スロヴェニアはこのヴィシェグラード協力をモデルとして、「西バルカン」諸国の安定を図ろうとするEUの期待を受けて、ブルドーブリユニ・プロセスを積極的に進めている。2016年11月末、ワルシャワで開催されたヴィシェグラード協力の外相会議に、ブルガリア、クロアチア、ルーマニア、スロヴェニアに加えて、「西バルカン」諸国の外相の参加を得て、「西バルカン」諸国のEU加盟に向けての支援が打ち出された。この会議に出席したスロヴェニアのエリャヴェツ外相は会議後、旧ユーゴスラヴィア諸国のあいだには、スロヴェニアとクロアチア、セルビアとコソヴォ、マケドニアとギリシャのように2国間の懸案がなお存在しているので、ブルドーブリユニ・プロセスはきわめて重要であると述べている。スロヴェニアの果たすべき役割は大きい。

旧ユーゴスラヴィア諸国との関係で最大の懸案は、隣国クロアチアとの海洋境界をめぐる問題（第33章を参照）である。スロヴェニアのアドリア海の海岸線は40キロほどしかなく、イタリア、クロアチアが領海を設定すると、スロヴェニアの領海は公海に接続できない。旧ユーゴスラヴィアの解体に伴って生じたこの問題に対して、スロヴェニアは自国領海の公海への接続を求めてきた。2009年11月、スロヴェニアとクロアチアは国境・海洋境界問題に関する仲裁裁判所の設置協定を締結し、その手続きが進められた。

2014年6月には、オランダのハーグにある仲裁裁判所で両国の口頭弁論が行われ、判決を待つだけになった2015年7月、セルビアとクロアチアの日刊紙が、スロヴェニアが選定した仲裁裁判所の判事の一人とスロヴェニアの代理人との電話の盗聴記録をスクープした。記事が出た翌日、両者は辞任したが、クロアチアは裁決を有利に進めるロビー活動は協定に違反することを理由に、仲裁裁判所の設置協定の一方的な破棄を通告した。これに対して、仲裁裁判所は判事を一新し、2016年3月にこの問題に関する両国の口頭弁論の場を設定した。スロヴェニアはこの場に臨み、クロアチアは出席しなかったが、6月末に仲裁裁判所は部分的裁決を下した。それによると、スロヴェニアは協定に違反したが、仲裁裁判所の最終裁決を妨げるほどではなく、仲裁は継続されるというものだった。両国の経済関係や文化関係をさらに強化して相互の信頼関係を確かにする以外に、国境・海洋境界問題の解決はないだろう。

スロヴェニアとクロアチアの関係に比べて、セルビアとの最近の関係は順調である。2013年10月、スロヴェニアのブラトゥシェク首相がセルビアを公式に訪問し、両国政府間の定期的な合同会議の開催が決められた。スロヴェニアの独立後、20年を経てようやく二国間の経済関係が軌道に乗り、これ以後、両国政治家の往来も活発になった。2014年5月には、スロヴェニアのパホル大統領がベオグラードを公式訪問し、翌年10月にはセルビアのニコリッチ大統領がリュブリャナを返礼訪問している。2015年2月にはスロヴェニアで第2回政府間合同会議が、2016年10月にはベオグラードで第3回合同会議が開かれ、経済分野を中心にさまざまな分野での二国間関係が強化された。

スロヴェニアはEU未加盟の旧ユーゴスラヴィア諸国の地域協力を積極的に後押しする一方、これらの国との二国間関係を巧みに進めていると言える。

（柴　宣弘）

33

国境問題

★ピラン湾をめぐって★

スロヴェニアにとってクロアチアは約670キロに及ぶ最も長い国境を接する隣国である。ユーゴスラヴィアから独立する際には共同歩調をとった両国だが、現在の関係は必ずしも良好とはいえない面がある。その原因の一つが、ピラン湾問題をはじめとする国境問題である。

そもそもスロヴェニアとクロアチアの国境はユーゴスラヴィアからの分離・独立後に形成された非常に新しい国境である。第二次世界大戦後に画定されたユーゴスラヴィアを構成する各共和国間の境界は単なる行政上の区分としての側面が強く、しかも厳密さに欠ける面があった。スロヴェニアの場合、隣接する旧ユーゴスラヴィア諸国はクロアチアだけだが、例えばクロアチアはセルビア、ボスニア・ヘルツェゴヴィナ、モンテネグロとも国境を接しており、そのすべてと未解決の国境問題を抱えている。ましてやユーゴスラヴィアの領海は各共和国に分割されるものではなかったから、新たに領海問題が生ずることとなった。まず、ピラン湾問題について見てみよう。

ピラン湾はアドリア海の北部、トリエステ湾の一部をなす湾で、その北東岸がスロヴェニア領、南西岸がクロアチア領となっている。近年クロアチアではサヴドリヤ湾と呼ばれることも多くなった。その海域はスロヴェニア領のマドーナ岬からクロアチア領のサヴドリヤ岬を結んだ線の内側、約19平方キロにすぎないが、領海としての帰属についてはなお係争中である。

ピラン湾周辺を含むイストリア半島におけるスロヴェニアとクロアチアの境界は、いわゆる歴史的国境ではない。この一帯は長らくイタリア人、クロアチア人、スロヴェニア人などの混住地域であり、明確な民族的境界は存在せず、しかも行政上の境界もたびたび変わった。現在の国境は第二次世界大戦中の1944年にスロヴェニアとクロアチアのパルチザンが定めた境界を1954年のトリエステ自由地域B地区のユーゴスラヴィア編入後に追認したものとほぼ一致している。ピラン湾周辺では、ドラゴニャ川が境界となってきたが、その左岸（南側）にもスロヴェニアと関係が深い集落があった。ある時期、これらの住民に対する身分証明書や免許証はクロアチア側のブイェで発行され、納税もそこで行ったが、選挙区はスロヴェニア側のコペルに属し、児童はスロヴェニアの小学校に通ったという。これらの集落は地籍簿上の区分では長らくスロヴェニア側のピランの一部であったが、地方自治体としてはクロアチア側に帰属することとなった。

このドラゴニャ川の国境に関しては、クロアチアがスヴェティ・オドリク運河と呼ばれるドラゴニャ川の新しい人工的な流路における「事実上の国境」の維持を主張しているのに対して、スロヴェニアはドラゴニャ川左岸に位置する四つの集落シュコデリン（シュクデリン）、ブジニ（ブジン）、ムリニ（ヴェリ・ムリン）、シュクリレの領有権を主張している。住民は約50人ほどで、スロヴェニア人の二重国籍保持者が多いという。スロヴェニアは住民投票による解決を提案したこともあるが、実施には至らなかった。公式見解とは別に、クロアチアではスヴェティ・オドリク運河より北側に位置するドラゴニャ川の本来の流路こそが国境であるべきだとするナショナリストの言説も見られ、その場合にはセチョウリェ塩田やポルトロシュ空港までがクロアチア領となる。また、スロヴェニアではかつてピランの一部だったことのあるカシュテルとサヴドリヤのクロアチアからスロヴェニアへの帰属替えを求める声がある。ただし、これらはいずれも現実的な解決策とは考えられていない。

一方、これとも無関係ではないが、はるかに重要な懸案事項とされてきたのが、ピラン湾周辺の領海問題である。1992年、スロヴェニアはピランがサヴドリヤなど対岸の一帯と強く結びついてきた歴史を持ち、第二次世界大戦後もピラン湾全体がスロヴェニアの管轄下にあったと主張し、ピラン湾全体を自国の領海とみなす宣言を行うとともに、排他的経済水域の設定のために国際水域（公海）への接続を要求した。これに対して、クロアチアは両国の海岸から等距離のところに境界を設けるべきだと主張した。

2001年にスロヴェニアのドルノウシェク首相とクロアチアのラチャン首相は両国の間で未解決の部分が多かった国境の画定で合意に達した。スロヴェニアの国際水域への接続を目的とする「回廊」をクロアチアの領海に配置するなど、ピラン湾問題を含めて、ほぼ全面的にスロヴェニア側の主張を認める内容となっていたが、この合意がクロアチア議会の承認を得ることはなく、国境・領海問題の解決の動きは頓挫してしまった。それはピラン湾での漁業にも深刻な影響を及ぼした。2007年には両国首相がハーグの国際司法裁判所などにこの問題を付託することで合意に達したが、今度はスロヴェニア側がこれに難色を示した。その間、クロアチアがアドリア海の広範囲に自らの「漁業・

環境保護水域」を設定して事実上の排他的経済水域としたことが、スロヴェニアの態度をさらに硬化させた。結局、クロアチアに先んじてＥＵ加盟を果たしていたスロヴェニアが２００８年末にそのＥＵ加盟交渉継続に関して拒否権を発動する事態に至ったのである。スロヴェニアでは、目前に控えていたクロアチアのＮＡＴＯ加盟に反対する声さえ上がった。

翌年あらためて両国首相が国際的な仲裁裁判所への付託に合意したことで、クロアチアのＥＵ加盟交渉は再開されたが、大きな禍根を遺す結果となった。スロヴェニアでは、この合意に関して国民投票まで実施されたが、賛成52％で辛うじて通過した。その後、ハーグの常設仲裁裁判所で仲裁手続きが進められていたが、２０１５年にスロヴェニア選出の裁判官が非公開の裁判進捗状況をスロヴェニア政府の代理人に伝達していたことが判明し、クロアチアはこの違反行為を理由に仲裁裁判からの離脱を決定した。ピラン湾問題の解決は、なお見通しが立たないままとなっている。

このほかにもスロヴェニアとクロアチアはムラ川流域やトルディナ峰などで国境問題を抱えている。前者は蛇行するムラ川が時代とともに流路を変えてきたことが原因であり、現在の流路は多くの部分で国境線と一致しておらず、その修正を求める声がある。後者はゴリャン

ドルノウシェク＝ラチャン合意によるピラン湾周辺の分割案

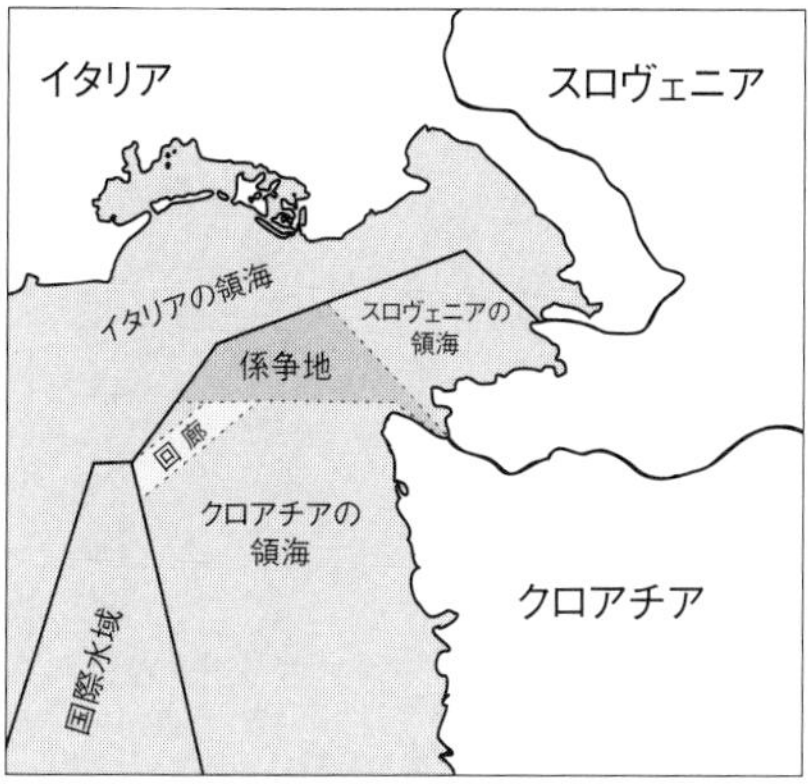

出所：Wikimedia Commons より作成。

ツィ丘陵の最高峰（1178メートル）で、山頂付近にはスロヴェニア放送などが使用する電波塔や1991年にスロヴェニア軍が接収したユーゴスラヴィア人民軍の軍事施設があるが、クロアチアが領有権を主張している。また、名称問題もあって、クロアチアではトルディナ峰はスヴェタ・ゲラ、ゴリャンツィ丘陵はジュムベラクと呼ばれている。もっとも、いずれもピラン湾問題ほどに尖鋭化してはいない。

スロヴェニアとクロアチアの国民は身分証明書のみで相互に越境することが可能で、これまで国境地帯では越境して通勤・通学する者も少なくなかった。こうした人々にとって、欧州難民危機の影響による国境管理の厳格化とあわせて、未解決の国境問題の存在は決して好ましいものではない。かつてユーゴスラヴィアからともに分離・独立した盟友として、両国が早期に歩み寄りを見せることが必要であろう。

（石田信一）

34

観光業とその成長

★自然と景観、文化・歴史の魅力★

観光業は長らく、スロヴェニア経済の重要なサービス産業である。19世紀におけるその控えめな始まり（ブレットのアルプス山脈の保養地、ポルトロシュの海辺の保養地、ロガシュカ・スラティナの温泉地）から、観光業は1990年までに8・5億ドル規模の事業に発展した。スロヴェニアの観光業に関する公式なデータが最初に収集されたのは1928年である。第二次世界大戦以前で最も成功を収めた年は1939年であり、およそ21万の観光客到着数と112万の宿泊者数を数えた。そのうちの多数（75％）は国内観光客であった。1991年のユーゴスラヴィアからの分離以前では、観光客の最も多かった年は1986年であり、280万以上の観光客到着数と920万の宿泊者数を見た。そして1991年、観光業は分離の悪影響を最も受けた経済部門のひとつとなった。だが、翌1992年には最初に回復を開始した部門のなかに入り、その後1995年までに観光客の数は1990年の到着数と宿泊者数の水準に近づいた。

観光業はゆっくりと成長してきた産業であり、外貨の重要な稼ぎ手となり、さらなる発展のための大きな潜在力を備えている。1990年代、スロヴェニアは、観光事業における新しい様々な提供媒体（カジノ、各種大会・会議の開催を支援する観光事業、環境保全の農場、種々のスポーツ）を発達させた。またこの時代に、旅行者の目的地としてより知られるようになった。観光業の発展は、１９９６年のスロヴェニア観光局の創設により、ある程度刺激された。同局は長期の発展計画をまとめ、スロヴェニアを観光の国として世界中に売り込むための方策をいくつか講じた。

２０１５年には、３５０万を超える観光客到着数と１０００万以上の宿泊者数を記録した。外国人観光客の宿泊者数はスロヴェニアにおいて過去最大となり、６００万を初めて超えた。同年の観光客に関するその宿泊者数の数字から見ると、鍵となる旅行客の市場は次のようになっている――イタリア、オーストリア、ドイツ、ロシア、オランダ、クロアチア、イギリス、セルビア、ハンガリー、チェコ。これら国々の市場をあわせると、観光客全体では宿泊者数の42・8％、あるいは外国人観光客の宿泊者数の67・5％に相当する。またこのうち、スロヴェニアへの旅行客がとくに多い以下の３国についてはいずれも宿泊者数が一定以上増えた。イタリアは９・３％、オーストリアは６・３％、ドイツは12・6％の増加という具合である。アジアからの観光客の数は全体として増えているが、国によって差がある。中国および韓国からの観光客の宿泊者数は、２０１５年に前者が49・7％、後者が46・7％増加した一方、同年の日本からの観光客は意外にも７・６％減少した。

スロヴェニアの国内総生産（ＧＤＰ）に占める観光業の割合は３・７％である。相乗的な影響を考慮すれば、観光業の全体の割合は国内総生産の13％を占め、それは約50億ユーロに相当する。雇用に関しては、観光産業において３万人以上が雇用され、その数は雇用者全体の４％をなす一方、より広い意味では、観光業は10万４５００の仕事、つまり全雇用者のおよそ13％を生み出している。

スロヴェニアの多様で美しい景観は、観光客にとって魅力的であるが、それは大衆的な観光に最適というわけではない。夏のピーク時の季節には、観光業は現地の環境（例えば、海辺やブレッド湖の水系）に負担をかける。スロヴェニアの景観がより適しているのは、落ち着いた自然の環境を求め、またそのなかで各種スポーツ（登山、魚釣り、ハイキング、乗馬、狩猟、スキー、水泳、ウォーター・スポーツ）に興じたり、自然製法の食べ物を楽しんだりする機会を望む人びとを対象にした観光業である。スロヴェニア共和国統計局のデータによると、外国人観光客の25％が自然の美しさを、またその20％が穏やかな環境を、スロヴェニアを選んだ理由として挙げている。スロヴェニアにやって来る決め手として価格を挙げたのは、たった8％の観光客に過ぎなかった。観光客にとっての主な魅力は、東スロヴェニアに多く存在する温泉地である。ロガシュカ・スラティナのように、そのうちのいくつかは、オーストリアやドイツの観光客にとって特別人気のある目的地になっている。温泉地と並んで、スロヴェニアにはアルプス山脈の保養地があり、自然の美しさのみならずスキーやハイキングが楽しめる。また小さな（46キロメートルの）沿岸地域もあり、海辺のビーチやピランとコペルのような歴史的な街が知られている。その他の魅力としては、いわゆるエコツーリズムと呼ばれる、環境保全と結びついた観光業があり、スロヴェニア全土に散在する400近い農場で、活動的で健康的な休暇を楽しむことができる。加えて、クラス／カルスト地域（訳注：前者はスロヴェニア語、後者がドイツ語の呼称）も観光客を引きつけ、ここでは多くの美しい洞窟（例えば、ポストイナやシュコツィヤン）やツェルクニツァ湖のような、他とは異なる独特の自然現象が見られる。最も人気のある観光地は首都リュブリャナであり、2014年にはロンリープラネット（訳注：世界的に知られる英語の旅行ガイドブック、またその出版社

ツェルクニツァ湖。夏になると水位が下がり地面が現れる［提供：Notranjska regional park/ Slovenian Tourist Board］

コバリト博物館［提供：Boris Pretnar/ Slovenian Tourist Board］

名）によって、ヨーロッパ観光地のトップ10のひとつに選ばれた。

他方、スロヴェニアの観光業が提供する魅力には、文化的、歴史的なものもある。国内には、古代ローマの遺跡、中世の町、修道院、城、すぐれた芸術作品をもつ様々な教会があり、中央ヨーロッパの歴史を探求する機会を与えてくれる。また60以上の博物館（70を超える所蔵品をもつもの）と美術館や画廊があり、ほぼすべての比較的大きな町が、コバリトの第一次世界大戦に関する博物館のように、自らの町の歴史を展示する。さらには海外からの参加者を伴うこともあるラデンツィの20世紀室内楽祭のような祭典、また各種展覧会の周辺には、活気に溢れた文化的な生活が組織され、そうした機会にスロヴェニアは特定の訪問客の集団にとって興味深い目的地となる。一方、民俗的伝統は今も保存され、それは場合によってはもっぱら観光客のためであるかもしれないが、その伝統は、民俗学的な好奇心をもつ訪問者の多くを、とりわけベラ・クライナやプレクムリェといった地域に引き寄せる。

加えてスロヴェニアは、その地理的、経済的、文化的な特性を利用しながら、過去20年の間、各種大会・会議の開催を振興する観光事業の発展を大幅に進めてきた。大会議場施設は、リュブリャナ、マリボル、他の大都市に加え、テルメ・チャテシュ、ブレット、ポルトロシュといった観光名所に発達している。そのなかでも、スロヴェニアで開かれる国際会議の多くを占める会場は、リュブリャナのツァンカル会館である。　（レオポルディナ・プルト＝プレゲル、ジャルコ・ラザレヴィチ／鈴木健太訳）

35

環境保護

★全国環境保護プログラムによる近年の前進と課題★

第二次世界大戦後の急速な工業化は、スロヴェニアの空気、水、そして自然環境の質に悪影響を及ぼした。空気質の体系的な測定、つまり二酸化硫黄（SO_2）および二酸化炭素（CO_2）の排出量の測定は、1970年代の後半に始まった。その年代はまた、実施はされなかったものの、スロヴェニアにおける最初の環境に関する諸法の可決を見た時期であった。それらは1975年の大気保護法や水質保護法、1976年の騒音保護法、1978年の廃棄物管理法である。環境に関する政策と法律は1990年以降に大きく変化した。1993年の環境保護法は、環境汚染を抑制するための経済的な奨励措置を導入した。1994年には、環境保護事業を財政支援する環境保護基金が設立された。環境保護法は2004年に改正され、国内の環境保護に関連する立法がヨーロッパ連合（EU）の形式に対応した。2005年には、スロヴェニア議会において国内の環境政策を先導する全国環境保護プログラムが採択された。最近10年では、健全で持続的な環境に向けたヨーロッパ連合および京都議定書の約束を果たすため、環境改善の追加方策がいくつか導入されている。

第35章

環境保護

全国環境保護プログラムは、スロヴェニアの地理的な、また環境保護に関する立ち位置の特徴に基づいて書かれている。なかでも重要な要素は、この国が比較的恵まれた自然資本を備え、地理、気候、交通の面で好都合の場所にあるということである。景観や生物の多様性もまた高い。国土の表面の大きな部分（およそ20％）は、影響を受けやすい希少な生態環境のため、特別保護地域となっている。加えて、現存の農業地域、また潜在的に再建され得る農業地域は、統合農業による生産をとり入れて十分な食料を提供することができるだろう。そして国内には個人使用と経済的利用に適した豊かな水源がある。最後に挙げられるのは、スロヴェニアがヨーロッパのなかで最も森林に覆われた国のひとつであるということである。国土の表面の50％以上に相当する森林はかなり十分に管理および保存されている。環境保護における森林の価値は非常に重要である（土壌侵食を防ぎ、水の貯えを向上させ、生物の多様性や二酸化炭素の吸収に寄与する）。木材はまた、水や風のエネルギーと並び、原料および再生可能エネルギーの重要な源となる。

そしてこの全国環境保護プログラムによって促進された、望まれるべき変化とは次のようなものであった。天然資源の持続的な利用、都市政策を進める際の環境保護要件、環境へのあらゆる経済的な取り組み、環境にやさしい新たな技術の導入の奨励である。これらを通じて持続的な生産と消費、環境の悪化した地域の再建、生物の多様性の保全を達成することが目指された。またそうした指針の最後には、環境保護の意識と重要性を育むため、様々な公の集団や非政府組織と対話を図ることが指摘される。

このような全国環境保護プログラムが設定した目標は、非常に野心的であっただけでなく、長期的な性格をもっていた。国家と地方の政府行政は、上述の基本的な方針を日常の生活において実施する責任がある。ここ10年では、全国環境保護プログラムの長期的な目標の達成をめざして、また同時に、経済と社会の持続的な成長モデルへの移行を奨励するため、数多くの法的な努力がなされた。

２００５年から２０１５年の期間には、大きな前進があった。だが、なすべきことはまだたくさんある。１９９２年以降、窒素酸化物と温室効果ガスの排出量が、旅客運送や貨物運送を理由に増加している。後者の貨物に関しては、ＥＵ加盟国となったクロアチアとルーマニアからスロヴェニアを通過する輸送が増大した。温室効果ガスの排出量は、２００８年と比較して、最近は減少しており、交通や電力発電（石炭の利用は衰退にある）における排出の削減を受け、その量は25％低くなっている。スロヴェニアの国内総生産に対する温室ガス排出量の比率はヨーロッパ連合の平均と並んでいる。

統計データは、空気質も同様に改善されていることを示している。最も懸念される大気汚染物質はオゾンや粒子状物質（ＰＭ）である。スロヴェニアの高い濃度のオゾンは国境を超えて生じており、西からの風を介して、直接イタリアのポー低地とつながっている。とりわけ危険なＰＭ10の年間の濃度は、世界保健機関（ＷＨＯ）が勧告する水準を超える。過去には、エネルギー生産者や工業が最大の大気汚染源であった。だが火力発電所には、より良質で低硫黄の石炭を使用し、有害な気体の排出を削減する新たな技術を導入することが要請された。これにより、１９９０年から２０１２年までの期間に、二酸化硫黄の排出量は95％減少した。一方、農業と交通は依然として大気汚染の重大な元凶のままである。液体燃料に関する１９９５年の規則や２００１年の加鉛ガソリンの禁止によって、鉛の排出量は低減されてきている。

加えて、エネルギーの利用もまた減退にある。目標は2020年までにエネルギー使用を20％削減することだった。この目的はすでに達成された。唯一の問題は、交通におけるエネルギーの削減である。スロヴェニアはヨーロッパの交通において、イタリアから東ヨーロッパに向かう方面と、北ヨーロッパ諸地域から南東ヨーロッパやトルコ（中東）に向かう方面の十字路に位置する。国際的な交通の流れを道路交通から鉄道交通へ変えていくにはずっと多くの努力が必要になる。これは、大気汚染やエネルギー使用に関する道路交通の貢献度を減らす唯一の方法である。他方、スロヴェニアにおける再生可能エネルギーの割合は、ヨーロッパ連合の平均を超える。2014年では、再生可能エネルギーのエネルギー消費全体に占める割合はほぼ22％であるのに対し、ヨーロッパ連合の平均は16％であった。分水嶺となったのは2009年である。それまで主な再生可能エネルギー源は木材であったが、その年以降、風や太陽エネルギーが優勢となった。この点に関してスロヴェニアは、国内のエネルギーのバランスシートにおいて再生可能エネルギー源が20％というヨーロッパ連合の目標を達成してきている。

国内総生産に対する原材料の使用に関して言えば、その比率はヨーロッパ連合の平均をいまだに超える。とはいえ、廃棄物管理は改善されつつあり、廃棄物の再生利用は増加し、回収全体の44％を構成する。また農業がもたらす環境への負担は、ここ10年で減少している。統合的で環境保護に配慮した農場は、生産全体の重要な割合を占める。目下のところ、そうした環境に配慮した農場が農地を占める割合は約10％である。最終的な目標は、2020年に耕地全体の20％を達成することである。

（レオポルディナ・プルト＝プレゲル、ジャルコ・ラザレヴィチ／鈴木健太訳）

コラム6

クルシュコ原子力発電所
——共同所有の原発の過去と現在

鈴木健太

首都リュブリャナから東へおよそ１００キロ、隣国クロアチアとの国境も近い東端の地域にクルシュコ原子力発電所はある。サヴァ川左岸のその敷地には、ドーム型屋根の原子炉建屋をはじめ、旧ユーゴスラヴィア地域で唯一の原子力発電施設が立ち並ぶ。国境まで20キロ弱、その向こうのクロアチアの首都ザグレブまでは50キロほどの場所である。

１９８３年から稼働する原子炉は、ウェスティングハウス・エレクトリック社製の加圧水型（ＰＷＲ）で、出力は69・6万ｋＷ（同型の比較として、例えば日本の高浜発電所（福井県）の1号機が82・6万ｋＷ）。２０１５年では、スロヴェニアの総発電電力量（１４２億ｋＷｈ）の38％にあたる54億ｋＷｈの電力を発電した。発電所はクロアチアとの共同所有となっており、発電した電力も折半。その発電量の両国の総消費電力量に占める割合を考えてみると、それぞれスロヴェニアでは21％、クロアチアでは15％に相当する計算になる（以上の数値は、クルシュコ原子力発電所『年次報告書２０１５』（スロヴェニア語）／スロヴェニア共和国統計局公式サイト http://www.stat.si／クロアチア共和国環境エネルギー省『クロア

スロヴェニアの発電電力量
(2015年、単位：百万 kWh)

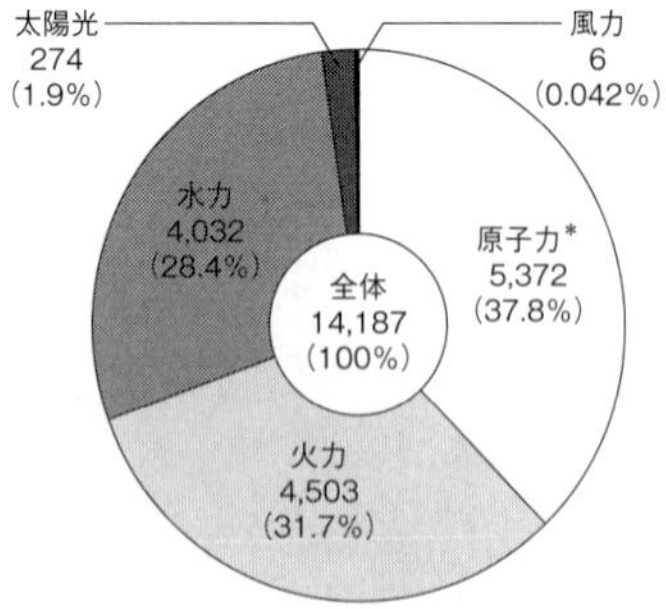

＊共同所有により、このうちの半分はクロアチアに供給される

(出所：本文記載の文献)

コラム6

クルシュコ原子力発電所

チアのエネルギー2015』（クロアチア語）参照）。

　クルシュコの発電所が建設されたのは、スロヴェニアがユーゴスラヴィアの連邦の一員であった社会主義時代。発電量を補う必要性から、1970年、スロヴェニアとクロアチアの電力会社の間で原子力発電所建設に関する協定が結ばれ、二共和国は共同出資、共同管理、共同利用といったすべてを二等分する原則のもと、スロヴェニア領内のクルシュコとクロアチア領内のプレヴラカ（ザグレブから東に約20キロのサヴァ川に面した村）にそれぞれ発電所を建設することが取り決められた。先に建設が進んだのはクルシュコの方で、75年に工事が着工され、81年に試験運用が始まり、84年には全面的な運転を迎えた。

クルシュコ原子力発電所。中央の一番背の高い建物が原子炉建屋［提供：Nuklearne Elektrarne Krško］

　しかし、1986年4月に突如生じたチェルノブイリ原子力発電所の事故は、ユーゴスラヴィアの原子力発電事業の「風向き」を大きく変えた。当時スロヴェニアでは、経済不況や共産党政権に対する批判や改革要求から、青年層を主体とした様々な社会運動の萌芽が見られた（第12章参照）。事故直後のリュブリャナでは、そうした若者の環境団体や平和団体を中心に「原発」一般や「クルシュコ」の稼働に対する抗議運動が展開した。ヨーロッパ各国と同様、原発に反対する動きはユーゴスラヴィア国内に一気に広がり、早くも同年5月には進行中のプレヴラカの発電所建設が中止され、その後、一定出力以上の新たな原子力発電所建設を一時的に禁止（凍結）する法案が定められた。

それから間もなくして、1991年にユーゴスラヴィアは解体。スロヴェニアとクロアチアは独立した。クルシュコ原発の共同所有はそのままであったが、共同事業の片方だけが完遂されたという歪《いびつ》な事情もあり、両国の間では1990年代を通じて、発電所の運営、管理、財政、所有権などをめぐる様々な齟齬が表面化する。1998年にはスロヴェニアがクロアチアへの送電を停止するまでの事態となった。これを受けて、両国政府による交渉が開始され、2001年12月には発電所の地位や法的関係、最終的な廃炉に関する新たな契約が締結された。現在はこの合意に基づき、双方の国営電力会社、GENエネルギー（スロヴェニア）とクロアチア電気事業（HEP）の2社による50対50の共同運営の体制が敷かれる。

一方、クロアチアとの関係がすったもんだしたこの時期、発電所の設備の交換や刷新が実施され、出力増強の実現とともに、2023年までの運転寿命の延長が可能になった。2013年からは、2011年の福島第一原子力発電所事故を受け、極度の例外的事態への対応強化を図る安全性向上プログラムが着手され、2021年までの段階的な設備補強が行われている。また2014年には、発電所の運転を2043年まで、さらに20年延長する決定がなされた。この延長に対しては、低・中レベル放射性廃棄物の貯蔵所の問題（現在は発電所内に貯蔵されるが、容量の上限が近づくため、新たな施設が必要となる）を含め、環境団体などから懸念や反対があがる一方、二国の長期的なエネルギー政策の一環として今日計画が進められている。

郵便はがき

料金受取人払郵便

神田局
承認

8956

差出有効期間
2018年9月
30日まで

切手を貼らずに
お出し下さい。

101-8796

537

【受　取　人】

東京都千代田区外神田6-9-5

株式会社 **明石書店** 読者通信係 行

お買い上げ、ありがとうございました。
今後の出版物の参考といたしたく、ご記入、ご投函いただければ幸いに存じます。

ふりがな お名前	年齢	性別
ご住所 〒　　-		
TEL　(　　)　FAX　(　　)		
メールアドレス	ご職業（または学校名）	
＊図書目録のご希望 □ある □ない	＊ジャンル別などのご案内（不定期）のご希望 □ある：ジャンル（ □ない	

書籍のタイトル

◆本書を何でお知りになりましたか？
□新聞・雑誌の広告…掲載紙誌名［ ］
□書評・紹介記事……掲載紙誌名［ ］
□店頭で □知人のすすめ □弊社からの案内 □弊社ホームページ
□ネット書店［ ］ □その他［ ］

◆本書についてのご意見・ご感想
■定 価 □安い（満足） □ほどほど □高い（不満）
■カバーデザイン □良い □ふつう □悪い・ふさわしくない
■内 容 □良い □ふつう □期待はずれ
■その他お気づきの点、ご質問、ご感想など、ご自由にお書き下さい。

◆本書をお買い上げの書店
［ 市・区・町・村 書店 店］

◆今後どのような書籍をお望みですか？
今関心をお持ちのテーマ・人・ジャンル、また翻訳希望の本など、何でもお書き下さい。

◆ご購読紙 (1)朝日 (2)読売 (3)毎日 (4)日経 (5)その他［ 新聞］
◆定期ご購読の雑誌［ ］

ご協力ありがとうございました。

ご意見などを弊社ホームページなどでご紹介させていただくことがあります。 □諾 □否

◆ご 注 文 書◆ このハガキで弊社刊行物をご注文いただけます。
□ご指定の書店でお受取り……下欄に書店名と所在地域、わかれば電話番号をご記入下さい。
□代金引換郵便にてお受取り…送料＋手数料として300円かかります（表記ご住所宛のみ）。

書名	冊
書名	冊

ご指定の書店・支店名	書店の所在地域 都・道 府・県 市・区 町・村
	書店の電話番号 （ ）

VI

社会・生活

36

食文化

★グローバル化も悪くない★

アルプス山脈、地中海、パンノニア平原が出会う場所に位置するスロヴェニアは、その地理性を反映して多種多様な食材に恵まれている。加えて歴史的にも、隣接するバルカン半島諸国、イタリア、オーストリアなどの影響も受けつつ、多彩な食文化を育んできた。とはいえ一介の旅行者がその恩恵にあずかれるようになったのはつい最近のことで、私が初めて彼の地を訪れたときの第一印象は、多様性とはほど遠いものだった。今から三十数年前、まだユーゴスラヴィアの一部だった時代のこと。レストランのメニューはどこも同じで、どうにも食欲がわいてこない。供される料理はずっしりと重く、驚くほど多量でためいきがでた。そんななかで唯一気に入ったのはサラミ、生ハム、チーズの盛り合わせ前菜プレート。この3点セットはどこへ行ってもはずれがなく、これとワイン、パンがあれば、はるばる来た甲斐があったと納得したのである。

スロヴェニア料理の一押しは、今でもやっぱりこの3点セットに極まる。とりわけ西部カルスト地方の生ハム「クラシュキ・プルシュト」は絶品だ。豚の臀部を塩漬けにして納屋の屋根裏につるし、1年以上空っ風にさらして乾燥、熟成させる。

これを薄くスライスして口に含むと、適度な塩気と肉のうまみに五臓六腑が打ち震える。生ハムは地方によって、使う部位も加工方法もいろいろで、中東部では燻製してすっかり水分をとばすので、凝縮した肉のうまみが味わえるし、南西部の風干しだけで仕上げたものはレアっぽくてしっとりしている。

農家では豚を一頭解体したら血の一滴、内臓の一片も無駄にせず加工し食べ尽くすので、昔からさまざまな肉料理が伝わっている。生ハムに次いで有名なのはソーセージ類で、中部ゴレンスカ地方の「クランスカ・クロバサ」がその代表。スパイスをきかせた豚肉のソーセージで、ザワークラウトと一緒に煮たものは冬のごちそうだ。血、内臓を香辛料、あわ、そば、大麦などの穀物をつなぎにした腸詰め「クルヴァヴィツァ」も、スロヴェニア人のソウルフードといえよう。

3点セットの一つチーズも美味。北部アルプス山麓では酪農が盛んで、ハードタイプ、セミハードタイプのチーズを産する。熟成した深い味わいが魅力の中西部トルミンの「トルミンスキ・シル」、観光地として知られるボヒン湖周辺で作られるエメンタールタイプの「ボヒンスキ・シル」などは食べやすく、クセの強いチーズが苦手な人にもおすすめだ。牛乳だけでなく、羊ややぎの乳から作るチーズもあり、チーズ好きにはたまらない。

また、カッテージチーズはどこの家の冷蔵庫にもあって、さまざまな料理、お菓子に活用される。私がユーゴ時代に初めて食べて以来やみつきになっているのは「カイマック」。トルコ伝来のフレッシュチーズで、クロテッドクリームのような濃厚さが赤ワインにぴったり。市場の専門店では熟成度に応じて何種類も量り売りしており、こちらが見とれていると店のおばさんが少しずつヘラですくって味見させてくれる。

こんなものがスロヴェニアに⁉ と驚いたのはそば。実はスロヴェニアは知る人ぞ知るそば大国で、国民一人当たりの消費量は日本のそれを遥かにしのいでおり、ヨーロッパ一というデータもある。スーパーの棚にはそば粉や「アイドヴァ・カーシャ」というそば粒が普通に並んでいるし、レストランのメニューにもそば料理が必ずといっていいほどある。ただし麺はない。中国原産のそばは10～15世紀ごろにヨーロッパに伝播し、スロヴェニアにも15世紀初頭にはそばに関する記録があるという。その頃からそばは貧しい農民の日常食として普及し、今日に至っては健康食として都会人のあいだでも人気だという。

スロヴェニアではそばは、粉にしてパンやケーキ、そばがきにするのが一般的だ。またカーシャといって粒状のものをリゾットやおかゆ、スープの具、腸詰めのつなぎにしたりする。北部のアルプス山麓地方の伝統食「アイドヴィ・ジュガンツィ」は、そば粉を熱湯で練ってそぼろ状にしたもので、スロヴェニア風カリカリベーコンをのせ、濃厚なスープとともに食べる。

スロヴェニアの代表的な名物料理といえば「ポティツァ」（写真参照）があげられる。くるみ、けしの実、レーズンなどを巻き込んだロール菓子パンで、クリスマス、イースター、結婚式などに欠かせない伝統的な祝い菓子である。生地と具のバランスを見計らい、均等で緻密な渦巻きに仕上げるのが主婦の腕のみせどころで、いわばスロヴェニア人のおふくろの味といったところか。その他、小牛の肉をパプリカ、じゃがいもなどの野菜と煮込んだハンガリー風シチュー「ボグラチュ」、トルコ伝来

スロベニアを代表するケーキのポティツァ

の棒状のハンバーグ「チェヴァプチッチ」のバーベキュー、小麦粉やそば粉の生地でカッテージチーズ、くるみなどの具を巻き込んでゆでた「シュトルクリ」、さらに具にけしの実、りんごなどを加えて層にしたパイ菓子「ギバニツァ」などが、伝統料理と言えようか。

概論はこれくらいにして、さっそくフィールドワークに出かけよう。まずは首都リュブリャナの青空市場へ。色とりどりの果物やみずみずしい野菜を並べた屋台が並び、夏であれば観光客もいっぱいで活気に満ちている。かつては近郊農家が自分のところでとれた野菜を売る素朴な市場だったが、いまは輸入ものも多く、種類も豊富。川べりや旧市街の路地にはおしゃれなレストランが軒を連ね、伝統的な家庭料理から洗練された地中海料理まで選り取り見取りで、ユーゴ時代からすると隔世の感がある。

肉食に飽きたらぜひ西部沿岸部へ。スズキ、タイ、ヒラメ、イカ、タコ、マグロ、イワシ、サバ、アンコウ、カツオなど、アドリア海の新鮮な魚が食べられる。絶妙な歯ごたえのタコサラダ、かりっと揚がった小イワシやイカのフライ、ムール貝やエビのブザラソース（白ワイン、にんにく、パセリ、レモン、パン粉をオリーブオイルでまとめたソース）などを、潮風に吹かれながら白ワインと味わうのは、至福のひとときだ。

アルプス山麓に点在する観光農家では、自家製の野菜や乳製品、肉製品を使った家庭料理が楽しめる。絞りたてのミルクから作ったフレッシュバター、大きなペチカで焼いたパン、納屋の屋根裏でじっくり乾燥させた生ハムやサラミ、牛骨やくず野菜からじっくり煮だしたスープ、近くの山で採取したきのこのリゾット……どれも生命力と滋味にあふれている。

山歩きの途上にであう山小屋の味も忘れられない。目の前で放牧している牛の乳を発酵させたヨーグルト「キスロ・ムレコ」、ザワークラウト、豆、じゃがいもなどを煮込んだ「ヨタ」、クリーミーなきのこのスープなど、昔ながらの素朴な味は、歩き疲れた体に活力を注ぎ込んでくれる。

一方でここ数年、ひなびた山村や広大なブドウ畑の真ん中に、とんでもなくおしゃれな料理を出すオーベルジュが出現している。地元の素材を今風にアレンジしたコース料理を、一皿一皿に合わせたワインとともにサービスしてくれる民宿で、遠く北欧やイギリスからもお客を集めている。

ことほどさように、ユーゴ時代から比べると断然おもしろくなったスロヴェニアの食事情。独立から25年あまり、グローバル化やEU統合の是非はさておき、食いしん坊の旅行者にはうれしいかぎりだ。

（板倉久子）

コラム7

「国民的飲み物?」——ラデンスカ、コクタ

山崎信一

スロヴェニアを代表する「飲み物」と言えば、誰もがワインを思い浮かべるだろう。確かにスロヴェニアはワイン消費量も多く、日本を含む国外に輸出されている、国を代表する飲み物だろう。しかしここでは、アルコールを含まないソフトドリンクに目を向けてみよう。

ラデンスカは、スロヴェニアのミネラルウォーターの一ブランドの名称である。もともとは採水地である、ムラ川沿いの温泉地ラデンツィの形容詞形で、「ラデンツィの（水）」といった意味である。ミネラルウォーターの採水と出荷は、1869年、ハプスブルク帝国統治の時代にすでに開始されている。その後、ラデンスカはスロヴェニアではミネラルウォーターの代名詞となり、現在では、「ラデンスカ」という商品名が、ミネラルウォーター一般を指す名称としても用いられている。ラデンスカを象徴するのは、瓶やペットボトルにあしらわれた三つの赤いハートのシンボルマークだが、このマークは、戦間期から用いられている。社会主義時代には、ラデンスカは、そのユニークなテレビコマーシャルで知られる存在だった。なかでも、ユーゴスラヴィア各地の様々な人々が、それぞれの言語で「ラデンスカが我々を結びつける」と歌うコマーシャルは、社会主義ユーゴスラヴィアの理念「友愛と統一」を体現するものだった。スロヴェニア独立後も、ラデンスカはもちろん生産を続けている。ミネラルウォーターも競争の激しい市場だが、ラデンスカは、長い歴史のなかで培った確かなブランド力を背景に、商品の多角化も行いながら生き残りを図っている。

ミネラルウォーターではあまりに味気ないと感じる向きには、清涼飲料水のコクタをオスス

スーパーの店頭に並ぶコクタ
［撮影：鈴木健太］

メしよう。コクタは、かつて東欧の社会主義国の多くで、「資本主義の象徴たるコカコーラ」に変わって生産されていた、コーラ風炭酸飲料のユーゴスラヴィア版である。コクタの生みの親、エメリク・ゼリンカの開発したレシピは、カフェインを含有せず、また含まれているローズヒップが独特の風味を生み出している。また、多くのハーブを含むことから、英語のカクテル（cocktail）にちなんで、コクタ（cockta）と名付けられた。現在でも、「コクタはコカコーラより健康的だ」と言う人は多い。コクタは１９５３年にスロヴェニア北部山間地の谷、プラニツァで発表され、すぐにユーゴスラヴィア全域で人気となった。そして自他共に認める、ユーゴスラヴィアを代表する炭酸飲料の一つと位置付けられるようになった。西側に開かれていたユーゴスラヴィアでは、１９６０年代以降、コカコーラの生産・販売も行われていたが、ユーゴスラヴィアではそれより古い歴史を持つコクタも、負けていなかった。そして、ユーゴスラヴィア解体後も、コクタはしぶとく生き残っている。かつてからの習慣のためか、あるいはユーゴノスタルジーの高まりを背景にしてか、スロヴェニアにとどまらず、旧ユーゴスラヴィア諸国ではコクタが売られ、そして飲まれている。２０１０年には、クロアチアの企業がコクタを買収したが、位置付けに大きな変化はない。また近年では、嗜好の多様化に合わせてさまざまなバリエーションが作られている。

　ラデンスカもコクタも、かつてはユーゴスラヴィアを象徴する飲み物であった。現在でも、スロヴェニアを代表する飲み物の地位は揺るぎなく、旧ユーゴスラヴィア諸国においても、いまだ一定の存在感を放っている。

37

ワイン文化

★「量」より「質」★

わが家は筆者の高校時代から沿海地方（プリモルスカ）に住んできた。酒を飲まない親だったが、父はそれでも近くの畑に20～30本の葡萄の木を植え、赤ワインのレフォシュクと白ワインのマルヴァジアを毎年まめに作っていた。友人や親戚をもてなすためだ。いつか妻と実家を訪れたとき、父がお祝いに自家製スパークリングでもてなそうとしたら、過剰な圧力でビンの中身が一気に天井まで噴射し、父がずぶ濡れになった事件が忘れられない。スロヴェニアではワインと日常生活が密接に関わっていると言える。

スロヴェニアのワイン作りの地域は三つある。北東部のドラヴァ川沿いのポドラウイィェ地域、南東部のサヴァ川沿いのポサウイィェ地域と南西部のアドリア海沿岸のプリモルスカ地域だ。昼と夜の温度差が激しいポドラウイィェ地域ではピノ・ノワールやその起源がスロヴェニアにあるジャメトウカおよびモドラ・フランキニャ（ドイツ語名ブラウフレンキッシュ）という軽やかな赤ワインと、国外でも評判が高いラシュキ・リズリング、ピノ・グリー、ピノ・ブラン、ゲヴュルツトラミネールなどアロマ性の強い白ワインを生産している。ポサウイィェ地域は国外で

東スロヴェニアのシュタイエルスカ地方に広がる葡萄畑［提供：Občina Slovenske Konjice/ Slovenian Tourist Board］

はあまり知られていないが、気候、地質の条件がポドラウイェ地域と似ているので、軽やかな赤とブレンドの白が主流だ。その中でツヴィチェックという軽やかな赤ワインが特に有名だ。プリモルスカ地域はさらに、その地理・気候条件によってブルダ（イタリアのコリオと隣接している）、ヴィパヴァの谷、カルスト、そして、イストリアに分かれる。ブルダは海が比較的近いこと、緯度、地質がボルドーと似ていることもあって、ボルドー系のワインに力を入れているが、レブーラというこの地域独特の白ワインも注目されている。ヴィパヴァの谷は海からやや遠くて、北側のアルプス山麓高原の影響で平均気温が低めなので、ピノ・ノワールなどの軽やかな赤ワイン、白ワインではローカルな葡萄の品種でできたさっぱりしたピネーラとゼーレンが特に評判が良い。ヴィパヴァの谷のすぐ南にあるカルスト高原は海に近いが、標高が高いので、特にクラシュキ・テラン（カルストのテラン）という、レフォシュクの一種である、この土地独特の濃厚で、軽やかな赤ワインが名物だ。イストリア（スロヴェニア領のイストリア半島の北部）は葡萄園の海抜が低く海のすぐ近くにあるので、地中海的な、濃厚な赤のレフォシュク、白のマルヴァジアというイストリア半島特有のワインが有名だ。

スロヴェニアでは実はワイン用の葡萄を栽培する面積はそう広くなくて、全体で約2万5000ヘクタールある。そのうち、ポドラウイェが1万ヘクタール弱、ポサウイェが8000ヘクタール弱、そしてプリモルスカが7000ヘクタールを占めている。そのほとんどはスロヴェニア国内で消費される。輸出向けは10％以下という。

旧ユーゴスラヴィアは輸出や多量消費用のバルクワイン生産に力を入れてきたが、スロヴェニアでは政府が、1950年代の終わりに遡るヴィノ・リュブリャナ（リュブリャナ・ワインコンペティション）などでワイン作りのノウハウの向上を図ってきた。ちなみに、このヴィノ・リュブリャナには長年、ルミエールワイナリーの塚本俊彦などの日本人も審査員として深く関わってきた。

長い間、組合によるバルクワインの生産に依拠していたプリモルスカ地域に比べて、小さなメーカーが多かった北東部ポドラウイェのワインの質が高かった。ところが、1970年代の半ばから、政府、研究機関からも支援を受けながらプリモルスカを起点に小規模のワイン作りの静かな「革命」が始まり、その結果、特に独立後スロヴェニア全体でワインの質が飛躍的に上がった。

ワイン生産で量を重視する時代が長かったためか、人々が質を楽しむようになるのにも少し時間がかかった。1990年代の半ば頃、日本語教育関係の国際会議のあと参加者30人ほどで、ブルダのモヴィアというワイン農家を訪れたことがある。モヴィアはのちに大ブランドに育つが、当時は若夫婦

古くから使われてきたワイン・セラー。カルスト地方のチョタル・ワイナリー［提供：Tomo Jeseničnik/ Slovenian Tourist Board］

が親から受け継いだばかりの葡萄園でワイン作りに励んでいた。

　昼過ぎに10種類を含むテースティングコースが始まり、スローフードらしく、出てくるワインの種類に合う素朴な郷土料理が順番に出された。ワインと料理のバランスがとれていて、参加者はとても満足し良い雰囲気だった。コースが終了する午後4時頃、主人は大喜びで話の輪に加わった。大半の参加者は日本人だったが、ワインの尊さを知ってくれて、一滴一滴を大切に味わってくれるのが非常に嬉しかったらしい。主人によれば、だいたいのスロヴェニアの客はどんな良いワインを出しても、ひたすら飲んでしまうだけで、良いワインを振る舞う喜びがないという。そこで、自分のワインをもっと知ってもらいたいと、一行にはサービスとして、さらに8種類の非常に特別なワインを出してくれたのである。楽しいテースティングは夜9時まで続いた。

　これは20年ほど前のことであり、現在はワインを大切にしながら楽しく飲む人も増えてきたはずだ。とはいえ、残念ながら、ひたすらワインを飲む人たちもまだかなり残っているようだ。

第37章
ワイン文化

小規模のワインメーカーがブティックワイン（高品質の生産量が少ないワイン）を作り始め、日本の少し高級なレストランでも飲めるようになった。嬉しいのは、ブルダのドブロヴォ・ワイン組合とコペルのヴィナ・コペルワイン組合も今はバルクワインだけではなく、品質の非常に良いワインも作るようになった。しかも、それが手頃な値段で手に入るので、一般の人たちの間でもワインの量より質を楽しむための重要な役割を果たしている。

ワインはアイデンティティとも深く関わっている。ＥＵではワインの呼び名などが厳しく保護されている。ブルダで数百年前から作られてきたトカイという軽やかな飲みやすい白ワインが、２００４年以降、スロヴェニアとハンガリーなどがＥＵに加盟してからは、ハンガリーのトカイ地区のもの以外はトカイの商標をつけて売ってはいけなくなった。同じことが、２０１４年クロアチアがＥＵに加盟した時に起こった。スロヴェニアのクラシュキ・テランが保護されていたため、クロアチア側のイストリア半島南部で同じレフォシュク葡萄で作られているイストラ・テランが、そのラベルでは一次的に売れなくなったのだ。

社会の変化とともにワインの作り方、飲み方が変わってきた。生産面積も生産量も限られているが、いまや質の良いワインはスロヴェニア各地域の誇りであり、訪れる人たちにとっても大きな魅力となっている。

（アンドレイ・ベケシュ）

38

ジェンダー

★他者を認め、自分を知る★

現在、スロヴェニアはヨーロッパ連合（ＥＵ）の一員であるが、以前は南東ヨーロッパのバルカン半島に広がるユーゴスラヴィアという国の一部であったし、第二次世界大戦後の社会主義連邦共和国の前は王国、その前はオーストリア・ハンガリー帝国の一部、というように、スロヴェニア民族が生きる地域の政治・社会体制は歴史を通して変化を強いられてきた。当然、男女の役割などに関する観念も、それぞれの社会体制、政治体制の中で規定されてきたといえよう。

１９７０年代に私が初めて垣間見たスロヴェニアは、ユーゴスラヴィア社会主義連邦共和国の一部で、その中で地理的にも「西」に一番近い部分に位置する小共和国であった。その頃の日本はいわゆる西に属してはいたが、明治から脈々と続く良妻賢母、男尊女卑などの考え方の名残もまだまだ引きずっていたと思われる。そんな国の女子校にも通ったことのある女性として見た当時のスロヴェニアは、機会均等の世界であり、そこで生活する女性たちは強く、たくましく感じられた。彼女たちは朝早く、冬場はまだ暗いうちから起きだして仕事に出かけ、８時間労働の後は主婦として家事、菜園、子供や孫たちの世話と

第38章 ジェンダー

毎日忙しく立ち働いていた。また、その頃のユーゴスラヴィアでは、3月8日の国際女性デーが、働く女性に花を贈る日として、大切な日にされていた。一方、スロヴェニアの男性はというと、イギリスのジェントルマンとまではいかないとしても、いわゆる欧米の常識として女性をいたわり、尊ぶ、レディーファーストの観念を身につけていたように思う。スロヴェニアの女性が強く、たくましいのは今も変わらないように思うし、ジェンダーへの見方が変わってきた今のスロヴェニアでも、力仕事などはやはり男性が率先して受け持っているようである。

1980年代にスロヴェニアで暮らすようになり、長女が生まれて少しした頃に日本へ一時帰国したときのことだったが、ベビーカーを押して街を歩く私の前をさっさとドアを押して、自分の後ろは振り返りもせずに行く男性を見て唖然としたことがある。日本の社会は子育て中の女性に対していたって冷淡であった。少し重い荷物を持っているときに手伝ってくれるとか、エレベーターに乗るときなどにさっと譲ってくれるとか……なんでもないと言えばなんでもないが、それを実行する人々がいる社会に住んでいると、かえってそのありがたさを忘れてしまうものである。

スロヴェニアは、第二次大戦後から1991年の独立までのあいだ社会主義だったこともあって、共稼ぎは当たり前で、男女の機会均等は他の西欧諸国に比べても進んでいたと思われる。バスやタクシーの運転手が女性であるのは、以前からよく見かけたが、最近では建築、工学、化学などの分野にもかなりの女性が進出し、政治家や管理職、さらには指揮者などにも女性が見られるようになった。スロヴェニアの軍隊は2003年で徴兵制に終止符を打ち、その後は職業軍人だけで構成されているが、そのうち女性が全体の16％強の人数を占めているとのことである（2016年12月スロヴェニア国防

リュブリャナ大学の学生たち［提供：リュブリャナ大学］

省）。社会主義時代の1949年に創立されたスロヴェニアで最大の研究機関、ヨージェフ・シュテファン研究所では、現在「学問・芸術分野における女性」という研究部門があり、そこの2008年の統計によると、学問に従事するスロヴェニア人のうち64％が男性、36％が女性とのことである。男女の比率は約1・8対1となっているが、これは同じヨーロッパでも北欧諸国などに比べればまだまだ遅れをとっている。実際、大学や研究所で働く女性たちに聞いてみると、スロヴェニアで女性として心地よく生きていくためには、社会制度の見直しを始め、まだ多くの努力が必要だとのことである。

職場における機会均等は、当然、福祉・医療制度と関係してくる。スロヴェニアでは、出産・育児休暇は一年間で、休暇が明ければ必ず元の職場に戻ることが保証されている。また、子供が生まれた後、父親と母親のどちらが育児休暇を取るかも、夫婦の相談次第で、父親の場合は最長3ヶ月まで、有給休暇を取って新しい家族の一員の世話に専念することができる。また、スロヴェニアはここのところ日本と同じように少子化に悩んでいるが、3人目の子供を産む女性は2人目までより1ヶ月長く育休を取れることになっている。

男性または女性の社会的・心理的性別に対する考え方は、最近になって、いろいろな国で変化してきているようであり、スロヴェニアはそのような動きの先端からあまり離れずにいるようで、LGBT（性の多様性）運動への参加なども早くから行われている。他の欧米諸国に比べてまだまだ伝統的なスロヴェニアではあるが、今後も、男らしさ、女らしさ、社会における男女の役割分担などに対しての見方は変わっていくことだろう。いわゆるEUの一員としてのスロヴェニアにおける現在20～30代の若い人たちの間では、性同一性障害、両性愛、同性愛などに対して、ある程度の寛容な態度が見られるようになっている。友人や仲間の一人一人の生き方を素直に認め、振り返って自分はどのように生きるのか、それを決めていくのが社会の一員へと育っていくことであるのを、学校や社会でも教えられてきていることが感じられる。このような問題に対する態度は、個人個人が育ってきた家庭環境、教育制度、宗教などによって形作られると思われるが、寛容的な認識は、やはり、ヨーロッパ全体の政策や社会的動向に左右されているところがあるだろう。

リュブリャナ大学の日本研究でも卒業論文のテーマに女性の役割やフェミニズムといったテーマを選ぶ女子学生が多い。女性同士として、地理的・歴史的にも離れている日本社会における女性の地位と役割、その歴史的変化や現在の状態にも大いに関心があるのだろう。もちろん、慰安婦問題など、負の歴史におけるジェンダー問題も取り上げられている。

（重盛千香子）

39

家族のかたち

★伝統と多様性★

日本で大学2年生の夏を迎えた姪のH子が避暑を兼ねてスロヴェニアに遊びにきた。我が家の2人の娘はH子より年上で、小さい頃から折を見て一緒に遊んだりしてきたので、今回も諸々の話に花が咲いている。

大学生、そしてそのあとの社会人としての生活など、夢が膨らむ時期で、当然、スロヴェニアでは同年代の若者がどんな生活をしてどんな夢を抱いているのか、実際の社会生活はどうなのか、興味が尽きないらしい。前章で触れた、出産・育児休暇の制度、福祉や医療の仕組み、また第42章で触れる有給休暇の制度などのスロヴェニア事情を聞いて、日本とはかなり違う中央ヨーロッパの生活に考えさせられることが多いようであった。

スロヴェニアではだいたい日本と同じように、しばらくのあいだ少子化が続いていたが、最近は一人っ子の方が少数派のようである。私の職場でも、子供は3人以上というのが常識になったのかと思われるぐらいで、これは医療・福祉制度の充実とも関係があろう。安心して子供を産んで育てていくことのできる環境が整備されているからこそである。

まだ社会主義時代が続いていたころには、2世代以上が一つ

第39章
家族のかたち

の家に住む家族が多く、その伝統が今も続いているところも多い。まとまった土地のある者は、自分の代だけでなく子供の代も一つの屋根の下に住めるように、部屋数の多い家を建てて、その家の半分は内装を完成しないままで子供が就職したり結婚したりして落ち着くのを待つ。または、自分の家の裏に子供が家を建てられるように余裕を残しておく。スロヴェニアにはそんな家の建て方が多かったが、社会構造の変遷や若い人の教育や職業の変化、その他の理由で、若い世代が必ずしも親と同じ土地にとどまって家族を持つことも少なくなった。親子3代以上の大家族というのは、スロヴェニアでももう過去のものになっていると言っていいだろう。

今では、スロヴェニア人の週末の大事な行事の一つが家族や親戚を訪ね、昼食を共にしたりする時間を持つことである。首都のリュブリャナ市にある大学に勉強に来ている学生たちも、ほとんどが週末には実家に帰るようで、金曜日になると洗濯物や勉強道具を詰めた荷物を持って授業に現れる。その日の授業の後、そのまま実家に帰るためである。実家では、手製のスープや焼き菓子などが待っていることだろう。

うちの子供もスロヴェニアの高校に通っていたが、その友達の中には、両親が結婚していない（籍を入れていない）家族に育ったというクラスメートもいたし、シングルマザーと暮らしているという子もいたし、両親はすでに離婚していて、母親または父親の新しいパートナーがしょっちゅう出入りしている、という家庭の子供など、あらゆる家族の形があり、それが当然であった。そしてその友人たちも卒業、就職を経て、中にはすでに母親になっている女性もいる。結婚していても、いなくても、社会制度をしっかり利用し、パートナーと話し合いながら、自身の母親の協力も得て、子育てと仕事をきちんと両立させている。それが当たり前である。

スロヴェニア国勢調査で出てきた数字を追ってみると、一人親の家族(父親または母親のみと子供で構成される家族)は2002年には家族総数の18%だったのが2011年には25%になっている。この調査によると、2011年のスロヴェニア全国の家族の数は56万7300で、様々な形の家族のうち、一人親と子供で構成される家族の数の増加率が最も早いという。その中でも多いのは母親だけ(シングルマザー)の家族で、2011年に約12万あったが、その数は今も増え続けているはずである。これらのシングルマザーの3分の1が一度も結婚したことのない女性だそうである。「結婚」という概念が若い人たちの間で新しい捉え方をされているのが感じられる。

とはいえ、スロヴェニアで最も多い家族の形は、やはり、婚姻を結んだ夫婦と子供の構成で、いわゆる核家族(夫婦とその子供たちの2世代家族)が典型的である。2002年の国勢調査では、この最も典型的な、夫婦と子供の家族が家族総数の69%を占めていた。一方、籍を入れていない男女が自分たちの子供と共に家庭を持っている家族は7%と、あまり多くない。シングルマザーの家族は家族総数の21%と多く、反対にシングルファーザーの家族は3・4%とかなり少ない。経済的な面を考えると、一人親の家族は両親が揃った家族に比べて生活が苦しく、それはやはり、親が一人でいることで、社会的に他者とのネットワーク作りが弱くなり、生活向上のための援助や知恵を授かる機会も少ないからだという調査研究も存在する。家族の形は以上にとどまらず、同性の大人二人が子供を育てる家族共同体もあるわけで、そのような家族から保育園に通ってくる子供たちの扱いに関しての社会学的研究調査なども目にする。スロヴェニアの現在の社会では、世の中には色々な形態の家族があることを認め、子供たちにもそれを早い時期から受け入れさせるようにするという方向づけがされている。また、社会としても、子供たちの権利を考え、いろいろな形の家族が存在することを認めると同時に、様々な条件下で育っている子供たちを、なるべく公平に支え、育てていく工夫が必要であるという認識がある。

離婚率はヨーロッパの平均よりいくらか低い30〜35%とのことであるが、離婚の前に、まず結婚しないでいるカップルが多いことも考慮に入れなければいけない。また、WHO（世界保健機関）の2015年の調査によると、スロヴェニア人の平均寿命は女性が83・7歳、男性が77・9歳となっている。長寿第1位の日本には及ばないが、調査した国々の中で29位ということは、スロヴェニアもかなり長生きの国だと言える。

スロヴェニアの宗教は、現在の統計ではローマ・カトリックが6割弱となっているが、歴史的にもカトリックの影響が大きかったこともあり、理想の家族の形はやはり両親と子供3人（以上）ということになりそうだ。同時に、最近はいろいろな家族の形を認める社会の動きがあり、そんな社会で長生きをしていくスロヴェニア人は、高齢者が急速に増えて喘いでいる日本人の姿とあまり違わないかも知れない。

夏休みをスロヴェニアで過ごしたH子は、日本では3人きょうだいの末っ子で、大学生になってから初めて家族を離れて下宿生活をしている。家族のありがたみが痛いほどわかっているようであるが、ちょうど彼女と同じ年齢のスロヴェニア人たちは「結婚なんてしない」と言い切る者たちも多いのである。彼らはどんな家族を持って長生きをしていくのだろうか。

（重盛千香子）

40

宗教

★国家宗教から多様な信仰の形態へ★

紀元後6世紀にスラヴ人が定住する以前、スロヴェニア人の住む諸地域では先住民、なかでもケルト人やイリリア人の様々な宗教が存在していた。ローマ帝国時代は皇帝崇拝とともに特にミトラ信仰（太陽神ミトラを主神とする）がはやり、ユダヤ教信者もおそらくいたであろう。キリスト教もすでにローマ時代にこの地域に及んできた。移住してきたスラヴ人は独自の宗教を持ってきたが、最終的にはキリスト教によって圧倒された。カランタニア公国のスラヴ人は、スラヴ人が居住する地域の中でも早い時期にキリスト教への改宗が進んだ。彼らがローマ・カトリック教会により、形式的にせよ改宗されたのは、750年から800年頃の時期であった。

一方、スロヴェニア人諸地域の東部には、ビザンツ帝国のコンスタンティノープルから派遣されたキュリロスとメトディオスという宣教師とその弟子たちによって、東方正教の影響が及んだ。しかし、人々の間にはキリスト教以前の古い信仰が中世の遅くまで根強く残っていた。16世紀には、カトリック教会と宗教改革運動で生みだされたアウクスブルク信仰告白に基づくルター派の福音主義教会とが影響力に違いはあったが、共存していた。また、宗教として迫害された再洗礼派（プロテスタントの急進派）運動もあった。宗教改革運動は影響力が大きく、スロヴェニア人の諸地域では1550年のトルバルによる教理問答書が最初のスロヴェニア語で書かれた本として刊行され、さらに、1584年のダルマティンによる聖書全訳の刊行によりスロヴェニア文章語が誕生した。こうしたプロテスタントの動きはまもなく、カトリックの反宗教改革によって一掃されたが、カトリックも布教活動に勝つためにイエズス会が教育活動を行う一方、ヤンセン主義（カトリック教会から異端視されたキリスト教思想）などがカトリック教会に対抗したので、宗教改革がもたらした影響は間接的には残った。プロテスタント運動が撲滅されなかったのは、唯一、18世紀に福音主義教会の設立によってその組織を強化したスロヴェニアの北東、現在のプレクムリェ地方だけである。

宗教改革者のユリ・ダルマティンによって初めてスロヴェニア語に訳された聖書。開かれているのは「予言者の章」［出所：Wikimedia Commons］

反宗教改革の勝利で、プレクムリェを除いて、スロヴェニア人の諸地域からはプロテスタントは追放され、カトリック教会が唯一公認の宗教になり、唯一の宗教的権力となった。1782年、ハプスブルク帝国皇帝ヨーゼフ2世の宗教寛容令の発布により、福音主義教会組織が再建され、

沿海地方のフラストウリェにある教会。村人を守る砦としての役割もあった。質の高い壁画でも有名［出所：Wikimedia Commons］

ユダヤ人の小さな集団も認められるようになった。しかし、当局はカトリック以外の宗教に寛容にはなったが、これらの宗教がカトリックと平等になったわけではない。根本的な変化をもたらしたのは、ハプスブルク帝国がオーストリア・ハンガリー二重帝国に再編成された時期、オーストリアで発布された新しい法律である。１８６７年から１８７４年にかけて成立したこの法律では、法的に認められる教会組織や宗教集団とそうでない宗教組織が区別された。それまで公的組織として認められていなかった福音主義教会、東方正教会、東方アルメニア教会、ユダヤ教、少し遅れてメソジスト（プロテスタントの一派）、ムスリム、モルモン教も法的に認められるようになった。国家によって公認され、国家の助成金を受けながら学校での宗教教育も認められる宗教とそうでない宗教の区別は、ユーゴスラヴィア王国の法律においても継承された。

第一次世界大戦後、そして特に第二次世界大戦後の１９７０年代から80年代にかけて、旧ユーゴスラヴィア各地域からセルビア正教徒とムスリムが移住してきた。スロヴェニア南東部のベラ・クライ

第40章
宗　教

ナ地方には、15～16世紀にオスマン帝国の侵攻から逃れてきたウスコク、ヴラフというバルカン半島南部の東方正教徒が住み着いた。メトリカ市を中心とするベラ・クライナには少数ながら、東方帰一教会（東方典礼カトリック教会ともいわれ、正教会の典礼を維持しながらローマ教皇の権威を認める）の信者もいる。中世には、スロヴェニア人の諸地域、特にプレクムリェ地方には、少数のユダヤ人も移住してきたが、15世紀から16世紀の間に大多数が追放された。残ったユダヤ人、またはその後移住してきたユダヤ人は第二次世界大戦のナチによるホロコーストでほとんど絶滅してしまった。第二次世界大戦後、新しくできたユーゴスラヴィア社会主義連邦共和国は政教分離原則を徹底して導入した（例えば、どの宗教による祝祭日も国家の公的祝日としては認められなかった）。また、各々の宗教集団は法的に平等であった。ユーゴ連邦の最初の数十年間は、宗教に対する敵意に満ちた国家の政策の結果、公の宗教活動が制限され、基本的な儀式、宗教教育、布教活動も妨げられた。1952年にはリュブリャナ大学神学部が大学から分離することになり、独立後の1992年に再びリュブリャナ大学に編成されるまで、私立単科大学として運営されていた。もっとも、スロヴェニアではユーゴ連邦当時の1970年代、80年代に、基本的な宗教活動はあまり妨げられなくなった。特に1966年のユーゴ連邦とバチカンが協定締結後、1976年にスロヴェニアにおける宗教団体の法的位置づけに関する法律が制定されてから、その傾向は強まった。1960年代、70年代はまた住民の世俗化が著しくなるが、80年代には新興宗教などが登場し、その傾向は止まった。

独立後のスロヴェニア共和国は1991年の憲法の新しい民主的な枠組みにおいて、政教分離の原則を維持した。宗教団体は憲法上、すべて平等で自由である。また、市民の基本的人権が保障され、公私において、どの宗教であろうと個人の信仰は自由であり、それを公表する義務もない。スロヴェニア共和国は2000年に、バチカンおよび福音主義教会と宗教法上の問題（倫理規定や道徳律）に関する協定を締結した。1997年に導入された教育関係の法律では、公立学校では宗教的儀式および特定の宗教団体による宗教教育が禁じられている。しかし、宗教団体は国家の助成金を受ける私立の学校や保育園を設立することができる。

国勢調査の統計から、宗教別の信者数を比較すると、1921年はローマ・カトリックが96・6%、福音主義教会派が2・6%で、1931年もほぼ同様で、ローマ・カトリックが96・8%、福音主義教会派が2・2%を占めていた。第二次世界大戦後のユーゴ連邦では、1953年の国勢調査（その後の国勢調査では宗教に関する項目はなくなる）の統計では、ローマ・カトリックが82・8%、プロテスタントが1・5%、正教徒が0・33%、無神論者が10・3%、回答なしまたは不明が4・9%を占めていた。1991年の国勢調査では、ローマ・カトリックが71・6%（140万3014人）、正教徒が2・4%そしてプロテスタントが0・9%である。宗教別の統計を含む最新の国勢調査は2002年に実施された。それによると、ローマ・カトリックが57・8%、1967年に設立されたスロヴェニア・イスラム共同体という組織に属するムスリムが2・4%（信者が特に増えたのはボスニア内戦やコソヴォ紛争後）、セルビア正教、マケドニア正教を中心に組織される正教徒が2・3%、プロテスタントが0・8%で、無神論者が10・2%であった。残りの22・8%は回答なしまたは不明であった。一方、宗教団体は信者に関する独自の統計を持っている。例えば、最も数の多いカトリック教会は、洗礼を受けたかどうかを基準に、1989年にはカトリックの信者が83%とし、同様に、2000年も

82・6％（162万2247人）に及ぶと公表している。また、1968年以降に一定の手法で行われた世論調査の結果では18歳以上の市民で、「信仰を持つ」と答えた人の割合は少し低い。1968年には「信仰を持つ」と答えたのが61％（1992年は60・2％）、「信仰を持たない」は23％（1992年は23・2％）、そして、「答えられない」が16％（1992年は17・7％）であった。このような統計をヨーロッパを対象とする類似の調査結果と比べると、スロヴェニアは1990年前後、欧州全体の平均に近かったのであり、全体として宗教性がさほど目立たない国の一つであった。欧州の他の国と同様、スロヴェニアにおいても、より徹底した信仰の基準（キリスト教の基本的なドグマを受け入れ、定期的に礼拝に出ている）では、カトリック教会の信仰を持つのは20ないし30％しかいない。

国家が宗教に対してより寛容になった1970年代以降、スロヴェニアではアドベンティスト（アメリカで始められたキリスト教の一派）、バプティスト（プロテスタントの一派）、エホバの証人、ペンテコステ派（プロテスタントの一派）などの、信者数の少ない様々な宗教団体も出現した。新興宗教、精神運動などのオールタナティブな宗教運動が急増しはじめたのは1980年代、90年代からである。特に目立つのはヒンズー教系の宗教団体である。1976年にスロヴェニア社会主義共和国の宗教団体委員会に届け出たのは9宗教団体だったが、1994年には27団体、2000年には31団体になった。2016年には、スロヴェニア共和国の宗教団体局に48の協会や宗教団体が届け出ている。

（クセニア・シャベツ／アンドレイ・ベケシュ訳）

41

学校教育

★母語による教育がなしとげた飛躍★

スロヴェニアの教育制度は、スロヴェニア人が住む諸地域の大部分を含む過去の様々な国家の枠内でつくられ、発展した。近代まで、隣接するヨーロッパの諸地域と同様、識字層は一部のエリートに限られており、多数を占めていた農民は文字が読めなかった。人々の広い層に教養を身につけさせるという考えを最初に提唱したのは、16世紀のスロヴェニアにおける宗教改革の中心人物プリモシュ・トルバルである。トルバルは、若者にその母語で読み書きを教えなければならないと考えた。社会の下層、貧困層にも教養を身につけさせるという考え方は、あいにく、スロヴェニア人諸地域において、宗教改革運動の敗北とともに消えてしまった。16世紀以降に設立された教育機関では、若い男子生徒たちがラテン語を学び、ラテン語で教育を受けた。教育のための言語としてドイツ語の使用が顕著になるのは、18世紀末頃からである。

学校教育の発展、識字およびリテラシーに対する考え方を大きく変えたのが、ハプスブルク帝国における教育制度改革である。スロヴェニア人諸地域をほとんど全て含むハプスブルク家世襲領において、1774年に、全ての少年少女に基礎教育を受けることを義務づけた初めての法律が定められた。ただし、国家が学校教育のための資金を提供していなかったので、義務教育といいながら、それを受ける子供の割合は非常に緩やかにしか増えていかず、19世紀の半ばまで、義務教育を受けた子供の割合は約3分の1にすぎなかった。子供の過半数が義務教育を受けるようになったのは、1869年の学校教育改革以降である。当時のスロヴェニア人諸地域では、第一次世界大戦までに識字率はすでに90％に達していた。

ハプスブルク帝国時代、スロヴェニア語が体系的に使われていたのは義務づけられていた基礎教育の段階においてだけである。ギムナジウムという中等教育レベルの教育を受けられたのは当初、もっとも優れた男子生徒だけのわずかな人数である。教育のための言語は主としてドイツ語であった。例外的であったが、女子生徒も中等・高等教育を受けることができるようになったのは19世紀の末頃からである。スロヴェニア人にとって、大学としてもっとも重要であったのはウィーン大学であるが、むろんスロヴェニア人諸地域出身の学生は帝国内のその他の大学でも勉強した。

スロヴェニアにおける学校教育が大きな転換期を迎えたのは、ハプスブルク帝国が崩壊し、新しくできたユーゴスラヴィア王国になってからである。1918年以降、中等教育でも教育のための言語はスロヴェニア語になった。1919年、初めてのスロヴェニアの大学としてリュブリャナ大学が設立され、スロヴェニア出身の学生は自分の出身地域で、しかも母語で大学教育を受けられるようになった。1918年以降のもう一つの重要な改革は、女性にも中等・高等教育を受ける権利が与えられたことである。その結果、中等教育においても、大学レベルにおいても女子生徒および女子学生の割合が急増しはじめたのである。20世紀の半ば前後、スロヴェニアの識字率がほぼ100％に達した

リュブリャナ大学本部。1918年までは旧カルニオラ州議事堂であった［出所：Petar Milošević/ Wikimedia Commons］

ので、教育政策はむしろ、中等教育、高等教育に注目し、それらの教育を受ける学習者の割合を増やすために、新しい高校、専門学校や大学が設立された。

1958年の大幅な学校教育改革により、それまで4年制の小学校がギムナジウム（8年制）の下級の4年と統合され、8年制の小学校が発足した。その上には、4年制の高校（ギムナジウム）や職業高校が設置された。急成長する経済の要望に応じて、特に職業高校の割合が増えていた。1950年代以降、いくつも新しい高等教育機関が設立され、それが多く作られたマリボルでは、後にマリボル大学として統合された。大学や単科大学を増加させる傾向は経済の要望に応じた結果だったので、新しく設立された高等教育機関の多くは理工系の単科大学、そして既存の大学の新しい理工系の学部であった。

スロヴェニアの教育制度では、大学の修士課程にいたるまで授業料を全て国家が負担しているので、誰でも各レベルの教育を広く受けられる。一方、私立の初等・中等学校、私立単科大学で学ぶ生徒や学生の割合はきわめて低い。21世紀になって実施された改革の結果、学校教育の構造が若干変わってきた。基礎教育（初等教育）の段階では、小学校が従来の8年制から9年制に変更され、2008／9年度から、基礎教育は9年制の小学校で行われている。小学校に在校するのは、入学の年に6歳になる児童から14～15歳までの生徒である。学習指導要領は、あらゆる分野で基礎知識の修得を目標としている。これだけでは、今の時代の要請からみて物足りないとする意見も多い。また、EUなど外国との関係がますます密接になっていくことを考慮すると、外国語学習にはさらに重きを置く必要があるという意見も多い。小学校9年生が受けなければならない全国共通の修了試験の結果は、上級学校への進学には影響を及ぼさない。そのため、多くの小学生が修了試験を軽視することになってしまい、全国共通修了試験という国家プロジェクトが初等教育の学習成果を正確に反映できないでいる。

小学校の修了後、生徒は人文学系から工学系まで様々な種類の高校に進学する。スロヴェニアの独立後、再び重要な役割を果たすようになったのは、一般教養を提供し、修了後、すべての大学の学部への進学が可能な4年制の総合高校（ギムナジウム）である。1995年以降、高校4年生は全国共通のいわゆるマトゥーラ（フランスのバカロレア）という国家が実施する全国共通修了試験をいっせいに受ける。全国共通なので、その成績は大学のどの学部や専攻プログラムに入れるかに大きく影響する。大学入試がないので、マトゥーラの成績がその役割を果たしている。職業高校でも4年生はいわゆる職業修了試験を受けるが、合格者の進学は大学や単科大学の理工系学部に限られている。

２０００年代中頃、総合高校に入学する若者が増加し、職業高校や技術学校の入学者の割合を超えていた時期もある。このような傾向を懸念したのは特に経済界の関係者である。彼らによれば、住民の教育水準の平均が上がっていながら、企業で働く技術系の技能を持つ人材が不足しているということである。２００８年以降の経済危機の間、再び職業高校、技術学校への入学者の割合が上になった。２０１２年の統計では、44％が職業高校等に、40％が総合高校に、残りの16％は２年制および３年制の短期技術訓練学校に入学している。

独立後、既存のリュブリャナ大学とマリボル大学の他に、新たに二つの国立・公立大学が設立された。２００３年にまずコペル市でプリモルスカ大学が設立され、２００６年にはノヴァ・ゴリツァ市でノヴァ・ゴリツァ大学が設立された。大学等の高等教育機関が増えたことで、大学で学ぶ機会が大いに増えた。正規学生のために国が経費を負担するので、授業料負担はほとんどなく、健康保険も与えられ、学生のための食事割引もあって、大学教育は幅広い社会層にとって手が届くようになった。中等教育後、高等教育機関に進学する若者の割合は高くなったが、上述のような恵まれた機会を利用しようとしないで、大学を卒業できない者も多い。また、女性が男性と同様に大学で学べるようになってからまだ百年も経っていないが、現在、男子学生の割合が40％弱なのに比べて、女子学生は60％強を占めている。女子学生がほとんどの専門分野で多数を占めており、男子学生が多数であるのはコンピューターサイエンス、工学、土木学のような専門分野だけである。スロヴェニアは１９９９年のＥＵによるボローニャ宣言の調印国の一つとして、大学レベルの教育を三段階に分けている（３年制の学部、2年制の修士課程、そして3年制の博士課程）。ボローニャ宣言に基づくプログラムの卒業証書によって、欧州地域内での教育水準や技能水準の比較が効率よくできるようになり、労働市場の競争性がそれにより高まったとされる。ボローニャ改革により、欧州地域にある大学への短期・長期留学の可能性が増え、学生が一学期または一学年にわたり、国外の大学に留学することが多くなった。一方スロヴェニアに留学に来る学生も増えている（エラスムス・プログラム）。

20世紀の初め、児童の大半はいわゆる国民学校には通うことができたが、中等教育を受けられたのはそのわずか一部だけだった。20世紀の中葉、教育政策の重要な課題は、いかに多くの生徒に中等教育の機会を与えるかということであった。20世紀末では教育政策の目標は、中等教育を終えた生徒の大半をいかに、高等教育機関に導くかになる。この百年で、スロヴェニアが学校教育において成し遂げた飛躍は著しい。20世紀末にスロヴェニアで授与された博士号の数が、同じ20世紀初めのギムナジウムのバカロレア卒業証書の倍であることは飛躍の証であろう。

（アレシュ・ガブリチ／アンドレイ・ベケシュ訳）

42

余暇とスロヴェニア人

★「豊かな自然」がキーワード★

美しい自然に囲まれ、海も山も手の届くところにあるスロヴェニア人は、アウトドア・スポーツに熱心な人が多い。特に、登山とスキーは国民的スポーツと言って良いだろう。

登山は一年を通して、老いも若きも参加できる余暇の過ごし方で、週末は必ずというように標高500～600メートル級の小山に登って朝の数時間を過ごす人たちから始まって、子供連れの家族、学生や職場の仲間たち、中高年のグループなど、各地の山はさまざまな人たちで賑わっている。スロヴェニア登山連盟の調べでは、スロヴェニア全国に散在する179の山小屋には、一年を通して延べ140万人の訪問客があるという。最高峰は2864メートルのトリグラウだが、その「三つの頭」の姿はスロヴェニア共和国の紋章にもなっており、スロヴェニアのシンボルとも言える。登頂には、いつかのルートがあるが、その中には初心者でも登れるようなルートがあり、しっかり整備されている。

2015年現在、スロヴェニアの全人口のうち2・65%の5万4574人がスロヴェニア登山連盟の会員だそうで、この連盟のもとに、各地方、各市町村、各学校や会社などの小さい登

第42章

余暇とスロヴェニア人

山クラブまで、287のグループが登録されている。2005年現在で、1500人近くがこの連盟に正式なスロヴェニアの登山ガイドとして登録されており、10人ぐらいの規模の小グループでも、気軽にガイドを雇って半日程度のハイキングから数日間の山登りを楽しむことができる。スロヴェニア全国には全長1万キロメートル強に及ぶ計1974本の山道が整備されているそうである。

ヨーロッパアルプスの東の端に位置するスロヴェニアでは、積雪量も多く、冬はスキーが昔から盛んである。スロヴェニアスキー連盟が結成されたのは1920年で、1924年にシャモニーで開かれた初めての冬季五輪にも、スロヴェニア出身の選手が参加している。現在、スキー連盟は全国230のスキークラブをまとめている。リュブリャナなどの都市に住む者でも、スキー場情報をこまめに確かめ、ちょっとした時間の余裕を見つけては日帰りでスキーを楽しむことができる。この数十年というもの、日本からもスロヴェニアに長期滞在してスキーの練習に励んでいるプロ級の人たちがいる。オーストリアとの国境のクランスカ・ゴラなどは、一時、オーストリアやスイスなどに比べて生活費も安くて済み、トレーニングには格好の場所だったようだが、最近はどうだろうか。

夏のサッカー観戦に対して冬の間はほとんど国民的スポーツといっても良いぐらい、スキーの観戦が盛んで、スロヴェニアから若いスキー選手が続々とヨーロッパおよび世界選手権に登場している。今年(2017年)のジャンプ競技のプレヴツ三兄弟などを見ると、昔から雪が多い地方では、家族や共同体が一丸になってスポーツの伝統を育んでいる様子がうかがえる。また、40歳を過ぎてもスキージャンプを続ける日本の葛西紀明選手は、広くスロヴェニアの人たちに知られ、羨望のまとになっている。

夏場には、山の方へドライブすると、緑の森や青い空を背景に各色のパラグライダーが舞っている

パラソルが立ち並ぶポルトロシュのビーチ［提供：Ubald Trnkoczy/Slovenian Tourist Board］

姿を見かける。小さい飛行場では、グライダーやセスナの操縦を習う人も多く、山間の清流ではカヌー、カヤックなどを楽しむ人たちもいて、川沿いの村の民宿は満杯である。また、清流といえば、余暇の過ごし方として釣りも盛んで、人気《ひとけ》の少ない山間の川に膝の上まである長靴を履いて入っていって釣りを楽しんでいる姿を見かけることもある。

余暇を十分に楽しむためには、休暇の長さも重要である。スロヴェニア人の休暇の取り方は日本と比べればかなり贅沢と言えるだろう。現在、スロヴェニアでは少なくとも20日間の有給休暇が取れるが、2～3週間を夏休みに、その他は冬のスキーなどに当てる者が多い。

休暇を海で過ごしたい人は、ヨーロッパのもっと北のほうから夏の太陽を求めて押し寄せる多くの観光客の動向をうかがいながら、できればその車やキャンプカーの波に巻き込まれることなく目的地に移動したい。スロヴェニアのアドリア海に面した海岸線は、わずか47キロほどで、北はイタリアへ、南はクロアチアへと続いている。多くのスロヴェニア人は、スロヴェニアから南に続くクロアチアのイストリア半島や、さらにその南のダルマツィアへと続く海岸に出かける。以前はユーゴスラヴィアという一つの国だった頃からの夏の過ごし方である。海水浴だけではなく、ダイビングやウインドサーフィン、そしてヨットやボート、カヌーなどを楽しむ者が多い。また、夏のアドリア海は日が長く、まさにアルプスの南側にあたる太陽の恵みを存分に含んだ食べ物や飲み物を楽しみながら、野外に遅くまで集うのである。

休暇は必ずしも海で過ごすとは限らない。やはり山がいい、というスロヴェニア人も多く、山の斜面に、またはバスや車もあまり通らないような谷の奥に別荘を建てて、そこでの自然とのふれあいを楽しみにする人も多い。キノコ狩り、野山の果物狩り、散策や山スキーなど、忙しい毎日から逃れるのに素晴らしい環境がそこに待っている。

これは現在、世界的な傾向かもしれないが、休暇や週末以外の日常でも朝夕にジョギングやサイクリングを励行している人を見かける。ジムやスポーツクラブなども数多くあるが、スロヴェニアでは以前からいわゆる「武道」が盛んである。柔道や空手は、社会主義の1950～60年代から若者の間で盛んに行われていたようで、たとえば柔道は、スロヴェニア全国に78のクラブが登録されており、そのメンバーは4000人以上とのことである（2015年現在）。仕事や通訳などの折にお会いする親日家が「若いころ柔道をやっていた」と明かしてくださる場面にも何回か遭遇している。最近は剣道や忍術（!）のクラブもあると聞く。

首都のリュブリャナ市や、スロヴェニアで2番目に大きいマリボル市も世界の大都市に比べればかなり小規模な町だが、劇場やコンサートホールがあり、文化行事も豊富である。夏休みが終わり、学校の新学年が始まると同時に、コンサートや演劇のシーズンが始まる。博物館、美術館なども、最近は次々に増築や修理を進め、余暇を過ごす心地よい空間を提供している。

（重盛千香子）

43

名前と姓

★起源の多様性★

人類とイルカだけが、個体を識別するために個人の名前を持つ動物だそうである。スロヴェニア人も人類の一員であり、ゆえに個人の名前を有している。いつ、どのようにして最初の名前が現れたのかは明らかではないが、現在ではスロヴェニアに暮らす誰もが自らの名前を持っている。

多くの文化圏において、名前は外部から個人を識別するための標識であるだけでなく、自身の内面を表現するものでもある。例えばユダヤ教の伝統においては、「あなたは、あなたの神、主の名を、みだりに唱えてはならない」と言われている。これは、名前がそれを持つ者の、内的性質を反映したものと考えられていたことによっている。例えばかつての日本で伝統的に、個人の出世や地位の変化といった個人の生活の変化を反映して、名前が成長するにつれて変えられていったのも、この点ゆえである。キリスト教世界においては、この習慣はローマ教皇の命名に見ることができる。教皇に選ばれた者は、新しい名前を名乗ることになっている。

名前は、ある個人の人格の要素として考えられているわけだが、現在では一般の人々は名前を変えることは普通ない。ただ、

第43章
名前と姓

スロヴェニアでは、望むのならば公式に個人の名前を変更することも可能である。

現代のスロヴェニア人の名前は、二つの要素の組み合わせからなっている。すなわち、「名前（イメ）」と「姓（プリイメク）」である。長い間、村のような集団の内部では、一つの名前、すなわちファーストネームだけで、個人を区別するには十分だった。しかし集団が大きくなり、人々がより大きな町に暮らすようになるに従い、さらなる分別の必要性が生じた。これは普通、ある種のニックネームの助けを借りてなされた。こうしたニックネームが、代々受け継がれるようになり、父から息子に伝えられるようになると、それは「姓」と呼ばれるものに変わっていった。

姓の発展の過程は、ゆっくりとした、何世紀にもわたるものだった。イタリアでは姓は9世紀に現れたが、ロシアやスカンジナヴィアでは、姓が出現したのは18世紀末ないし19世紀に入ってからのことだった。日本も同様で、姓の多くは、明治維新後の19世紀に起源を持っている。イタリアに近いこともあり、スロヴェニア人の諸領域では、姓の出現はかなり早く、すでに13世紀には見られている。しかし姓が法的に規定されたのは、1780年、神聖ローマ皇帝ヨーゼフ2世の時代のことだった。

姓が出現する前のニックネームは、多くの場合、職業、仕事、個人の性格、身体的特徴、癖、ルーツ、出生地などに基づいたものだった。スロヴェニアの農村部では、いわゆる「屋号」が特別な重要性を持っていた。これは、世帯や農場に対し、所有者の本当の姓とは無関係に付与されるもので、所有者が変わっても「屋号」は、そのまま維持された。この伝統は、しばしば今にも続いている。

今日の個人の名前は、その両親、あるいはその子供の守護聖人によって与えられる。今日では、両親により、伝統、宗教、政治といったことから、あるいは特に現在では流行や、オリジナリティを持たせることなど、さまざまな要素を勘案して、名前が選ばれる。歴史的には、宗教的要素が最も重要であったと思われる。8世紀にキリスト教に改宗してからは、スロヴェニア人がスラヴ的な名前を用いる頻度は減少し、キリスト教の名前が用いられるようになった。16世紀のトリエント公会議の後には、教会が、キリスト教の聖人にちなんだ名前を命名する権利を独占するようになった。ゆえに、基本的に誰もがキリスト教の名前を持つことになったのである。今日まで、スロヴェニアにおいて最も一般的な名前は、男性は、フランツ（Franc, フランシスクスに由来）、ヤネス（Janez, ヨハネスに由来）であり、女性は、マリヤ（Marija）、アナ（Ana）である。

多くの人が、名前の「意味」に興味を持つが、名前の「意味」は、特定の名前が使われ始めた際に重要だった要素にすぎない。現代的な観点から見れば、名前には意味は存在しない。名前は、個人を識別する機能だけを持つのである。しかし、スロヴェニアで一般的な名前の由来を探ってみれば、その多くがキリスト教と結びついており、その名前の起源がヘブライ語、ギリシャ語、ラテン語、ゲルマン語にあることがわかる。ヘブライ語に由来する名前としては、聖書に現れる名前でもある、アダム（Adam）、エヴァ（Eva）、エリザベタ（Elizabeta）、アナ（Ana）、ヤコプ（Jakob）、ヤネス（Janez）、ミハ（Miha）、サラ（Sara）、スザナ（Suzana）などが挙げられる。ギリシャ語起源で一般化した名前は、アントン（Anton）、アウグスト（Avgust）、ユリヤ（Julija）、マルティン（Martin）、ナタリヤ（Natalija）、プリモシュ（Primož）、マクシミリャン（Maksimiljan）、レナタ（Renata）、シルヴァ（Silva）、ウルバン（Urban）、ウルシャ（Urša）などである。また、ゲルマン語に由来する名前として、アルベルト（Albert）、ベルナルト（Bernard）、エドヴァルト（Edvard）、ルドヴィク（Ludvik）、オトン（Oton）、ジガ（Žiga）がある。

第43章
名前と姓

今日のスロヴェニアでは、スラヴ起源の名前もかなりの割合に上っている。ミラン（Milan）、ブランコ（Branko）、ボヤン（Bojan）、オルガ（Olga）、イゴル（Igor）、ドゥシャン（Dušan）、ボリス（Boris）、モイツァ（Mojca）、ナダ（Nada）、ズデンカ（Zdenka）、ヴラディミル（Vladimir）、ミラン（Miran）、ダルコ（Darko）、ウロシュ（Uroš）、ヴェスナ（Vesna）などに代表されるおよそ100以上の名前は、キリスト教の名前が規範的であった200年前と比較すれば、はるかに高い頻度でみられるものとなっている。

命名にあたっての流行の変遷は、統計データからもうかがい知ることができる。今日まで、スロヴェニアにおける最も一般的な名前は、男性はフランツ、女性はマリヤであった。しかし、これらの名前は統計上は最も一般的な名前であるが、若者でフランツとかマリヤの名前を持つ者は、実質的にはもはや皆無である。1990年から2016年の間に、最も人気のあった名前は、男性はルカ（Luka）、女性はアニャ（Anja）ないしエヴァである。過去15年の間、この他の最も人気のあった名前は、男性はヤン（Jan）、ニク（Nik）、ジャン（Žan）、ネイツ（Nejc）であり、女性はニカ（Nika）、サラ（Sara）、ララ（Lara）、アナであった。

ファーストネームの人気が、流行に応じて変化するのに対して、人々の姓はより安定したものである。姓の起源は、当然ながら多様性に富んでいる。始めは、高い地位にある少数の者だけが姓を持っており、村に暮らす普通の農民には、一つの名前だけで十分であった。姓は貴族の間で、相続上の理由から発展した。ヴェネツィアに代表されるイタリア北部の都市国家では、ある個人が死去した後にも、租税と負債がその相続人によって支払われることとなっていた。もし名前が個人だけに帰属するものであれば、名前もその個人と一緒に死んだと同然になってしまう。ゆえに、相続される名前、すなわち姓が考え出されたのである。いかなる名前も、その息子によって相続されれば姓となり得た。その息子は、父の負債を支払う義務を負ったのである。

農村部では、主として同じ名前を持つ者を区別するために、追加の名前が用いられていた。ある村や町に、同じ名前を持つ者が複数いた場合、その職業、地位、仕事、あるいは何らかの個人の特質やルーツを持つ土地に応じて、同名の人々を区別した。しばしば、同名の人々は家族関係によって区別された。アンドレイの息子のペテル、ガシュペルの娘のカタリナ、といった風にである。

人口が増加すると、こうした個人の区別の仕方では不十分になり、それは父から子に継承されるものになった。よって、とある鍛冶屋（スロヴェニア語でコヴァチ kovač）の息子や孫が、もはや鍛冶屋ではなくなっても、ヤネス・コヴァチ、ミハ・コヴァチのように呼ばれ続けた。貴族に続いて、大都市の市民層にも姓が広がったが、農民層、とりわけ召使いや家政婦などが姓を用いるようになったのはかなり最近になってからだった。スロヴェニア諸地域では、14世紀を通して姓の使用はまだまれだったが、16世紀までにはかなり広がった。プリモシュ・トルバルの時代には、姓はすでにかなり広く用いられていた。

スロヴェニア人の姓の由来は、およそ以下のように分類できるだろう。

ⓐ個人の名前やその変化した形。例えば、ペトリッチ（Petrič, ペテルの息子）、ユルチッチ（Jurčič, ユレの息子）、アダミッチ（Adamič, アダムの息子）など。

ⓑ職業。例えば、コヴァチ（Kovač, 鍛冶屋）、シュシュタル（Šuštar, 靴屋）、クラマル（Kramar, 行商）、コ

ヴァチッチ（Kovačič, 鍛冶屋の息子）、ジダル（Zidar, 建築者）など。

ⓒ地名に由来するもの。例えば、コロシェツ（Korošec, コロシュカに由来）、クランツ（Kranjc, クランスカに由来）、ホルヴァト（Horvat, クロアチアに由来）、フリバル（Hribar,「山」に由来）、ドリナル（Dolinar,「谷」に由来）など。

ⓓ個人の特定の資質に関するニックネームに由来するもの。例えば、デベラク（Debelak, 太っちょ）、ザイェツ（Zajec, ウサギ）、ヴォルク（Volk, オオカミ）、シェティナ（Šetina, 毛むくじゃら）、ゾベツ（Zobec, 出っ歯）など。

スロヴェニアにおいて最も多くみられる姓は、現在でもノヴァク（Novak）である。これは、「新しい」を意味する語 **nov** に由来しており、職業由来の姓に分類されるものである。どういうことかというと、ノヴァクは、開墾のための新しい肥沃な土地を得た者をさす名称なのである。英語なら **John Smith** と **Jane Smith**、日本語なら山田太郎と山田花子にあたるものは、スロヴェニアでは、ヤネス・ノヴァク、マリヤ・ノヴァクである。

過去25年にわたり、スロヴェニアで最も人気のある男性の名前は、ルカである。この名前はちょうど偶然に筆者の名前でもあるので、最後にこの名前の起源を説明しよう。ルカは、ラテン語の名前ルカス（Lukas）に由来している。この名前は、ある説によると、ルカヌス（Lucanus）という名前の短縮形ということである。ルカヌスは、南イタリアのルカニア地域の出身者を意味する。別の説によると、ルチウス（Lucius）やルチア（Lucia）と同様に、「光、輝き」を意味するラテン語の単語 **lux**、**lucis** に由来しているという。また、新約聖書には、聖パウロに同行した福音記者、聖ルカがあらわれる。聖ルカは、『ルカによる福音書』および『使徒行伝』の著者とされる人物で、日本語表記では、「路加」とも書かれる。聖ルカは医者であったと伝えられ、医者、製本業者、金細工職人、芸術家、画家などの守護聖人となっている。スロヴェニア人地域では、ルカス（Lukas）の名前が、14世紀に文書に初めて現れている。ルカの名は、例えば「流花」のような形で、ときに日本でも女性の名前として用いられるので、すぐに覚えられるだろう。

（ルカ・ツリベルク／山崎信一訳）

44

メディア

★政治的・経済的影響による変遷とその現状★

スロヴェニアにおけるメディアは、スロヴェニアが旧ユーゴスラヴィアの一部であったときから独立して今日に至るまで、政治的・経済的な要因に影響を受けながら発展してきた。

1928年に設立された「ラジオ・リュブリャナ」に加え、第二次世界大戦後の1950年代のユーゴスラヴィアでは、独自の自主管理社会主義体制を目指し、民主化・自由化・連邦構成国への分権化が進められていく中で、スロヴェニアにおける現在の主なメディアの前身となる組織が誕生していった。1951年、スロヴェニア解放戦線が母体となって『リュブリャンスキ・ドネウニク』(現『ドネウニク』紙)が創刊され、1959年には、記者組合に端を発する『スロヴェンスキ・ポロチェヴァレツ』と『リュツカ・プラヴィツァ』の2紙が合併し、『デロ』紙が初めて発行された。また、1958年には、ユーゴスラヴィア国営放送の支局として「テレビ・リュブリャナ」が創設され、「ラジオ・リュブリャナ」とともに「RTVリュブリャナ」として統合された。

その後、60年代半ばには、自由化政策に反対し続けてきたランコヴィチ・ユーゴスラヴィア副大統領が解任されたことから

スロヴェニアの日刊紙

自由化に拍車がかかり、メディアにおいても国内の検閲規制の緩和や西側諸国の新聞や出版物へのアクセス等が進められることになった。この流れと平行して、「RTVリュブリャナ」はスロヴェニア内にマリボル支局（1968年）、コペル支局（1971年）を次々と開設し、放送網を着実に広げていった。

1980年代後半に入ると、多くの活字メディアは、国の財政支援に加え、紙の割引価格や日刊紙への一律販売価格の適用等の政府からの支援が打ち切られることになる。このため、大多数の活字メディアは市場競争の中で自ら収入を得なければならず、自由主義的な市場ルールがメディアにおける支配的な考え方となっていった。

一方、国営放送だった「RTVリュブリャナ」は1990年に「RTVスロヴェニア」に改称し、独立後の1994年には公共放送となった。

1991年6月、スロヴェニアがユーゴスラヴィアからの独立を宣言すると、議会制民主主義・市場経済が導入され、様々な規制緩和が実行に移されたものの、メディア政策では将来への戦略が曖昧であり、政府にとって「メディアの所有権をどうするか」、「メディア関連法制を早急に制定し、メディアを管理すること」がもっぱらの関心事項であった。このため、民営化プロセスが進む一方で、メディアの多くは直接的、間接的に政府の影響を受けることになった。

1994年、ドルノウシェク中道左派政権下で初めて制定されたメディア関連法制では、新規放送メディアの許認可に関する規定が設けられ、それを所掌する機関が設立されたものの、割り当て可能な周波数がすでに限られていたことやメディアの所有関係が複雑であったことから、同機関の運営には設立当初から困難を伴った。このような状況下ではあったが、1995年には、初の外国資本(CME Media Enterprises)によってプロ・プラス社が設立され、同社は商業放送チャンネルとして「POP TV」をスタートさせた。

一方、活字メディアの所有権問題では、日刊紙は外国資本への売却は禁止されるべきであるという考え方が国内で優勢であったことと、スロヴェニアの活字メディア市場が新規参入のメディアにとって成功しにくい環境であったこと、旧活字メディアが財政面において脆弱であったことから、2000年代まで活字メディアへの外国資本の参入は皆無で、政治的野心を抱いた国内の所有者による寡占を招くこととなった。

2001年に改正されたメディア関連法制では、メディア所有権の寡占を防ぐため、メディアの多様性を守る規定が加えられた。

2004年に政権を握ったヤンシャ中道右派政権の下で行われた2006年のメディア関連法制改正では、「修正の権利」(Right of Correction)が導入されたが、これはメディアによって発表された情報に対して修正の要求ができるという権利であり、メディアの独立性という観点から、2008年に政権を握ったパホル中道左派政権によって問題視され、メディア関連法制の見直しが検討されることとなった。

これまで見てきたように、スロヴェニアのメディアは、ユーゴスラヴィア時代に前身となる組織が生まれ、その後はときの政権によって度重なるメディア関連法制の改正が行われ、大きく左右されながらも民主化・民営化の道を歩んできた。現在では、メディアの独立性や自由に関心が集まっている。

現在、スロヴェニアでは1800以上のメディアが登録されており、その広告収入規模は7億6091万ユーロにのぼる（2013年スロヴェニア文化省調べ）。内訳はテレビが約73％、新聞等の活字メディアが約15％、その他（屋外広告・ラジオ・インターネット等）が約12％であり、最も広告収入が多い上位5社は、放送メディアの2社（公共放送のRTVスロヴェニア、「POP TV」や「Kanal A」を有するプロ・プラス社）、および活字メディアの3社（日刊紙『デロ』紙、『ドネウニク』紙、『ヴェチェル』紙）である。なお、5年前の統計と比較して広告収入が伸びているメディアはテレビ（14％増）やインターネット（9％増）である一方、活字メディアは年々減少の一途を辿っている（6％減）。

公共放送RTVスロヴェニアのテレビ部門は、三つの全国チャンネルに加え、マリボルとコペルに二つの地方局を有しており、ラジオ部門では国際放送を含め6チャンネルで放送している。同局は公共放送として中立性を保ち、幅広い番組内容で視聴世帯数は60万世帯にのぼり、スロヴェニア語のほか、イタリア語・ハンガリー語・英語による放送を行っている。また、プロ・プラス社が運営する「POP TV」はスロヴェニア最大の民放局で、2008年には、視聴者が選ぶ最も信頼できるテレビ局に選ばれており、プライムタイムにおける平均視聴率は30％を超えるほどである。

活字メディアでは、日刊紙を発行する「デロ」、「ドネウニク」（以上、リュブリャナが拠点）に加え、「ヴェチェル」（マリボルが拠点）が主要3社である。いずれも日刊紙のほかに専門誌や生活情報誌等を発行しており、中でも「デロ」が発行する日刊紙『スロヴェンスケ・ノヴィツェ』はスロヴェニアで最も購読者が多い。しかしながら、年を追うごとに発行部数は減少傾向にある。通信社では1991年に設立された「スロヴェニア通信」（ＳＴＡ）が世界各国の主要通信社と業務提携を締結しており、様々な分野のニュースをスロヴェニア語と英語で配信している。

また、近年の急速なインターネットの普及に伴い、スロヴェニアにおいてもオンラインメディアの成長が顕著である。とりわけ、「24ur.com」（プロ・プラス社）、「siol.net」（Planet9）、「rtvslo.si」（ＲＴＶスロヴェニア）の三つのサイトが最も良く利用されている。

（大橋裕直）

Ⅶ

言語・文化

45

スロヴェニア語

★背景と特徴★

スロヴェニア語は英語、ロシア語、イタリア語などと同様、インド・ヨーロッパ語族に属し、南スラヴ語の一つである。南スラヴ語の連続体の中でもっとも西北に位置している。北はゲルマン語圏（ドイツ語）、西はロマンス語圏（フリウリ語、イタリア語）、東はウラル語（マジャール語）圏、南は南スラヴ語圏（クロアチア語）に接している。接触地域の方言にはそれぞれの言語圏の影響が、音声、語彙、統語において見られる。

話者人口は約250万、そのうち大半（200万弱）がスロヴェニア国内にいる。イタリア、オーストリア、ハンガリーには、スロヴェニアとの国境沿い地域にスロヴェニア語話者がいる。また、西欧、北米、南米、オーストラリアに移民したディアスポラの間でも、スロヴェニア語が用いられている。

スロヴェニア語は1991年の共和国独立後、公用語と制定され、2004年5月以降EUの24の公用語の一つとなる。

スロヴェニア語の成り立ちは、スラヴ人の、東アルプスとアドリア海に挟まれた地域への定住とともに始まる。後のスロヴェニア語と共通する多くの特徴を有するもっとも古い記録は、紀元後10世紀前後に成立したとされる、いわゆるフライジング写本（第5章を参照）、カランタニア公国でもちいられたスラヴ語で書かれた説教などの宗教的な内容の文章である。中世以降スロヴェニア語の形成の中心はカリンティア（ドイツ語名ケルンテン）ではなく、サヴァ川を挟んで広がる上カルニオラ、下カルニオラ地域に移った。宗教改革の波に乗って、下カルニオラ出身のプロテスタント牧師プリモシュ・トルバルが16世紀半ば、教理問答書をスロヴェニア語で出版したのが、スロヴェニア文章語の始まりである。ただし、トルバルにとってのスロヴェニア語話者は「イストリアの人」、「クロアチアの人」も含むので、その当時の「スロヴェニア」語の概念はむしろ、北西地域の南スラヴの間で話されたスラヴ語を指し、決して現在のスロヴェニア語と一致しているわけではない。ただし、トルバルが始めた事業はその後、ボホリッチによるスロヴェニア語文法、ダルマティンによる聖書の完全翻訳などに続く。こうして、反宗教改革の激しい弾圧によっても止めることができなかったスロヴェニア文章語の形成プロセスが始まったのである。その活動の中心が後のスロヴェニア地域の核を形づくることになる。

宗教改革者で、スロヴェニア文章語の創立者と褒め称えられているプリモシュ・トルバル牧師

中世の間は狭い居住地域に求められたアイデンティティが次第に変化し、19世紀には、イリリア運動をはじめと

して、より広い地域へのアイデンティティに基づく民族形成運動が起こる。スロヴェニア語が話されていた諸地域においては、言語や文化を共有し、アルプスとアドリア海に挟まれたハプスブルク帝国の地域を指す、現代の意味でのスロヴェニアという概念が現れた。1848年の「諸国民の春」には、それが「統一スロヴェニア」――ハプスブルク帝国内のスロヴェニア語とスロヴェニア文化を共有する人たちの地域を、従来のいくつかの州に分けられていたという状況に代えて、一つの行政単位にする――という政治的な要求として掲げられた。19世紀の初めから、新聞、雑誌、出版物などのメディアを通じて形成され始めた標準スロヴェニア語は、19世紀半ばから文章語としても広く普及した。文学作品がスロヴェニア語で書かれ、その数は飛躍的に増えていく。第一次世界大戦後に建国されたユーゴスラヴィア王国のもとで1929年から、スロヴェニア語地域はドラヴァ州としてまとめられ、スロヴェニア語が公用語となる。ただし、イタリア領となった沿海地方、オーストリアに組み込まれたカリンティア（スロヴェニア語名コロシュカ）のスロヴェニア人は蚊帳の外に置かれたのである。

スロヴェニアは山が多いだけに、国土が狭いにもかかわらず、言語が七つ（八つという見方もあるが）の大きな方言グループと約50の下位方言に分かれている。その細分化はスラヴ語の中でももっとも凄まじいといわれる。方言差の大きな日本に比べても、さらに大きい。

標準スロヴェニア語は現在は、言語計画を担う機関として、スロヴェニア科学芸術アカデミーが正書法、文法、発音の標準化を司っている。コーパス（言語を分析する際の対象である膨大な言語資料）研究の最新のノウハウを用いて、決定プロセスは一時代前のそれと比べて、きわめて科学的である。ウェブサイトでスロヴェニア文章語辞典（ＳＳＫＪ）やメディア、文学作品、会話のデータを基にした大型コーパスが公開され、だれでも簡単に用法を確認できる。

スロヴェニア語の顕著な特徴として双数がある。インド・ヨーロッパ語族では同じスラヴ語のソルブ語、スコットランド・ゲール語、そしてそれがすでにほとんど消えてしまったリトアニア語と並んで、ものが一つである場合に用いる単数、多い場合に用いる複数の他に、ものが二つある場合に用いる双数である。しかし、一部の方言、または日常会話言葉ではこの区別はなくなりつつある。

日本語に比べて、母音の数がやや多いのもスロヴェニア語の特徴だろう。音素としては半母音の他に、日本語のエに近い /e/ とエとアの間にある /ɛ/、そしてオに近い /o/ とオとアの間にある /ɔ/ を発音上では区別するが、綴り方では区別しない。ウの発音は日本語と異なり、唇を丸めて発音する。アの発音は日本語とほぼ同じ。子音の数は日本語とそれほど変わらないが、タ行の t͡s（c と書く）、t͡ʃ（č と書く）、鼻血の「ヂ」にあたる d͡ʒ（スロヴェニア語アルファベットにはそれを表す個別の文字はない）は日本語のヂ、ジに比べて、異音ではなく独立した音素で、分布が自由である。ハ行の子音に当たる x（h と書く）は日本語に比べて、調音の位置がカ行の子音に近い。日本語にないのは ʒ（ž と書く）で、フランス語のボンジュールのジュの発音と同じである。

スロヴェニア語は他のスラヴ語と同様、名詞や形容詞の格変化、動詞の活用が豊富である。さらに、双数もあるので、覚えなければならない形式は他のスラヴ語に比べて50％ほど多い。加えて、名詞の格変化においても、動詞の活用においても、例外が英語の不規則動詞と比べものにならないほど多い。とはいっても、通常使うのはその中の一部、格では例えば、「が」格に当たる主格、「を」格に当たる対格なので、日本語話者にとっても学習はそれほど困難ではない。

また、スロヴェニア語はＳＶＯ（語順が主語、動詞、そして目的語となる）言語と言われるが、実際の会話や文章では、語順は文脈、とくに主題、新情報・旧情報によって司られ、日本語のように、述語が文末に来るという制約もないので、かなり自由である。

他のスラヴ語やドイツ語などと同様、日本語の取り立て助詞、係り助詞に当たる談話助詞も多い。スロヴェニアの日本語学習者に日本語の助詞を説明するには便利だ。談話助詞はまた、スロヴェニア語研究におけるもっともホットな課題の一つでもある。

最後に、文字表記についてふれると、19世紀半ばからチェコ語に由来するいわゆるガイツァ、すなわちガイ式ラテン・アルファベットという改造ラテン・アルファベットが用いられている。スロヴェニア語では、č（チュ）、š（シュ）、ž（ジュ）という三つの特別文字を用いるが、英語で用いられるq, y, w の文字は用いていない。

（アンドレイ・ベケシュ）

46

文学①

★プレシェレンと詩人たち★

スロヴェニア語による文学が本格的に開花するのは19世紀ロマン主義の時代である。その先駆者にして最大の詩人と評されるフランツェ・プレシェレン（France Prešeren、1800〜1849）は、「祝杯 *Zdravljica*」（1844年）の一節がスロヴェニア国歌となっていることでもよく知られている。現在のオーストリア国境にほど近い小村に生まれ、聖職者となることを望んだ親の意に反してウィーンで法学を修める。ヨーロッパ的知の巨人であった親友マティヤ・チョップ（Matija Čop、1797〜1835）の助けを得ながら、西欧詩の詩形をスロヴェニア語に導入したその作品はすでに高い完成度に達しており、スロヴェニア文学の近代化に大きく寄与した。代表作の一つ、「ソネットの花環 *Sonetni venec*」（1834年）は、14行から成る伝統的な定型詩、ソネットを連続させる高度な技法がそのまま題名となっている。各ソネットの最終行が次のソネットの第1行となって14のソネットが連ねられ、祖国スロヴェニアと恋い焦がれた女性、そして詩への想いが美しく歌い上げられる。末尾には各ソネットの第1行を並べて生まれたもう一つのソネットが配置されているが、その各行の最初の文字はさらに

ユリアのレリーフ

フランツェ・プレシェレン

「PRIMICOVI JULJI（ユリア・プリミッツに捧ぐ）」という折句《おりく》を形成する巧妙な構成となっている。詩人の女神《ミューズ》、叶わぬ恋の相手であったこのユリア・プリミッツをプレシェレンは今際《いまわ》の際まで忘れ得ず、現在リュブリャナの中心にあるプレシェレン広場に聳えるその像が見つめる先には、レリーフとなった彼女がかつての住まいから顔をのぞかせている。

スロヴェニア語の統一が進み、愛国心やスロヴェニア民族としての自覚を促す文学が主流であったロマン主義の時代を経て、19世紀末「スロヴェニア・モデルナ」と呼ばれる黄金期を迎える。4人の詩人、ドラゴティン・ケーテ（Dragotin Kette、1876～1899）、イヴァン・ツァンカル（Ivan Cankar、1876～1918）、オトン・ジュパンチッチ（Oton Župančič、1878～1949）、ヨシップ・ムルン（Josip Murn、1879～1901）で知られる近代詩は、世紀末の西ヨーロッパで流行していた退廃的、唯美的美学によって特徴付けられる。

中でもイヴァン・ツァンカルは1991年に独立したスロヴェニアで使用されていた通貨トラルの最高額紙幣、1万トラル札の肖像に描かれていたことからもうかがえるように、スロヴェニア文学最大の作家の一人と見なされ、文学史において「スロヴェニア・モデルナ」はその処女詩集『エロティカ *Erotika*』（1899年）に始まり、彼の死（1918年）をもって終わるとされる。1876年、スロヴェニア近郊の村ヴルフニカの貧しい仕立屋一家に生まれたツァンカルは、中等教育を受けたリュブリャナ時代に詩を書き始め、ここで後に「モデルナ」を共に担う他の3人の若き詩人と交わる。高校卒業後、大学で学ぶために当時スロヴェニアが属したオーストリア＝ハンガリー帝国の首都ウィーンへ赴き、短い中断を挟みながら10年余りにわたって当地で生活した。学業は早々に放棄し、文筆のみで生計を立てたツァンカルは、スロヴェニア初の職業作家でもある。デビュー作『エロティカ』は、カトリックの道徳が支配的であった当時のスロヴェニアにおいてその性的な表現が問題とされ、怒りに燃えた当時のリュブリャナ大司教が能う限り詩集を回収し焼却するという曰く付きの作品となった。以後ツァンカルは戯曲、散文に力を注ぎ、主要な作品はウィーン時代に執筆されている。最初の長編小説『異邦人 *Tujci*』（1901年）では、芸術的理想と故郷の保守的な価値観、無理解の狭間で苦しむ作家の姿が主人公の芸術家に投影されている。ウィーンで彫刻を学んだパウレは、当地で吸収した最新の芸術様式がリュブリャナでは非愛国的で破壊的だとし

イヴァン・ツァンカル

て非難され、絶望と困窮の内にウィーンで自死を選択するに至る。

1991年に史上初めて独立を果たしたスロヴェニアの日本におけるイメージは、それ以前に属していたユーゴスラヴィア連邦と結び付いているかもしれないが、1918年にユーゴの母体である「セルビア人・クロアチア人・スロヴェニア人王国」を形成するまで、現在のスロヴェニア共和国を成す領域は13世紀以来ハプスブルク家の下、中欧カトリックのドイツ語文化圏にあった。オーストリア＝ハンガリー帝国崩壊直後の1919年にリュブリャナ大学が創設されるまで、スロヴェニアの知識人や芸術家はドイツ語を習得し、主にウィーンで高等教育を受けてきた歴史があり、ハプスブルク帝国の公用語であったドイツ語の教養も軽視することはできない。第一次大戦によって帝国が瓦解するまで、スロヴェニア文学の中核を担った作家たちは並べて高いドイツ語力を身に付けており、プレシェレンも数多くのドイツ語詩を残している他、最初のスロヴェニア語の文芸誌『鐘 *Zvon*』（1870〜1880年）はウィーンで誕生している。

初めロマン主義や写実主義の影響下にあったツァンカルは、ウィーン時代に世紀末美学の一つ、象徴主義に移行するが、そこに同時代のウィーン文壇をリードした「ウィーン・モデルネ」の存在があったことは想像に難くなく、ドイツ語を共通語とする「ハプスブルク帝国の作家」であったからこそ、ヨーロッパ中の情報が集まったウィーンで最新の文芸動向に通じ、スロヴェニア文学を近代へ導き得たともいえよう。ただし、ツァンカルの描く世紀転換期のウィーンは、アルトゥール・シュニッツラー、フーゴ・フォン・ホーフマンスタール等、多くユダヤ系富裕層の子弟に担われた「ウィーン・モデルネ」の描く、耽美で退廃的、ときに陽気な都《みやこ》の姿と鮮やかな対照を成している。代表作の一つ『慈悲の会聖母病棟 *Hiša Marije Pomočnice*』（1904年）では、ツァンカルが住んだウィーン郊外の最下層の人々にのし掛かる社会的不平等の有様が、当時実在した病院で死を待つ子供たちの姿を通して赤裸々に描かれる。立身出世を夢見て帝都に上った諸民族の若者の多くは、中心部を取り囲むリング通りの外に広がるウィーン市街の末端で、やはり帝国各地から出稼ぎにやってきた労働者と共に貧苦に耐えていた。爛熟した文化の徒花を咲かせた帝国末期ウィーンの周縁で、自ら体験した貧民街の生活、そこで目の当たりにする不公正を象徴主義という美学に昇華したツァンカルの文学は、中欧の首都ウィーンなくしては生まれ得なかったもう一つの「モデルネ／モデルナ」である。（三田 順）

47

文学②

★現代スロヴェニア文学★

イヴァン・ツァンカルが世を去る1918年、中欧の大国オーストリア＝ハンガリー帝国が崩壊し、スロヴェニアはセルビア、クロアチアと共にユーゴスラヴィアへ至る別の道を歩み始める。オーストリアからの独立はしかし、多大なる損失をスロヴェニア文化、文学にもたらした。新たな国境線によってオーストリアに帰属することになったケルンテン（ドイツ語）／コロシュカ（スロヴェニア語）地方と、イタリアに奪われたトリエステ（イタリア語）／トゥルスト（スロヴェニア語）は歴史的にスロヴェニア人が住んできた土地であった。ケルンテンの州都クラーゲンフルト（ドイツ語）／ツェロヴェツ（スロヴェニア語）はそれまでスロヴェニア語出版の中心地の一つであり、トリエステは20世紀初頭までリュブリャナを押さえてスロヴェニア人が最も多く居住する都市だったのである。

かつてオーストリア＝ハンガリー帝国唯一の港湾都市として栄華を誇り、先人イヴァン・タウチャル（Ivan Tavčar、1851～1923）の言葉を引きつつ、ツァンカルが「リュブリャナはスロヴェニアの心臓、トリエステはその肺」と讃えたトリエステでは、イタリア帰属後、苛烈なイタリア同化政策が推し進められ、学校教育をはじめ、公的な場でのスロヴェニア語の使用は著しく制限された。1920年、在トリエステのスロヴェニア民族会館が放火された事件は、非イタリア系住人に対する暴力的排外主義の幕開けを告げる象徴的出来事で、このファシズム時代のトリエステに育ったボリス・パホル（Boris Pahor、1913〜）の作品でもしばしば言及されている。

この時期のトリエステでイタリア語の教育を受けたパホルは、イタリア軍に徴兵された後、パルチザン活動に身を投じ、第二次世界大戦末期には政治犯として強制収容所に収容された経験を持つ。その作品の主題は自らの実体験に基づく半自伝的な性格のものが主で、自身の収容所体験を描いた『共同墓地 *Nekropola*』（1967年）はこれまでに15以上の言語に翻訳された代表作である。とはいえ、その評価が高まったのは東西冷戦が終結してからのことであった。第二次大戦後、トリエステに戻ったパホルは本格的な文学活動を始めるが、ファシズム同様、チトーのパルチザンが戦中行った反共勢力の弾圧や強権的な戦後のユーゴスラヴィア体制も批判するその姿勢ゆえ、本国への入国および著作の出版を禁じられもした。皮肉なことに第二次世界大戦後トリエステが最終的にイタリアに帰属することになったがために共産政権の圧力を逃れ、スロヴェニアに対しても批判的な発言が可能であったが、旧ユーゴおよびスロヴェニアの文壇では長く黙殺された。

1990年に『共同墓地』がフランス語に訳され、1991年にユーゴスラヴィアからスロヴェニアが独立を果たすと、1992年にスロヴェニア文学界で最も権威ある「プレシェレン賞」を授与されるなど、80歳を間近にして徐々に公的な評価が高まり、幾度かノーベル文学賞の候補に挙がったとも言われている。21世紀に入っても精力的に作品を発表しているパホルは、まさに生ける現代スロヴェニア文学史とも言える存在であり、今後日本でも紹介の進むことが期待される。

スロヴェニア人の父とドイツ系の母との間にスイスのバーゼルで生まれたロイゼ・コヴァチッチ（Lojze Kovačič、1928〜2004）もまた、国境に翻弄された作家である。父親がスイス国籍を持たないがゆえに、1938年、ユーゴスラヴィア王国時代のスロヴェニアに一家で移住して後、第二言語としてスロヴェニア語を学び始める。大戦中の1944年にスロヴェニア人の父親が亡くなると、姉妹とドイツ系の母はオーストリアの難民キャンプに送られる。コヴァチッチ自身はリュブリャナに留まることを許されたが、秘密警察の監視下に置かれ、獄中生活を強いられたこともあった。その作品は自伝的なものが主で、中でもスイスの幼年時代からの足跡を丹念に描いた3巻からなる長大な自伝小説『移住者たち *Prišleki*』（1984〜1985）はスロヴェニア文学随一の長編作品と言われている。

ドラゴ・ヤンチャル［撮影：Jože Suhadolnik］

現在最も国際的に評価されているスロヴェニア作家ドラゴ・ヤンチャル（Drago Jančar、1948〜）はオーストリア国境にほど近いスロヴェニア第二の都市マリボル出身で、代表作『極光 *Severni sij*』（1984）では、第二次世界大戦前夜、ナチスの影が忍び寄り不穏な空気の漂うマリボルを舞台に、不条理な状況下で実存が脅かされて行く男の姿が描かれる。主題や人物の造形にカフカの影響も指摘される本作はスロヴェニアのポストモダン文学を代表し、これまでに20以上の言語に翻訳されて数々のヨーロッパ内の文学賞を受賞している。戯曲、随筆にも精力的に取り組みながら、２０１０年に発表された小説『あの夜彼女を見た *To noč sem jo videl*』は、その年最も優れた小説に与えられる「クレスニク賞」を受賞した他、２０１４年にフランスの最優秀外国文学大賞に選ばれている。

マーヤ・ハーデルラップ（Maja Haderlap、１９６１〜）は第一次世界大戦後の国境確定時に、現オーストリア南部ケルンテン地方に帰属したスロヴェニア人居住地域出身のスロヴェニア語・ドイツ語二言語作家である。デビュー当初はスロヴェニア語の詩を発表していたが、２０１１年にドイツ語で発表した処女長編『忘却の天使 *Engel des Vergessens*』で「インゲボルク・バッハマン賞」を受賞する。自伝的な本作では、第二次世界大戦からユーゴスラヴィア社会主義連邦共和国の誕生、スロヴェニアの独立へ至る歴史を、ナチス時代にスロヴェニア人であるがゆえに収容所に送られた祖母、パルチザンとして戦い、そのトラウマに苦しみ続ける父、そして戦後のオーストリアで生まれ育った主人公のそれぞれに重ね合わせつつ描き、オーストリアにおける少数派としてのスロヴェニア人のアイデンティティの問題に正面から取り組んでいる。

21世紀に入ると、ユーゴスラヴィア崩壊に前後して各共和国からスロヴェニアに移住してきた人々の二世、三世による「移民文学」が登場してくる。中でも現在文壇の注目を集めている、ボスニアとクロアチアにルーツを持つゴラン・ヴォイノヴィチ（Goran Vojnović、１９８０〜）は映画製作やコラムニストとしての活動の傍ら、２００８年に発表した処女小説『出て行け、チェフール！ *Čefurji raus!*』でいきなりクレスニク賞を受賞する。本作のタイトルにある「チェフール」とは、旧ユーゴ

ゴラン・ヴォイノヴィチ

系の（スロヴェニアにとっては全て南方の旧共和国からの）移民やその子孫に使用される蔑称で、特にセルビア、ボスニア系の移民第二、第三世代の、セルビア語／クロアチア語／ボスニア語を共通語として仲間内で使用する若者たちを指すために使用される。移民を背景に持つ若者たちのアイデンティティの揺らぎや葛藤をセルビア語、ボスニア語の入り混じった口語を駆使して活き活きと描いた本作は、２０１３年にヴォイノヴィチ自らが監督を務め映画化された。長編第二作『故国ユーゴスラヴィア *Jugoslavija, moja dežela*』は２０１１年に出版され、その年のクレスニク賞を再び受賞する。旧ユーゴ戦争時に父が行方不明となった青年の父親探しを巡る本作でも旧ユーゴの人々が中心的な役割を演じ、スロヴェニアに行き着いた主人公のアイデンティティの問題が前作とは異なる落ち着いた文体で描かれている。２０１６年に発表された長編第三作『無花果《イチジク》 *Figa*』もやはりユーゴスラヴィアというトポスを舞台としている。円熟味を増した文体で、彼自身のルーツでもあるイストリア半島出身の家族三世代にわたる物語を、自伝的要素も織り交ぜながら叙事詩的に描いた本作もクレスニク賞を受賞し、デビュー以来全作で同賞を受賞する快挙を成し遂げている。

スロヴェニア文学の形は時代、政治体制によって大きく揺れ動いてきた。いずれにせよ、あらゆる文学が本質的にそうであるように、スロヴェニアの文学もまた地理においても内容においてもその国境の内に留まるものではない。歴史上、大国の支配下にあり続けながらもアイデンティティを保ってきたスロヴェニア人のスロヴェニア語への意識は他に増して強いものがあるが、ゲルマン、ラテン、スラヴにマジャール文化の交接点であるスロヴェニアの文学は多言語性、多文化性から生起する複数の声によって支えられてきたし、これからもそうあり続けるであろう。ここに紹介した作家たちはまさにアイデンティティ、祖国を複数有することの豊かさを体現しており、スロヴェニア文学は「スロヴェニア人によるスロヴェニア語の文学」という枠を超え、「世界文学」という文脈においてこそ読まれるべきだと言えるかもしれない。

（三田 順）

コラム8

ジジェク

ルカ・ツリベルク／百瀬亮司訳

有名なスロヴェニア人と言って思い浮かぶ人物は誰だろう。アメリカの現ファーストレディであるメラニア・トランプを別にすれば、哲学者のスラヴォイ・ジジェク以上に有名な人物はいない。「文化理論のエルヴィス」と呼ばれることもあるジジェクは、毀誉褒貶《きよほうへん》の激しい人物でもある。1949年にリュブリャナで生まれ、67年にリュブリャナ大学に入学、哲学と社会学を学ぶ。81年には「フランス構造主義の理論的ならびに実践的適合性」と題された博士論文で、リュブリャナ大学の哲学博士号を獲得した。

1980年代、ジジェクはほかの学者と協力して、ジャック・ラカン、ジグムント・フロイト、ルイ・アルチュセールらの仕事をスロヴェニア学界に紹介した。ジジェクはヘーゲル哲学やマルクス哲学の解釈にラカンの仕事を援用し、のちにはパリ第8大学においてジャック＝アラン・ミレールとフランソワ・ルニョーの指導の下で2本目の博士論文を完成させた。ジジェクの仕事は、大陸哲学、政治理論、カルチュラル・スタディーズ、精神分析、映画批評など、多岐にわたる。

彼は学界におけるある種の「アンファン・テリブル」である。独特のスタイルや、ハイ・カルチャーと大衆文化を批判的に融合する手法によって、ジジェクは議論と批判に加えて、国際的影響力と、学界外部の多くの読者を獲得した。2012年、アメリカの『フォーリン・ポリシー』誌は「グローバルな思想家100人」のトップにジジェクを選定し、彼を「セレブ哲学者」と呼んだ。一方で、彼は他の場所では「西側における最も危険な哲学者」と呼ばれ続けている。

ジジェクの仕事は、2005年制作のドキュメンタリー映画『ジジェク！』で記録され、彼の研究を扱う学術雑誌『ジジェク研究国際ジャーナル』も発刊されている。さらに、彼は映画プロジェクトにも参加している。たとえば、ソフィー・ファインズ監督の『スラヴォイ・ジジェクによる倒錯的映画ガイド』（2006年）や『スラヴォイ・ジジェクによる倒錯的イデオロギーガイド』（2012年）に脚本・出演としてかかわっている。

ジジェクの影響は彼の大量の哲学的著作に基づいている。その大部分が日本語に翻訳されている。しかし、哲学サークルの外部での彼の評判は、彼のメディアへの露出や、並外れて直接的でポリティカル・コレクトネスを欠いた発言、あるいはそこまでいかないまでも論争的な発言に負っている。多くの人が、彼の発言を程度の差はあれ刺激的なものと受け止めている。

例えば、英紙『ガーディアン』の最近のインタビューで、ジジェクは自身の私生活の詳細を遠慮会釈なしに説明している。曰く、自身は息子にとって良い父親ではない。曰く、自分は饒舌すぎるため、友人たちからフィデル・カストロにならって「フィデル」と呼ばれている。また、彼は女性と一夜限りの関係を持つことができないとも語っている。「リュブリャナでは、どの女性が私と寝たか正確に言うことはできな

ジジェク［出所：Andy Miah/Wikimedia Commons］

い。なぜなら、私は彼女たちと結婚していたのだから」。

１９８０年代、ジジェクは共産党員であったがユーゴスラヴィア体制に批判的で、スロヴェニアのオルタナティヴ雑誌『ムラディナ』にしばしばコラムを寄稿していた。１９８８年、軍隊に関するスキャンダルをめぐって、彼は共産党に抗議して多くの知識人との交友を断った。１９９０年、ジジェクはスロヴェニア大統領選挙に自由民主党から出馬し、政治の舞台に上がろうとしたが、落選した。

ジジェクは多く語るだけでなく、多く書いてもいる。キャリアの中で、彼は50冊を超える書籍を刊行している。その尋常ではない多作がどこに起因するのか、その答えをあるインタビューの中に見つけることができる。「数年前、個人的な恋愛トラブルのおかげで、私は数週間、自殺したいという精神状態にあった。私は自身に語りかけた。『私は自分を殺せるが、書き上げるべきテキストが残っている。まずをそれを終わらせて、それから自殺しよう』。その後、新しい書き上げるべきテキストが次から次へと生まれ、そうして私は今も存在している」。

48

映　画

★多様化する社会に対応して★

旧ユーゴスラヴィア時代からスロヴェニアで作られた映画には、国際的に有名になったものもある。第二次世界大戦中にアメリカ黒人パイロットを救う子供たちを描いたフランツェ・シュティグリッツ監督の『平和の谷』（１９５５）のヒューマニズムは高く評価され、恋人たちの不安な心情を詩的なイメージで表現したボシュティヤン・フラドニク監督の『雨の中のダンス』（１９６１）は世界的な新しい映像表現を求める動きに対応したものであった。１９２０年代の前衛芸術運動に参加した男女についてのカルポ・ゴディナ監督の『メドゥーサの筏』（１９８０）もその表現手法は題材に対応する前衛的なものである。そして旧ユーゴのパルチザン神話に疑問を呈する『さらば次の戦争まで』（１９８０、セルビア出身のジヴォイン・パヴロヴィチ監督）や、40年代末の行き過ぎた政治的時代を風刺した『パパは社会主義者の地主』（１９８７、マティヤシュ・クロプチッチ監督）が80年代にすでに登場したことは特筆に価する。しかしスロヴェニア人たちに時代を超えて愛されているのは、ヨジェ・ガレ監督の『ケケッツ』（１９５１、続編は63年と68年）である。山の中に住む少年ケケッツが、悪人に捕らわれた少女と老人を救出する牧歌的物語の映画化で、繰り返しTV放送されているので、現代の若者も本作の主題歌を歌うことができる。

1991年に独立以来スロヴェニアでは、国が全面的に資金提供をしていた時代から資本主義に移行し、資金確保が製作者の大きな課題となる。94年に国立映画基金が設立され、映画製作の一部支援をしている。テレビ局の出資や外国との合作もさかんで、地雷の上に置き去りにされた兵士を描きアカデミー賞外国語映画賞を受賞した『ノー・マンズ・ランド』（2001、ボスニア出身のダニス・タノヴィチ監督）は、仏・伊・英・ベルギー・スロヴェニア・ボスニアヘルツェゴビナの合作、撮影はスロヴェニアでされた。

90年代以降、国際映画祭に出品され海外でも知られる作品を以下紹介したい。イゴル・シュテルク監督の『エクスプレス・エクスプレス』（1997）は、父の死後列車に乗って旅をする若者が出会う人々との体験を、ほとんど台詞なしで詩的に展開する。シュテルクの第2作目『リュブリャナ』（2002）は、自殺をテーマにした若者5人の群像である。30歳になっても大学に残り一日中テレビを見て酒を飲んでいるモラトリアム人間を主役とするヤネス・ブルゲル監督の処女作『アイドリング』（1999）は、スロヴェニアの若者が感じる閉塞状態を表現したものとして話題になった。本作の共同脚本・主演のヤン・ツヴィトコヴィチが処女監督した『パンとミルク』（2001）は、アルコールや麻薬依存症というテーマである。ヤネス・ラパイネ監督の処女作『ざわざわした風景』（2002）は、妊娠の告知を受け入れられない男を前に揺れ動く女の心象風景を描くものだが、俳優は簡単な台本だけ渡され台詞は全て俳優の即興であった。

『お父さん』（2010年）

欧米で回顧展が開催されたダミャン・コゾレ監督は、2人の若い映画製作者を描いた旧ユーゴ最初のインディー作品の一つ『運命の電話』（1987）でデビューし、社会問題に切り込みながら哀感を持つ作風でファンが多い。第4作目『ポルノ映画』（2000）は、ショーウインドウを飾る仕事をする男が、スロヴェニア最初のポルノ映画を作ろうとロシアからイタリアの風俗産業に売られる若い女性を主役にして恋に陥るが、脱獄してきたモンテネグロのギャングに逆らえず恋も映画もあきらめるという喜劇である。

スロヴェニアが、グローバリゼーションのさまざまな側面に組み込まれていく様子をコゾレは描く。原子力発電所のあるコゾレ監督の故郷付近の荒廃した雰囲気を背景にする『臓器』（2003）は、中年の元花形レーサーと組んでアルバニアやトルコからの不法移民をイタリアに運ぶ仕事を始めた若者が、彼らが臓器密売産業に売り飛ばされることを知って悩む話である。『労働は自由につながる』（2005）は、スロヴェニアのEU参加に伴って失業する男を描く悲喜劇である。

『お父さん』（2010）のヴラド・シュカファル監督は、休日しか息子に会えない離婚した父の悲哀を静謐なスタイルで描くが、不景気でストライキをする工場の労働者たちの実際の討論の場面も最後に挿入される。のんびりした地方の町を舞台に起こる喜劇『雄鶏の朝食』（2007）で人気を博したマルコ・ナベルシュニク監督は、四代にわたるロマの家族の年代記『上海ジプシー』（2012）で少数民族の哀楽をリアルに描き大きな商業的成功を収めた。ある高校を舞台に女子生徒の自殺の原因がドイツ語教師にあると騒ぐ生徒たちをめぐるロク・ビチェク監督の心理劇『クラスの敵』（2013）は、風評が個人攻撃に変わる過程を丁寧に凝視する。

女性監督マヤ・ヴァイスの『境界の番人』（2001）は、女性同士の愛情表現で話題となったが、3人の若い女性が遭遇する偏狭な土地の人々の精神構造を描いている。同じく女性監督ソーニャ・プロセンツの『樹』（2014）は少ない台詞と説明されない閉塞状況の家族3人の描写から、次第にアルバニア系コミュニティの血讐に巻き込まれた彼らの各々の反応が展開する。

旧ユーゴでスロヴェニアは工業化され生活水準や教育程度が高い〝北〟の地域の代表であったが、〝南〟の文化との軋轢を描く作品も出てきた。アンドレイ・コシャク監督の処女作『アウトサイダー』（1997）は、ボスニア人の軍人の父とスロヴェニア人の主婦の母を持つティーンエイジャーが、スロヴェニアの学校になじめずドロップアウトしてパンクロックに走るという作品で、国内で大ヒットした。

『ノー・マンズ・ランド』の主演俳優もしているボスニア出身のブランコ・ジューリッチ監督の『カイマックとマーマレード』（2003）は、ボスニア人とスロヴェニア人の夫婦の文化衝突の軽喜劇である。ヴィンコ・メデルンドルフェルの『郊外』（2004）は、郊外でぶらぶらしている中年男たちがボスニアから移住してきた若夫婦を対象に、最初は揶揄《やゆ》から次第に暴力まで発展するスロヴェニアに内包された排他的攻撃性を描いている。

『出て行け、ユーゴ野郎！』（2013）はゴラン・ヴォイノヴィチ監督の自伝的小説に基づき、リュブリャナ郊外のボスニアを初めとする南からの移民のコミュニテイが舞台だ。スロヴェニア社会に受け入れられない移民たちのフラストレーションが日常生活の中に描かれる。

スロヴェニアの社会の変化に対応して、映画が題材も作風も多様化してきているのは興味深い。

（平野共余子）

49

音楽

――★生活の中にある、なんとも自己中心的な音の世界★――

スロヴェニアの音楽について語る前に、スロヴェニアについての印象を述べよう。スロヴェニアは、美しい小都市が点在する中東欧の一地方、と形容されることが多いが、蓋を開けてみるとなかなか変わり者が多い。自転車で日本まで走破しようとする人、海底火山でスキーを楽しむ人など、開いた口がふさがらないような人がそこら中にいる。中には軽量飛行機のピピストレルのような世界に誇る技術者も、優れた楽器職人もいるのだが、概ねスロヴェニアの人たちは個人競技が得意のようだ。だから、グループが大きくなったり組織化したりすると、うまくやっていけない……自分の興味を全うするところに重きを置いているのか。

スロヴェニアの音楽もそうだ。もちろんヨーロッパの町らしく、夏になると毎晩野外コンサートが行われ、クラシックから世界各地の音楽まで辻辻で異なったジャンルの音楽を楽しむことができる。しかし、地方都市に行くと、なんでこんなところでこんな音楽が、というようなフェスティバルが行われている。例えばブレット。ブレットは、スロヴェニアが誇る風光明媚な観光地だが、ここでは毎年8月に「オカリナ・フェスティバル」が行われる。元ヒッピーの主催者（彼が経営するレストランには、昔ガラス張りのトイレがあった）のもとに、世界中から一流のオカリナ奏者が集まってくる。こんなにオカリナって人気があったの、と認識を新たにするものの、大きな図体のおじさんたちが小さなオカリナを手にしてかわいらしい音を奏でる姿は、見るだけでも楽しい。そしてオカリナの素朴な音は、過ぎ去ろうとする夏の夜、われわれの耳に優しく響く。

ブレットの隣町ラドウリツァは、普段はミツバチがぶんぶん飛び回っている養蜂の村だが、バロック音楽フェスティバルの時期になると様相が一転する。ちょっと背筋を伸ばした人たちが、ミツバチの代わりにこの村に集結して、中世の音楽を味わう。他にもツェルクノという町は、首都リュブリャナから1時間ちょっと、車に弱い人には気の毒なような山道を越えたところにあるが、毎年5月末になるとジャズ・フェスティバルが行われる。

街角で二本弦のバイス（イストリア地方の楽器）を弾く青年。スマホで遊ぶ今どきの若者も、携帯電話を使えない年配の人も、演奏するときはみんな一人の演奏家

このフェスティバル、世界的に有名なのはもちろんだが、音楽家がノーギャラでも出演を希望するフェスティバルとして知られている。何でこんな山奥で、ジャズ・フェスティバルなの？　しかも、よく見ると首都から地方都市までまんべんなく、よくぞこんな人を発掘したものだと思うようなアーティストが公演している。音楽を大切にする人とその音楽を

現在はイタリア領にあるレジア地方のプスト（謝肉祭）のお祭り。生まれたての赤ちゃんからよぼよぼのおじいさんまで音楽と踊りに酔いしれる

大切に届ける人たち。アフリカから、中南米から、そしてアジアからも。

　でも、音楽を大切にする人たちは、このような華やかな舞台の周りだけにいるのではない。舞台のない場所、例えば町のレストランや地元消防団、バスの中など、生活の中で音楽のシーンが広げられている。それに加えて踊りと語りのシーンも。ネット検索ではヒットしない音の文化。これを何と呼べばいいのだろう。祭りの音楽？　確かにプスト（謝肉祭）やマリヤ昇天祭のようなハレの場面でも見られるが、村人は豆やトウモロコシの実を剝きながらも唄っている。ポルカ？　そう呼ぶには商業的すぎる。民族音楽？　そんな大層な名前は気恥ずかしい。妖精の生まれ変わりのようなリョーバ・イェンチェをはじめ、民族音楽を遺産として次世代に継承していこうとする人たちは数多くいるが、自分たちで楽しんでいる人には「民族音楽」などという意識はないに違いない。

　日本でもかつて、人が集まったとき、手作業の傍ら、夏の夕べ、いろいろな場面で誰かが唄い出し、それにみんなが合わせて唄ったことを覚えている人も少なくないだろう。唄わない人は、お箸でお皿をたたいたり。南方だったら三線が出てくるか。このような、人々の人々による人々のための唄が、

第49章
音　楽

スロヴェニアの地方では今でもまだまだ見ることができる。唄だけではない。昔話や民話も、とつとつと語られる。口承文芸と言えば、バルカン半島ではもっと南の方が有名だが、スロヴェニアもなかなかにその余波を受けていたのかもしれない。夜が更けて、酒の空瓶も山積みになるころには、唄も踊りも最高潮を迎える。

そして、ここが肝心なところなのだが、スロヴェニアにはこのような「人々の人々による人々のための唄」が実に集落ごとにあるようなのだ。なぜか。ここでスロヴェニアの地理を思い出してみよう。スロヴェニアは、日本と同様、国土の70%近くが山である。空間距離では近くても、実際に向こうの村までは車がすれちがえないような山道を大回りして行かなければいけないこともある。つまりスロヴェニアの集落は、一つ一つの独立性が高いのだ。中東欧の方言地図を見ても、平原の多いポーランドやハンガリーの言語バリエーションに比べて、山がちなスロヴェニアのバリエーションは実に多い。その上、スロヴェニアは地理的に東西南北の交差点であった。ウィーンからトリエステまでの主要路はスロヴェニアを通っていたし、東西の交通路もスロヴェニアを貫通している。つまりここは、古今東西、いろいろな人たちが行き交う場であった。このような背景が、自分

秋の夜長は豆を剝く季節。人が集まれば、自然とおしゃべりが、唄が、昔話が人々の口から出てくる［提供：Primož Bizjan］

たち独自のものを守ろうとする（よい意味での）内面的性向や自己中心性と関係しているのではないか。スロヴェニアには、共同体の独自性を育みやすい地理的・歴史的土壌があったということだ。

もちろんスロヴェニアも世界に名だたる音楽家・ミュージシャンを多く輩出している。フルートのイレナ・グラフェナウエルや指揮者のマルコ・レトニャは国内外で高い評価を維持し続けているし、アバンギャルドを最先端で引っ張り90年代には欧州を席捲したライバッハは、２０１５年の北朝鮮公演を終えたあとも、まだまだ現役ぶりを見せつけている。ロックやヒップ・ホップも若者は大好きだし、日本の演歌に通じる魂を持ったターボ・フォークは老若を問わず人気だ。

あなたがもしスロヴェニアの音楽シーンを楽しみたいのであれば、インターネットで探すのはやめて、町に出てみよう。まずは自分の足で歩くことだ。どこへ行けばいいかわからない人は、教会の合唱団を覗くとよい。意外と若い人が嬉々として唄っていることに驚くだろう。それから、村に一軒はあるレストラン（スロヴェニア語でゴスティルナ）も要チェックだ。たいてい教会の近くにある。夏の夜、あるいは収穫シーズンの週末になると、村の人たちが集まってくる。その中にアコーディオンやバイオリンを持った人がいたら、かなり期待できるだろう。夜も更けてきてだんだん酔いが回ってくると、流行歌やポップに飽きた村人たちはきっとその村の唄を歌い始める。大切なのは、あなたが観客にならないことだ。みんなが演者で、みんなが聴衆。スロヴェニアの人は、総じて最初はシャイだが、あなたが歌詞もわからないままメロディーを口ずさんでいるのを見たら、必ずやあなたのことを仲間に誘うだろう。そのとき、あなたはスロヴェニアの音楽家の一人となるのだ。舞台のない音楽会。自分たちのための音楽。

（守時なぎさ）

50

建　築

―― ★スロヴェニアが生んだ鬼才ヨジェ・プレチュニク★ ――

スロヴェニアの建築はヨーロッパ全体から見ると支流のひとつと思っている人が多いだろう。しかしヨジェ・プレチュニクという建築家を知ったとたんにスロヴェニアの建築に特別の興味が湧いてくる。

首都リュブリャナは、その天才建築家によってデザインされていると言っても過言ではない。実際、街を歩いていくと次々と彼の設計した建物が現れる。図書館、市場、教会、墓地、そして広場、道路、橋、さらに小さな街灯や階段の手すり、街角の記念碑とそこに刻まれた文字のデザインまで、枚挙にいとまがない。プレチュニクのデザインした象徴的なエレメントが連続的に散りばめられ、都市景観を決定的に印象づけている。バーやレストランのインテリアデザインも見逃せない。驚いたのはそうした店の内装が当時のまま半世紀以上も大切に維持されていることだ。あるバーでは黒光りする額に入ったプレチュニクのポートレートが壁に掲げられていた。店主が、「メンテナンスたいへんだけど、なんてったってプレチュニクのデザインだからね！」と誇らしげに笑う。こうしてちょっと街を歩くだけで、プレチュニクは権力者から大衆まであらゆる階層から尊敬された建築家であったことがわかる。そういえばプレチュニクは500トラル紙幣の肖像画にもなった。それだけ国民から親しまれていたということだろう。

プレチュニクは1872年にリュブリャナに生まれた。家具職人だった父のあとを継ぐべく地元の工芸学校を出たが、22歳のときにウィーンの巨匠建築家オットー・ワーグナーの設計事務所にとび込み、さらにウィーン美術アカデミーのワーグナーのクラスで本格的に建築を学んでいる。その後1900年に独立しウィーンにツァッヘルハウスなどいくつかの名作をつくったが、当時華々しかった近代建築の動きになじめなかったせいか、あまり仕事にめぐまれなかったようだ。やがてプラハに移りプラハの工芸学校で講師をしていたが、50歳を超え、やはり故郷のリュブリャナにもどって建築をつくりたいと考えるようになっていた。そんなとき、当時のチェコ大統領マサリクからプラハ城の大統領官邸改修設計のオファーがプレチュニクのところにきた。彼にとって青天の霹靂だった。このビッグプロジェクトにプレチュニクは心血を注ぎ10年近く没頭する。

1996年の冬、私はその大統領官邸のロビーにいた。もともとハプスブルク家が使っていたプラハ城の建築と庭園をプレチュニクは細部に至るまで徹底的につくりこみ、実に見事な大統領官邸に改造することに成功した。その珠玉のように優美なプレチュニクの仕事を目の当たりにして、彼の故郷、リュブリャナへの関心が一層強くなった。そして帰り際に頂いたプレチュニク大回顧展の分厚い作品集を開くごとにリュブリャナに行きたいという想いがつのっていった。

2014年にやっとそのチャンスがやってきた。リュブリャナのデザインカレッジから講演の依頼が舞い込んできた。私はリュブリャナ行きを最優先して仕事そっちのけでスロヴェニアへ飛んだ。

リュブリャナの中心にある三本橋と市場ホールは建築と土木が見事に一体化して独特の都市景観を創出している。プレチュニクの真骨頂だ。実際にそこを歩いて感心したのは、ヒューマンスケール、つまり人間のための空間モデュールが空間全体にゆきわたっていることだ。

一方、大学図書館のエントランスは外光を抑制し壁は黒大理石で被われ異次元の空間に入ることを暗示している。静謐な木質の閲覧室では、学生、市民、あるいは研究者だろうか、皆飴色の木のデスクに向かって熱心にノートをとったりページを繰っていた。この図書館の黒々とした空間は訪れる人々に「知」への入口を示しているのだろうか。

プレチュニクがいかに庶民に寄り添っていた建築家であったかが一目でわかる建築がある。聖ミカエル教会だ。既成のコンクリート管など安価な土木建材を使って、その上にカラフルな絵柄を施した柱や、住宅で使う細い木の柱など、簡素で親しみやすく居心地がよい。祖国の人々を想うプレチュニクの優しさが滲み出ている。

聖ミカエル教会の鐘楼

リュブリャナで私が最も見たいと思っていた市営中央墓地はプレチュニクを長年研究しているペテル・クレチッチ氏が案内してくれた。

広大な墓地の一角に、聖ヨハネのチャペルを取り巻くようにいくつかの霊廟や附帯建築が配置されている。その日は小雨模様で、比較的小

聖ヨハネのチャペルの側壁。古典的なモチーフと近代的なデザインの絶妙な融合が見られる。手前はクレチッチ氏と筆者

さな建築群や列柱がひっそりと静かに佇んでいた。古典的なモチーフを用いながら、スケール感をほどよく抑制したエレガントなデザインだ。聖ヨハネのチャペルのファサードの中央にはチャペルの入口を塞ぐようにエンタシスの柱が立っている。いかにもプレチュニクらしい。チャペルの左右の側面には近代的な工業製品のガラスブロックと古典形式の小柱の組み合わせのコントラストが美しいモダンな明窓が規則正しくはめ込まれ、その陰影とプロポーションは絶妙できわめて高い美意識が感じられる。

　チャペルの周囲に点々と配置された小さな霊廟をひとつひとつじっくりと見て回った。どれも古典的なモチーフを用いているのだがなぜか古典的な建築に見えない。何故なのだろう。それはそうした古典的なモチーフの要素の組み合わせ方が、まったく古典的な手法にとらわれず、自由に組みかえられ、ルールを外し、さらにエレメントの形そのものもデフォルメされている。しかも、そこにヒューマンスケールを導入し、近代的な工法や材料を採用し、古典らしさを払拭している。この設計手法はプレチュニクが最も大切にした祖国の心、意思が編み出したものだったのではないかと思う。プラハ城の大統領官邸改修の際にプレチュニクはスロヴェニアの民族的な意匠を連想させるモチーフを多用した。しかしこの中央墓地では空間の質そのものにスロヴェニアの人々の心を宿らせようとしたのではないか。

第50章
建　築

小雨の中を歩きながらクレチッチ氏に尋ねた。「プレチュニクは師匠のワーグナーはもちろんですがヨーロッパの新しい建築動向や、それからコルビュジエやミースがどんな建築をつくっているかよく知っていたんでしょう?」すると、「もちろんです。プレチュニクは勉強家で、ヨーロッパやアメリカでどんな建築がつくられているか熟知していました。そしてそのいわゆる近代建築がなぜ生まれたのか、そして近代建築が社会に何をもたらすのか、そこまでよく考えていた。それでプレチュニクはそうした流れと距離を置いたんです」。そう言われて、モダニズムに対するプレチュニクの冷徹なまなざしに深い感銘を受けた。

プレチュニクは民族主義だけにはまることなく、しかしモダニズムという枠にもはまらず、彼は唯一自らの想像力を信じていた、だから時代を超越した建築をつくることに成功したのではないか。時代の流れに翻弄されず、プレチュニクにしかできないデザインを追求したからこそ、80年経った現在でもまったく古くなく、むしろ新しさを感じさせるのだろう。プレチュニクが残した建築は時代がどんなに変わろうと、これからも多くの人々を魅了し続けるにちがいない。

プレチュニクが75歳のときに発表した国会議事堂計画案の図がスロヴェニアの硬貨（10ユーロセント）に採用されたが、その計画は高さ100メートルを超える巨大な円錐形の屋根を戴いたデザインだった。しかしそれが実現しなかったことの意味は深い。

建築や街づくりに携わる人はもちろん、そうでない人も、スロヴェニアへ行ってぜひプレチュニクの建築を見てほしい。そうすれば建築がいかにその地域の人々の想いを体現し、その国の文化になるのか、それは時代を超越した独創性にかかっている、そのことがわかるだろう。

（北川原　温）

51

近代美術

★19世紀末から第二次世界大戦後まで★

スロヴェニア美術の近代は19世紀末から20世紀初頭に活躍したイヴァン・グロハル（1867〜1911）、リハルト・ヤコピッチ（1869〜1943）、マティヤ・ヤマ（1872〜1947）、マテイ・ステルネン（1870〜1949）の4人の印象派の画家に始まるとされている。彼らはウィーンやミュンヘンに留学し、そこで見た印象派や分離派の影響を受け、スロヴェニアの四季や農民の姿を柔らかなパステルカラーを使いながら描き、「スロヴェニア印象派」を生み出した。

彼らに大きな影響を与えたのは1891年から1905年にかけてミュンヘンで絵画学校を営んでいたスロヴェニア人画家アントン・アジュベ（1862〜1905）であった。アジュベの学校はアカデミー入学前の予備校のような場所で、また当時ミュンヘンのアカデミーは女性の入学が禁止されていたため、女性が絵画を学べる数少ない場所でもあった。スロヴェニア印象派の4人以外にもアカデミーに入学する前のワシリー・カンディンスキー、アレクセイ・ヤウレンスキー、マリアンネ・ヴェレフキンなどのロシア人、そしてセルビア人女性画家のナデジュダ・ペトロヴィチなど、主にスラヴ系の画家たちがア

イヴァン・グロハル《ジャガイモ（秋）》1909年
［所蔵：スロヴェニア国立美術館］

ジュベのもとで学んでいた。アジュベ自身の絵画はリアリズム様式であったが、彼はポール・セザンヌの理論にアプローチし、当時としては先進的な「球体の原理」を基礎とした対象物への捉え方を学生に教えていた。またアジュベはプレーンエアー（外光）の中で描くことも重視していた。

スロヴェニア印象派の画家たちは留学先から度々スロヴェニアのシュコフィヤ・ロカを訪れ、風景画制作を行った。シュコフィヤ・ロカは自然に囲まれた古い街並みの残る小さな街で、アジュベの生まれた村の近くにある。スロヴェニア印象派画家たちはドイツの自然とは違う、スロヴェニア独特の自然の光をキャンバスに収め、スロヴェニア近代を華々しくスタートさせた。

第一次世界大戦前ごろから戦間期にかけては、スロヴェニア人作家イヴァン・ツァンカルにも影響を受けた、政治的な主張を持った社会参加の作品が見られ始める。ヒンコ・スムレカル（1883〜1942）は政治を風刺したカリカチュアを版画として発表した。フラン・トラトニク（1881〜1957）は農民の厳しい生活を描いた素描の他にも、象徴主義の要素を含み、表現主義や印象派の影響も強く受けた絵画も残している。グヴィドン・ビロラ（1881〜1963）やマクシム・ガスパリ（18

83〜1980）は、農民たちの姿を絵本の挿絵のような素朴な表現で描いた。ガスパリはクリスマスカードなどのポストカード絵を多数制作したことで知られている。

さらに1920年代初頭には、表現主義や新即物主義の影響を受けた芸術家グループ「青年クラブ」がフランツェ・クラール（1895〜1960）を中心に組織される。この集まりにはフランツェの弟トネ・クラール（1900〜1975）、イヴァン・チャルゴ（1898〜1958）、ボジダール・ヤカツ（1899〜1989）、ナンデ（1899〜1981）とドラゴ（1901〜1982）・ヴィドマル兄弟、ヴェノ・ピローン（1896〜1970）、ゴイミル・アントン・コス（1896〜1970）が参加した。クラール兄弟は陰鬱な雰囲気の都市の風景の他にも、カトリック的な主題や田舎の結婚式などの農村的な主題も多く描いた。クラール兄弟は共に彫刻家としても知られている。

プラハ芸術アカデミーで絵画と版画を学んだヤカツは、優れた版画作品を生み出しスロヴェニアの版画文化を定着させた。彼はリュブリャナ国際版画ビエンナーレの創始者の一人でもある。コスはペンキを塗ったかのような厚みのある塗り方で、キュビズム的な構成を持った風景画や静物画などを制作した。

また戦間期には、バウハウスで学んだアウグスト・チェルニゴイ（1898〜1985）らによる構成主義的なアヴァンギャルド運動も見られた。彫刻の分野では、ユーゴスラヴィア最大の彫刻家イヴァン・メシュトロヴィチの影響を受けたロイゼ・ドリナール（1893〜1970）やフランツェ・ゴルシェ（1897〜1986）が活躍し始めた。

1941年のナチス・ドイツの占領によりユーゴスラヴィア王国は解体。第二次世界大戦はスロヴェニアの芸術家たちの生活も大きく変化させることとなる。彼らのうち、パルチザン運動に参加、もしくはドイツ軍やイタリア軍の強制収容所に収容された経験をした者は少なくなかった。結果的に彼らが戦中に生み出した作品や戦後に戦争をテーマとした作品は、戦後の社会主義ユーゴスラヴィアの「国の美術」という意味合いを帯びることとなる。

フランツェ・ミヘリッチ《クーレントの踊り》1952年
［所蔵：リュブリャナ近代美術館］

ニコライ・ピルナット（1903〜1948）、イヴェ・シュビッツ（1922〜1989）、アレンカ・ゲルロヴィチ（1919〜2010）とフランツェ・ミヘリッチ（1907〜1998）は、パルチザン印刷所を拠点にプロパガンダ版画やポスターを制作した。版画の主題は主として、戦うパルチザン兵、傍若無人な敵兵、戦争によって生活を脅かされる女性、子供、老人の姿などの典型的なものであったが、ミヘリッチの版画には戦後の彼の作風でもある動物や人形などの幻想的な世界観とも通ずる自由な表現も見られた。

ゾラン・ムシッチ（1909〜2005）は、ドイツ軍に捕まりダッハウ強制収容所に送られた経験を持つ。シリーズ作品《私たちは最後ではない》など、強制収容所の人々を描いたものを発表した。また妻のイダやダルマツィア地方の馬を描いた絵画も有名だが、全体的に暗い

マリ・プレゲル《トランペット奏者》1960年
［所蔵：スロヴェニア国立美術館］

雰囲気が漂う。

戦後は、ブレットのチトーの別荘の壁画を描いたスラウコ・ペンゴウ（1908～1966）の作品のような社会主義レアリズムも推奨されたが、ムシッチ、マリ・プレゲル（1913～1967）、ガブリエル・ストゥピツァ（1913～1990）やスタネ・クレガル（1905～1973）ら多くの画家が戦前と同様に、表現主義を発展させたものや抽象画などの自由な表現を好んで描いた。戦後ようやくできたリュブリャナ芸術アカデミーで学んだ画家のヨジェ・ツィウハ（1924～2015）、ヤネス・ベルニク（1933～2016）や彫刻家のドラゴ・トルシャル（1927年～）などの新世代も、教授になった前の世代のスロヴェニア人芸術家の影響も受けつつさらに新しい表現へと進んでいった。

スロヴェニアの近代はスロヴェニアの自然の光を描くことに始まった。それから政治的な変化が何度もあったが、芸術家たちは表現を模索しながら常に「スロヴェニアとは何か」を問うてきたように見える。その作品はもちろん、我々がスロヴェニアという国を知る一つの手かがりとなるであろう。

（山崎佳夏子）

コラム9

リュブリャナ国際版画ビエンナーレ

寒川典昭

　リュブリャナ国際版画ビエンナーレは、戦後間もない1955年から60年間以上も継続して開催されている歴史と権威ある国際展である。

　設立当時は、国際展と言えばヴェネツィア・ビエンナーレのように絵画や彫刻が主流であり、版画の価値観はさほど高くなかった。スロヴェニアは旧ユーゴスラヴィアに属し、戦後は財政的に厳しく、社会主義の閉鎖的な文化政策における圧力の中で、自由で国際的な展覧会をいかにして行うかを模索していた。そこで注目したのが版画であった。紙ベースの版画は丸めて筒に入れ、安価に送付でき、リュブリャナは地理的にも好都合であった。版画が持つ新しい表現媒体としての可能性と複数性はグローバルな情報発信の役目を果たした。

　第1回国際版画展がリュブリャナ近代美術館でゾラン・クルジシュニク館長により開催された。この記念すべき展覧会はスロヴェニア系パリ在住の画家ゾラン・ムシッチの協力を得て、当時の美術界の先頭に立っていたシャガールな

リュブリャナ近代美術館［出所：Wikimedia Commons］

どのパリ派（エコール・ド・パリ）の巨匠たちの協力により、世界的な芸術家たちが出品した。第2回目の同展では、北米と南米両方からの参加が格段に増え、ソ連と中国、そして棟方志功などの日本の芸術家たちも参加した。その当時、西と東に分断されていた世界をこの展覧会で一つにしたことは大変意義深いことであった。そして、多くの国際版画展が同展をモデルとし、1957年に東京国際版画ビエンナーレやポーランドのクラクフ、ドイツのハイデルベルク、英国のブラッドフォードなどで国際版画展が開催され、版画の世界に大きな影響を与えた。

国際版画センター（リュブリャナ）にて。左から濱野年宏氏、マイダ・イェルマン秘書、ゾラン・クルジシュニク館長

同展には銅版画の浜口洋三、リトグラフの加納光於、木版画の野田哲也などの日本人芸術家たちが挑戦し、高い評価を得て世界に認められてきた。そして、スロヴェニアとの交流を1980年代から精力的に行ったのが世界的な芸術家の濱野年宏であった。彼は、クルジシュニク館長、リュブリャナ美術アカデミー学長のアンドレイ・イエメッツ教授やスロヴェニアの作家たちと親密な信頼関係を築き上げ、門外不出とされていた同展を1988年にはじめて日本で紹介した。日本展は美術評論家の針生一郎の協力も得て、坂出市民美術館と川崎市民ミュージアムの2会場に巡回され、大きな反響を呼んだ。現在のようなインターネット環境が整備されていない時代に、世界的な芸術家たちのオリジナルな版画芸術の動向を日本に紹介したことは、両国にとっても偉業と言える。

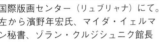

このように出品芸術家も作品の水準も高く展覧会も順調に見えたが、2001年の第24回展を境にして、版画だけではなく、写真、ビデオ、映画、コンピュータープログラムで制作された作品を積極的に取り入れはじめ、さらにはコンセプチュアルアートやインスタレーションなど、それまでの版画展とは全く異なったプロセスを開始し、迷走がはじまり、世界中の芸術家たちから良き伝統はなくなったとの声がよせられた。

最大の理由は偉大なディレクター・クルジシュニク館長の引退や、観客離れなど、いくつか考えられる。そのひとつとして、芸術作品を制作するのには、特別な技術やそれを習得するための時間と労力などを必要としたのに比べ、ビデオやパソコンなどが安価で手軽に扱え、簡単に作品が作れるようになったことも要因として考えられる。さらに作品をデータ化して送受信できる。これも時代の流れなのかとも思えるが、芸術性の質の高さを確保するための審査基準が複雑で不明瞭で、もはや判別不可能なのではとさえ思えてくる。現に同展は公募展ではなくなり、招待作家展のみとなっていることで、挑戦しようとする魅力が失われ、斜陽の気配を感じる。

同展が従来の版画作品を重視する流れに戻るのか、さらなる変化を遂げるのか、今後が不安でもあり、楽しみでもある。リュブリャナ在住の芸術家の一人として、このような伝統と権威を持った国際的な発表の場はどうなっていくのかを注視していきたい。他に類を見ない同展がさらなる発展を遂げてほしいと願うばかりである。

Ⅷ

スポーツ

52

スキー競技

★歴史と自然に根差したナショナルスポーツ★

旧ユーゴスラヴィア諸国の例にもれず、スロヴェニアもまたスポーツ人気は高い。この地域のお家芸とも言えるサッカーやバスケットボールなどの球技種目はもちろん人気があるが、スロヴェニアで人々に親しまれ、かつ最も結果を残してきた種目は何といってもスキー競技だろう。オーストリア国境に連なるジュリア・アルプスの恵みを受け、ゴレンスカやコロシュカには多種多様なスキーリゾートが点在する。そのような自然環境の中、スロヴェニアは旧ユーゴスラヴィア時代からアルペン、ノルディックともに世界的な選手を生み出してきた。2014年のソチ冬季五輪では金メダル二つを含む計8個のメダルを獲得し、そのうちスキー競技がクロスカントリーも入れれば5種目。ちなみに、日本は羽生結弦の金メダル一つを含む計8個であった。単純に比較はできないが、日本と同程度の歓喜をもたらしたと考えてもらえれば良いかもしれない。

ソチ五輪で最も輝いたスロヴェニア人スキーヤーは、女子ダウンヒルと大回転の2種目で金メダルを獲得したティナ・マゼだ。マゼはワールドカップでも26勝を記録し、スロヴェニア史上、最も成功したスキーヤーとも言える。2013年シーズンのワールドカップで積み上げた２４１４ポイントという数字は、２０１６年現在男子も含めてシーズンの最多記録である。彼女が競技スキーの第一線から退いた現在、スロヴェニアをリードするスキー競技選手は男子ジャンプのペテル・プレウツと言える。ソチでもノーマルヒルの銀メダルとラージヒルの銅メダルを獲得し、２０１６年のワールドカップ札幌大会では弟のドメン、ロベルト・クラニェツとともにスロヴェニアの選手で表彰台を独占する活躍を見せ、シーズン総合優勝を果たした。

その年に最も活躍したスロヴェニアのアスリートに贈られるスロヴェニア年間スポーツ大賞もここ数年の受賞者リストにはマゼとプレウツの二人の名が並んでいる。また、同賞の歴史を振り返っても、アルペン競技・ジャンプ競技問わず、スキー競技からの受賞者は陸上競技と並んで少なくない。女子では１９８０年代にリュブリャナ出身のマテヤ・スヴェートが7年連続で選出されている。彼女はカルガリー五輪女子回転競技で銀メダルを獲得し、マゼが現れる以前の「伝説」であったと言える。男子では、ジャンプ競技のプリモシュ・ペテルカが１９９７年・98年に二年連続で選出されている。彼は長野五輪にも出場し、独特の飛形がファンにはなじみ深い。ペテルカから男子ジャンプ団体チームがソルトレークシティー五輪で獲

ティナ・マゼ［出所：Jernej Borovinšek/Wikimedia Commons］

ペテル・プレウツ
［撮影：Borut Podgoršek/MORS］

得した銅メダルは、スキージャンプ競技でスロヴェニアが獲得した初めてのメダルであった。さらに時代をさかのぼれば、アルペンのユーリ・フランコとボヤン・クリジャイの名前がある。クリジャイの方が五つ年上で活動期間も長かったが、1980年代前半に両者はともにトップ選手として活躍した。フランコはサラエヴォ冬季五輪で男子大回転に出場し銀メダルを獲得して、ホスト国ユーゴスラヴィアに唯一のメダルをもたらした功績から、1984年にスポーツ大賞を受賞している。クリジャイは五輪の結果ではフランコの後塵を拝したが、国際的な舞台ではフランコ以上に活躍し、アルペンでは最も結果を残したスロヴェニア人スキーヤーと評され、スロヴェニア年間スポーツ大賞も75年から87年の間に5回受賞している。女子ではマゼというスヴェート以来の偉大なアルペン選手が生まれたが、男子では近年はジャンプ競技の躍進が目立っていると言える。

名選手輩出の背景には、ユーゴスラヴィア国家成立初期にまでさかのぼることができる冬季スポーツの豊かな歴史がある。この地域にはセルビア人・クロアチア人・スロヴェニア人王国時代の1922年に冬季スポーツ協会が設立され、スロヴェニア、クロアチア、ヴォイヴォディナといった北部にはクラブチームがすでに結成されていた。ある資料によれば、1930年にユーゴスラヴィア王国内にあった66の冬季スポーツ団体のうち、46がスロヴェニアで活動していた。1934年にはスロヴェニア出身の技師スタンコ・ブロウデクらによって、ジュリア・アルプスの渓谷プラニツァにジャンプ競技場が建設された。第二次大戦を経て社会主義体制が成立すると、1948年にユーゴスラヴィアスキー競技連盟が設立された。活動が最も盛んだったのはもちろんスロヴェニアであり、団体設立に先立って46年から開催されたユーゴスラヴィア国内選手権においてもスロヴェニア人選手のタイトル獲得が最も多い。

選手だけでなく、スキー用具に関してもスロヴェニアは国際的な技術を持つ。スキー板のメーカーとして名高いエラン社はスロヴェニア北西部の人口1000人に満たない小村ベグーニェに本社を構える。エランは、第二次世界大戦中、パルチザン部隊にスキー板を提供していた生産工場にルーツを持つ。1970年代、スウェーデン出身のインゲマル・ステンマルクはエランのスキー板を使って一躍名を挙げたが、先に挙げたスヴェート、フランコ、クリジャイらももちろんエランを履いて世界と戦った。エランはジャンプ競技用の板も生産し、先述のプレウツや日本の高梨沙羅も同社の板を履いて空を飛んでいたが、ジャンプ用板は市場がきわめて限定されることから、2016年に生産が中止されてしまった。しかしその技術と偉業は、やはりスロヴェニアの企業によって引き継がれた。ゴレンスカ地方の小村ツェルクリエ・ナ・ゴレンスケムに本社を置くスラットナー社は、従来ジャンプ用スキー板のビンディングを主力製品として扱っていたが、エランの撤退に際してジャンプ用板の生産を引き受け、現在はプレウツや高梨に板を提供している。

社会主義時代を通じ、国内外のスポーツの多くはセルビアやクロアチアのクラブや選手が中核をなす一方で、スキーをはじめとするウインタースポーツでは、常にスロヴェニア人のエースが存在していた。それはスロヴェニアの多くの人々にとって、誇るべき点の一つであったに違いない。その栄光の歴史に加え、スロヴェニアがアルプスに境界を画されてきたことを思えば、スロヴェニアの人々がスキー競技に一方ならぬ思いを寄せることも理解できるのではないか。スキー競技は、スロヴェニア人の歴史と自然に根差したナショナルスポーツなのだ。

（百瀬亮司）

53

サッカー

★旧ユーゴ出身選手の活躍★

スロヴェニアの国民的スポーツと言えば、やはりスキーを中心とするウィンタースポーツであろう。この点は、スロヴェニア人の多くにも共通に了解されている。しかし、サッカーもまたこの国の人気スポーツであり、しかも、人口200万人の小国としては、優秀な成績を収めている。強豪ひしめくヨーロッパでも、中堅クラスの強さを持つ国と言っていいだろう。スロヴェニアの独立は1991年であるが、国際サッカー連盟（FIFA）への加盟が認められたのは、1992年7月のことであり、すでに組み合わせが決まっていた1994年のワールドカップアメリカ大会のヨーロッパ予選には参加できなかった。よって、独立後に初めてワールドカップの予選に参加したのは、1998年のフランス大会からである。このときは、ヨーロッパ予選で一勝もできず、前途の多難さを思わせたが、次の2002年日韓大会には、ヨーロッパ予選1組で2位となり、プレーオフでルーマニアを下して本大会参加を決めた。このときのヨーロッパ予選同組には、セルビアとモンテネグロにより構成されるユーゴスラヴィア連邦共和国もあった。直接対決ではホームとアウェーの両試合とも引き分けたが、最終勝ち点でスロヴェニアが1ポイント上回り、2位の座を得たのだった。2002年のワールドカップ本戦では、強豪スペイン、パラグアイと同グループとなり、結局グループステージ三連敗に終わった。2006年のドイツ大会は、ヨーロッパ予選で敗退したが、2010年の南アフリカ大会では、予選3組で2位につけ（このときの1位はスロヴァキア）、ロシアとのプレーオフをアウェーゴールの差で制して、本大会出場を決めた。この時も惜しくも決勝トーナメント進出はならなかったが、アルジェリアに勝利して、ワールドカップ初勝利を挙げている。2014年ブラジル大会は、ヨーロッパ予選で3位となり出場を逃している。解体後の旧ユーゴスラヴィアの国々のワールドカップ出場回数を比較すれば、クロアチアの4回、セルビア（ユーゴスラヴィア連邦共和国、セルビア・モンテネグロを含む）の3回に次ぐ、2回の出場を誇っている。国の規模を考慮すれば、なかなかの成績と言えるだろう。ワールドカップのほか、ヨーロッパ選手権にも2000年に一度出場したが、グループステージ未勝利に終わっている。

このように一定の強さを誇るスロヴェニアのサッカーは、いろいろな意味で、スロヴェニアがかつてユーゴスラヴィアの一共和国であったことに負っていると言えるだろう。社会主義期には、全ユーゴスラヴィア単位のサッカーのプロリーグが存在し、スロヴェニアのチームもそこに参加していた。ビッグフォーと呼ばれたセルビアとクロアチアの強豪チーム（ツルヴェナ・ズヴェズダ・ベオグラード、パルチザン・ベオグラード、ハイドゥク・スプリット、ディナモ・ザグレブ）に比べると実力は劣ったが、スロヴェニア第一の強豪であったオリンピヤ・リュブリャナは1965年から1983年まで一部リーグにとどまり続け（1983年に二部に降格）、1970年にはカップ戦（チトー元帥杯）で、準優勝している。独立後のスロヴェニア・リーグでもオリンピヤ・リュブリャナは、90年代前半に優勝を繰り返したが、2004年にいったん破産に追い込まれている。リーグ規模が縮小し、また選手の移籍が活発になったことから、代表レベルの選手は、若手のうちから国外主要国のリーグに活躍の場を移し、スロヴェニア・リーグのレベルは低下している。

社会主義時代のユーゴスラヴィアは、選手の発掘やクラブチームにおける選手育成に定評があり、また指導者養成のシステムも確固たるものがあった。一定の年齢まで国外への移籍を制限するなど、国内リーグのレベル低下を招かない策も取っていた。スロヴェニアも、このユーゴスラヴィア・サッカーの利点を享受しており、多くの選手や指導者を輩出した。代表的な人物として、1980年代のユーゴスラヴィア代表の常連であり、その後は指導者として母国スロヴェニアを始め何ヶ国かの代表監督を務めたスレチュコ・カタネッツが挙げられる。また、1990年代にスロヴェニア代表監督を務め、2000年代はじめには日本でもJリーグの市原、名古屋、仙台で監督を務めた、ズデンコ・ヴェルデニクも日本でよく知られるスロヴェニア人サッカー指導者だろう。ヴェルデニクは、2012年から13年にかけても、Jリーグの大宮で監督を務めている。その他にも、福岡で2シーズンにわたり監督を務めたマリヤン・プシュニクや、横浜FCを指揮したミロシュ・ルスなど、日本に活躍の場を得たスロヴェニア人のサッカー指導者は少なくない。

独立後スロヴェニアの主要な代表選手を眺めてみると、純粋なスロヴェニア人の名前を持つ選手と並んで、ボスニアやセルビアなどの、スロヴェニア以外の旧ユーゴスラヴィア各共和国にルーツを持つ選手が多く見られる点に気づかされる。彼らの多くは、スロヴェニアにやってきた旧ユーゴスラヴィア出身者から生まれた2世や3世であり、その多くはスロヴェニア社会に同化している。旧ユーゴスラヴィア出身者の高い身体能力と、スロヴェニア人としての規律の双方を備えていることが、その成功の秘密かもしれない。１９９０年代から、２０００年代前半のスロヴェニア代表の常連で、代表として35ゴールを上げたズラトコ・ザホヴィチ、２０００年代半ばから代表チームのゴールマウスを守り、長くインテル・ミラノの正ゴールキーパーを務めるサミル・ハンダノヴィチ、１９９０年代後半から長く代表選手だったミレンコ・アチモヴィチなどは、いずれもそのルーツをたどるとセルビアやボスニアに行き着く。そうした旧ユーゴスラヴィアにルーツを持つ選手の中には、スロヴェニア代表のフォワードとしても活躍し、日本でも２０１２年から4シーズンにわたり、Jリーグの大宮、清水、名古屋でプレーしたミリヴォイェ・ノヴァコヴィチ、同じく２０１２年から大宮でプレーし、２０１５年に浦和に移籍したズラタン・リュブリャンキッチなど、日本でプレーした選手も含まれる。

ミリヴォイェ・ノヴァコヴィチ
［提供：時事］

一方、２０１５年に千葉に加入し、翌年大宮に移籍したネイツ・ペチュニクは、旧ユーゴスラヴィアにルーツを持たない、いわばスロヴェニア系のスロヴェニア人選手ということになる。日本でも活躍したこの3人は、いずれもスロヴェニア代表でもプレーしているが、旧ユーゴスラヴィア出身かどうかという区別なく、チームの勝利に向かう姿勢はもちろん共通している。本当のところは、選手のルーツを探ることには、あまり意味がないのかもしれない。

（山崎信一）

54

スロヴェニアのアルピニズム

★アルプスへの愛と情熱★

スロヴェニアはときどき「アルプスの日の当たる側の国」と呼ばれ、北方の「日陰」側にあるオーストリアとは好対照をなしている。アルペン国である以上、山はスロヴェニアの人々にとって常に重要であり、アルプスはスロヴェニア人のアイデンティティの大切な一部を象徴すると言えるだろう。スロヴェニアにはアルプスと関連するものが数多くある。たとえば、「アルプスの踊り歌」と呼ばれる独特のスタイルや、120日間腐らずに日持ちする牛乳「アルプスのミルク」など、枚挙にいとまがない。スロヴェニア人はアルプスに寄り添って暮らし、その影響を強く受けている。

アルプスはヨーロッパで最も高く、また最も有名な山脈だ。その全長は東西およそ1200キロに及び、西からイタリア、モナコ、フランス、リヒテンシュタイン、スイス、ドイツを横切り、オーストリアならびにスロヴェニアにいたる。その名は日本でもよく知られ、飛騨・木曽・赤石の三山脈は「日本アルプス」と呼ばれ、また登山そのものに対しても、アルプスに由来する「アルピニズム」という呼称が用いられるほどである。

ユリウス・カエサルにちなんで「ユリアン・アルプス（ジュ

リア・アルプス）」とも呼ばれるアルプスの東部分は、スロヴェニアに延びてオーストリアとイタリア両国との国境を形成しており、アルプスはこの地域の人びとにとって常に重要な一部をなしてきた。人びとは山に分け入りその恵みを求め、野生動物を狩ることもあれば、ときには敵から身を隠すこともあった。人びとは交易や戦争で山を越えるために、山道のいたる所に道筋を探った。

もちろん、狩りや敵から隠れることは「アルピニズム」とは呼びえないし、かつては楽しみのために山を登るようなことは一般的になかった。しかし、すでに18世紀から、地理学者や植物学者といった科学者たちが、まだ発見されていない花などを求めて地図にない領域を探索し始めており、現地の人びとをガイドとして山の中深くに立ち入っていた。

「スロヴェニアにおけるアルピニズムの始まり」がいつなのか特定するとすれば、それは1778年までさかのぼることができるだろう。この年、4人の男たちが、一見とりたてた理由もなくジュリア・アルプス最高峰トリグラウ（2864メートル）を踏破しようと乗り出した。確証のない資料によれば、芸術のパトロンでもあり自然科学者でもあったスロヴェニアの貴族ジグムント・ゾイス（1747〜1819）が、トリグラウの山頂に次の三者のイニシャルを刻んだ者に褒賞として金貨を与えると提案した。三者とは、まずはときの皇帝ヨーゼフ2世。次にゾイス自身。最後に、この1年前にトリグラウ登頂を試みたものの、小トリグラウと呼ばれるやや低い頂の踏破に留まった医師・博物学者ベルサザール・ハケット（フランス系であるとされる。スロヴェニアのイドリヤなどで働き、スロヴェニア地方の地質学、植物学を研究した）である。この申し出に農民で鉱山労働者であったルカ・コロシェツほか3名が挑み、こうして1778年、コロシェツら4名はジュリア・アルプスの最高峰トリグラウ登頂を果たした最初の人間となった。

アルプスの最高峰モンブラン（4808メートル）が初めて踏破されたのは1786年であり、このときが近代登山の幕開けとされるが、トリグラウ登頂はそれより8年早い。このことは、スロヴェニアの人びとにとって山登りがいかに重要だったかを示している。たとえば、スロヴェニア人のカトリック司祭ヴァレンティン・スタニッチ（1774～1847）は、冬季に山登りを始めた最初の人物の一人であり、同時にヨーロッパにおける近代アルピニズムの創始者の一人とも考えられる。彼は司祭であっただけでなく、登山家でもあり、さらに詩人、作家、翻訳家、教師でもあり、1808年にはトリグラウに登りその高さを計測している。

ジュリア・アルプスから東には、いわゆるカムニク＝サヴィニャ・アルプスが横たわる。この山脈では、医師で植物学者のジョヴァンニ・アントニオ・スコポリ（1723～1788）が、1758年にストルジッチ峰（2132メートル）、さらに翌59年にはカムニク＝サヴィニャ・アルプス最高峰グリントヴェツ（2558メートル）を踏破している。

19世紀後半、アルプスは民族覚醒の象徴ともなった。オーストリア＝ハンガリー帝国解体が進む中、アルプスは植物学者や科学者のための未踏の領域というだけではもはやなくなった。花々や自然に対する関心は、政治的な「旗」に対する関心に取って代わられた。トリグラウの頂上にはためくのはスロヴェニアの旗なのか、それともイタリアやオーストリアの旗なのか、そのことが重要になっていた。

このような時代を背景に1893年、「スロヴェニア登山家協会」がリュブリャナに設立され、スロヴェニアのアルピニズムは急速に発展した。登山家協会はドイツ人と競り合いながらアルプスのいたるところにスロヴェニアの山小屋を設営し、登山道を整備し登山を発展させた。この競争の絶頂期、トリグラウの山頂にスロヴェニア語の銘が刻まれた金属の塔が建造された。地元の司祭で登山家のヤコプ・アリャシュ（1845〜1927）は、多くの山小屋や山道を整備する任にあったが、1895年に地元自治体からトリグラウ山頂の土地を1オーストリア＝ハンガリー・グルデンで購入し、そこに小さな避難所を設置した。鉄や亜鉛メッキ板で建造されたこの避難所は「アリャシュの塔」と呼ばれ、このエピソードはスロヴェニア人がアルプスとその最高峰トリグラウをいかに愛していたかを物語る。

二度の世界大戦の最中には、アルプスは激しい戦闘の舞台ともなった。たとえば、第一次世界大戦では、有名なソチャ（イゾンツォ）戦線で、約60万人の兵士がジュリア・アルプスで戦った。当時、登山はそれほど多く行われていなかったが、スロヴェニアの人びとは戦争の前も後も山に登り続け、山小屋を建てて新しい山道を整備した。

たとえば、ユリウス・クギ（1858〜1944）のような人物もいる。彼は登山家であると同時に、作家、植物学者、人文主義者、法律家、将校であり、ジュリア・アルプス旅行記で高名だ。彼はその生涯を通じて、相対立する民族主義的イデオロギーに反対し、スロヴェニア人、イタリア人、ドイツ人の間の平和的共生の必要性を強調していた。

クギはアルプスの美しさを叙述し、人間と自然の関係を考察しただけでなく、スカビオサ・トレンタという神秘的な花の探索にも情熱を傾けた。この花については前述のハケットが記録を残しており、その記録はジュリア・アルプスを探索する後世の植物学者や登山家にとってインスピレーションの強力な源となった。しかし、クギもほかの誰も、この花を見つけることはできなかった。のちにある植物学者が明らかにしたところでは、ハケットが見つけた花は新種ではなく、セファラリア・レウカンサとしてすでに知られている種であったという。しかし、山の奥深くどこかには、まだ知られていない花が咲いていると信じた方がずっと興味をそそられる。

20世紀初頭のスロヴェニア・アルピニズムに関連して、アロイス・クナフェルツ（1859～1937）にも触れるべきだろう。彼は地図製作者、登山家として1910年にジュリア・アルプスの初めての地図を作製したが、有名な山岳標識の考案者としてむしろ知られている。スロヴェニアにおけるすべての山道にはクナフェルツ標識と呼ばれる特別な山岳標識が掲げられている。この標識はクナフェルツが考案し、1922年にスロヴェニアの山々における公式な標識とされた。この標識は、日本の日の丸の赤白をひっくり返したようなデザインで、赤く塗りつぶされた円の中央に白く塗りつぶされた一回り小さい円が配されており、視認性が非常に高い。岩や木に記されたこの標識に従って歩けば、スロヴェニアのアルプスで迷うことはない。

このようにスロヴェニアの人びとは何世紀にもわたってアルプスと深く結びついてきた。20世紀以降になると、登山や山に関連したスポーツを最高のプロ競技のレヴェルで発展させてきた。1921年にはすでに初めてのスキー競技大会がボヒンで組織され、現在もスキーやスキー・ジャンプといったアルペン競技で世界最高峰のスロヴェニア人アスリートがいる。

しかし、大部分のスロヴェニア人がスキー好きとするならば、それ以上に多くのスロヴェニア人は山へ行くのが好きである。スロヴェニア登山連盟には287の登山協会と5万5000人の会員が登録され、さらに総距離1万キロに及ぶ1974本の山道と197の山小屋や避難場所が運営されている。

第二次世界大戦後、スロヴェニア・アルプスはスロヴェニア人アルピニストの野望を満たすには十分ではなくなり、彼らは世界中の有名な山々を踏破する世界的アルピニストの仲間入りをするようになった。スロヴェニア初のヒマラヤ登山隊は1960年にトリスルに遠征したが、最も成功を収めた遠征は1979年に世界最高峰エヴェレスト（チョモランマ）に挑んだユーゴスラヴィア登山隊だ。1979年5月13日、アンドレイ・シュトレンフェルとネイツ・ザプロトニクが、エヴェレストの頂上に立った初めてのスロヴェニア人となった。同遠征は登山の歴史上最大の登山隊であり、技術的にも新機軸を打ち出した。この遠征では、登山隊からラジオ・リュブリャナへ直接無線を送る歴史上初めての試みが実現した。

以降、ヒマラヤはスロヴェニア人アルピニストにとっての第二の故郷となった。早くも1979年にはアレシュ・クナヴェルがユーゴスラヴィア政府の出資でネパールにアルピニズム学校を設立した。地元民族シェルパは外国のアルピニストのために荷物を運搬するポーターとして働いていたが、シェルパは登山の経験がなく、探検の際に死亡する者も多かった。しかし学校設立以降、スロヴェニア人アルピニストや医師が講師を務める学校のおかげで、シェルパは熟練のアルピニストや山岳ガイドとなった。アンナプルナの麓の村にあるアルピニスト養成学校は、クナヴェルがスロヴェニア登山連盟の支援やユーゴスラヴィア政府の出資で設立した学校で、現在も運営されている。開校35周年の2013年、ネパール登山連盟によって運営が引き継がれている。

この例は、スロヴェニアのアルピニズムが世界的にも重要な役割を担っていることの証左である。スロヴェニア人アルピニストは、ヒマラヤの８０００メートル級の峰をすべて制覇した。ヴィキ・グロシェルは８０００メートル級10峰を踏破し、南極大陸最高峰ヴィンソンを含む全大陸最高峰を制覇した初めてのスロヴェニア人となった。また１９９０年、アンドレイとマリヤのシュトレンフェル夫妻がエヴェレストを制覇し、これによって二人はエヴェレスト登頂を果たした初めての夫婦となり、またマリヤはスロヴェニアで初の、世界でも13番目の女性エヴェレスト登頂者となった。多くのスロヴェニア人アルピニストが、アルピニストに贈られる最も権威ある賞である「ピオレドール賞」（フランスの登山誌『モンターニュ』と『グループ・ドゥ・オート・モンターニュ』が主宰、１９９１年創設）を受賞している。マルコ・プレゼルは同賞を４度受賞している世界で唯一のアルピニストである。

スロヴェニア人アルピニストは挑戦に疲れ果てることはないように見える。たとえば、２０００年にダヴォ・カルニチャルは、世界で初めてエヴェレストの頂上からスキーで滑り降りた。スロヴェニア人アルピニストはアルピニズムの世界において重要な役割を担い続ける。彼らにとって、山に登ることは、単なるスポーツではなく、人と自然の共生という問題に触れる、より深い、ほとんど哲学的な経験なのだ。これほど多くのスロヴェニア人が情熱的なアルピニストになるのはなぜか。その理由は、この地域の人々が、美しく神秘的な山脈との間に築く深い関係の中に見出せるに違いない。その山脈こそがアルプスである。

（ルカ・ツリベルク／百瀬亮司訳）

55

球技大国

★バスケットボールなど★

スロヴェニアはさまざまなスポーツの盛んな国である。山国としてのお国柄を反映したスキーなどのウィンタースポーツや、登山などが「国民的スポーツ」として知られるが、サッカーをはじめとする球技もまた盛んであり、国の規模を考慮すればかなりの実力を有していると言えるだろう。サッカーに関しては第53章で紹介したので、本章ではサッカー以外の球技に目を向けてみよう。

サッカーに続いてスロヴェニアで盛んな球技といえば、やはりバスケットボールだろう。ユーゴスラヴィアの時代から、バスケットボールは盛んにプレーされてきた。社会主義ユーゴスラヴィアはバスケットボールの世界的強豪であり、オリンピックでは、金メダル一つ（1980年モスクワ五輪）、銀メダル三つ（1968年メキシコ五輪、1976年モントリオール五輪、1988年ソウル五輪）、銅メダル一つ（1984年ロサンゼルス五輪）を獲得している。世界選手権では、金メダル三つ（1970年、1978年、1990年）、銀メダル三つ（1963年、1967年、1974年）、銅メダル二つ（1982、1986年）を獲得している。

1960年代のユーゴスラヴィアは、当時のバスケットボール

1970年の世界選手権で金メダルを獲得したユーゴスラヴィア代表チーム［出所：Review: Yugoslav Monthly Magazine, 1970 年 7–8 月号 , p. 9］

大国、ソ連、アメリカ、ブラジルなどに阻まれ、ヨーロッパ選手権も含め、銀メダルは獲得できても金メダルにはあと一歩届かないことが続いていた。こうした中、1970年の世界選手権は、ユーゴスラヴィアでの開催となり、ユーゴスラヴィアは地の利も生かして、金メダルを狙っていた。開催国ユーゴスラヴィアは、予選グループへの参加は免除されていた。7ヶ国で争われる決勝リーグは、スロヴェニアのリュブリャナで開催された。開催場所は、オープンからまだ数年しか経過していないティヴォリ・ホールであった。4連勝したユーゴスラヴィアが第5戦目に迎えたのはアメリカで、勝利すれば優勝が決まる一戦だった。ユーゴスラヴィアじゅうが固唾を飲んで見守る中、接戦をものにしたユーゴスラヴィアは最後の一試合を残して優勝を決め、主要国際大会で最初の金メダルを獲得した。このときは、ユーゴスラヴィアの国全体が歓喜に沸いたという。そしてこの金メダルは、ユーゴスラヴィア解体まで続くバスケットボール黄金時代の端緒となった。このときのチームには、中心選手の一人としてスロヴェニア人のイヴォ・ダネウも名前を連ねていた。自国のしかも地元での初優勝は、格別だっただろう。また、このアメリカとの一戦には、前年のアポロ11号の月面人類到達とかけて、「Luna vaša, zlata naša（月はあなたたちのもの、金は私たちのもの）」という横断幕が掲げられたという。このときの様子は、『俺たちは世界チャンピオンになる』というセルビア・スロヴェニア・クロアチア合作映画（2015年、ダルコ・バイッチ監督）に活写されている。

ユーゴスラヴィア・バスケットボールの黄金時代は、ユーゴスラヴィアの解体により終焉を迎えることになった。連邦解体後に、旧ユーゴスラヴィア諸国の中で最も成功を収めたのは、サッカーと同じく、セルビアとクロアチアだったが、スロヴェニアもそこそこの成績を収めてきている。オリンピックへの出場には、あと一歩のところで及んでいないが、世界選手権では、2010年に8位、2014年には7位になっている。また、世界的に活躍するスロヴェニア人バスケットボール選手も、独立以来、多数生まれてきている。2000年代にアメリカNBAで活躍したラドスラヴ・ネステロヴィチ、サーシャ・ヴヤチッチ、ボシュティヤン・ナフバル、プリモシュ・ブレゼッツら、あるいは2008年からNBAに活躍の舞台を移したゴラン・ドラギッチなどがよく知られている。これらのトップ選手にも、サッカーと同様、セルビアやクロアチアなど、スロヴェニア以外の旧ユーゴスラヴィア諸国にルーツを持つ選手が多数含まれている。バスケットボールにおいても、選手や指導者の発掘、育成のシステムの多くは、かつてのユーゴスラヴィア時代から引き継がれたものである。サッカーと並んでバスケットボールにも、ユーゴスラヴィアの遺産が残されていると言えるだろうか。ただし、女子のバスケットボールは顕著な成績は残していない。

サッカー、バスケットボールに次いで、国際舞台で活躍している球技を挙げるなら、それはハンドボールになろう。社会主義時代のユーゴスラヴィアは、ハンドボールでも活躍を見せていたが、独立後のスロヴェニアも、男子ハンドボールは一定の成績を収めている。オリンピックには三度にわたり出場しており、２０１６年のリオデジャネイロ五輪では、準々決勝に進出し、最終的に6位となっている。また、２０１７年の世界選手権では銅メダルを獲得しており、近年その成長が著しい。ユーゴスラヴィアは女子ハンドボールにおいても、強豪だったが、スロヴェニアの女子ハンドボールは、現在までのところ、さほど目立つ成績は収めていない。

その他の球技のうち、バレーボールはセルビア、クロアチアが、水球はセルビア、クロアチア、モンテネグロが旧ユーゴスラヴィアの国として一定の強さを誇っているが、スロヴェニアは、両競技ではさほど目立つ成績を収めていない。ウィンタースポーツの一つ、アイスホッケーもあまりぱっとしない成績が続いてきたが、２０１４年のソチ五輪では、予選リーグで強豪スロヴァキアに勝利するなどした結果、最終順位7位になっている。ユーゴスラヴィアの領域は、テニスでも強豪選手を輩出してきた。かつては、女子のモニカ・セレシュが大きく活躍し、近年ではセルビア出身のノヴァク・ジョコヴィチがよく知られている。スロヴェニアでも、テニスはそれなりに人気のあるスポーツだが、世界のトップで活躍する選手は生まれていない。

やはり、小国スロヴェニアにとっては、あらゆるスポーツの強化を目論むのは非現実なのかもしれない。ただし、サッカーやバスケットボールなどに関しては、これまでの育成のシステムを維持・発展させることができれば、その将来は明るいだろう。

（山崎信一）

IX

日本・スロヴェニア関係

56

日本とスロヴェニアとの交流史概観

★近藤常子に始まる100年の歩み★

スロヴェニアと日本との交流史をふりかえると、まず思い浮かぶのが近藤常子（1893〜1963）の名である。近藤は1893年（明治26年）に岐阜県で生まれ、日露戦争後、勝利を収めた日本が租借地とした遼東半島の先端部と島嶼部からなる関東州に移住した。この時期から、南満州の関東州に移住する日本人が増大するようになり、近藤の家族も南満州に移り住んだものと思われる。近藤は看護婦を目指し養成学校に通った。第一次世界大戦に際し、南満州から山東省東部に位置する膠州湾の青島に渡り、篤志看護婦として病院に勤務した。日本は第一次世界大戦に参戦すると、1914年8月に青島を攻撃し、この地を占領していた。日本軍の捕虜になったドイツおよびハプスブルク帝国（オーストリア・ハンガリー二重君主国）の将兵4700人（このうちハプスブルクの将兵は約400人）は日本に送られ、4年以上におよぶ収容所での生活を余儀なくされた（第57章を参照）。

近藤は青島の病院で、捕虜になった負傷兵の看護にあたった。負傷兵の一人がハプスブルク帝国海軍のスクシェク中尉であった。二人は恋に落ち、近藤は家族の反対を押し切って結婚にこぎつけた。第一次世界大戦終結後、捕虜たちはようやく本国に帰還することができたが、ハプスブルク帝国は敗戦により崩壊してしまっていた。スクシェクは近藤とともに1920年、新生国家セルビア人・クロアチア人・スロヴェニア人王国（1929年にユーゴスラヴィア王国に改称）の一地方となった故郷のリュブリャナに戻った。近藤は異国の地でスロヴェニア語を学び、現地名マリヤ・スクシェクを名乗り、赤十字病院の看護婦として活躍した。こうした活動が評価され、1963年にはユーゴスラヴィア赤十字社から最高の勲章を受けている。

近藤常子と日本語の教え子たち（ベオグラードで）

一方、近藤は唯一の日本人だったことから、日本や日本文化についての依頼を受け、1930年代から1960年頃まで多数の講演を行い、それらの記事がさまざまな新聞に掲載された。しかし、第二次世界大戦時から戦後、社会主義ユーゴスラヴィアが誕生した時期には、日本人ということでさまざまな嫌疑がかけられ、身を潜めて暮らしたようである。近藤はスクシェクとのあいだに一男一女をもうけたが、長男は21歳の若さで病死し、1947年には夫が、1958年には長女が他界して天涯孤独の身になった。家庭的に恵まれなかった近藤は一度も帰国せずに、戦後も個人的に日本語を教え続け、熱心な学生たちから慕われた。１９６４年の東京オリンピックの選手団通訳として帰国することを夢見ながら、その前年1月に死去した。近藤が嫁入り道具としてリュブリャナに運んだ清朝や日本の家具・調度品は、現在スロヴェニア民俗学博物館に収められている。スロヴェニアと日本の交流の礎を築いた女性として、近藤の果たした役割は大きい。

第二次世界大戦後、社会主義ユーゴスラヴィアの時期にスロヴェニアの存在を広く知らせたのは、現代美術、とくに版画の分野であろう。１９５５年からリュブリャナで開催された国際版画ビエンナーレ（コラム9を参照）は国際的に高い評価を得るようになり、１９６１年に浜口洋三が、１９７１年には木村光佑がそれぞれ大賞を受賞した。リュブリャナ国際版画ビエンナーレは、１９５７年から79年まで開催された東京国際版画ビエンナーレのモデルとされ、この分野での交流が続いた。１９９４年には、画家の濱野年宏がスロヴェニア文化大臣から国際文化賞を受け、２０１５年にはスロヴェニア科学芸術アカデミーの国外会員に選出された。２０１６年には、スロヴェニアの版画家ザクライシェクが日本外務大臣から表彰されている。

国家としてのスロヴェニアと日本の関係は、１９９１年6月にスロヴェニアが旧ユーゴスラヴィアから独立してから始まる。日本が92年3月にスロヴェニアを独立国家として承認し、10月に外交関係が樹立された。93年2月、スロヴェニアはいち早く東京に大使館を開設した。これに対し、日本は93年7月からオーストリア大使館がスロヴェニアを兼轄していたが、リュブリャナに大使館を開設したのは２００６年1月であった。両国の友好関係は順調に進み、２００８年には、ヤンシャ首相が来日した。２０１２年には両国外交関係樹立20周年を迎え、13年にパホル大統領が訪日し、6月には秋篠宮殿下夫妻がスロヴェニアを訪問された。２０１６年9月には、１９６４年東京オリンピックの金メダル受賞者（体操のあん馬）ミロスラウ・ツェラルを父とするミロ・ツェラル首相が来日した。人口２００万人のスロヴェニアと日本の経済関係は小規模だが、このところ強化され拡大する傾向にある（第60章を参照）。

スロヴェニアの独立後、１９９５年にリュブリャナ大学文学部（哲学部）アジア・アフリカ研究学科（現在はアジア研究学科）に日本研究専攻が開設されたことは、近藤が細々と続けていた日本語教育への努力がようやく結実したといえる（第59章を参照）。開設当初は、本書の編者の一人ベケシュが教授として着任し、他には日本語講師が一人だったが、その後、１９８０年代からボランティアで日本語を教えていた重盛千香子が加わり、現在ではこの専攻の卒業生ルカ・ツリベルクや若手研究者の守時なぎさがスタッフに加わり、全員で8人の大所帯となった。リュブリャナ大学の日本研究プログラムでは、東アジアのなかに日本研究を位置づける明確な視点に基づいて教育がおこなわれており、学際的な地域研究としての日本研究が活発に進められている。筑波大学、群馬大学、東京大学などと協定を結び、多くの学生が日本への短期・長期留学を果たし、南東欧（バルカン）地域の日本研究の拠点として高く評価されている。

最後に、スロヴェニアと日本とのスポーツ、とくにスキーを通じての交流にもふれておく（第52章を参照）。両国民の緊密な関係がつくられた契機は、１９９２／９３年スキージャンプ・ワールドカップのプラニツァ（イタリア、オーストリアとの国境にあるスロヴェニアのスキー場）大会で、原田雅彦らの日本チームが団体優勝したことであろう。1994／95年のシーズンには、同じくプラニツァ大会で、今度は船木和喜が初めて臨んだワールドカップのノーマルヒルで優勝した。日本人の活躍は、スキー好きのスロヴェニアの人たちに強い印象を与えた。スロヴェニアのメーカーであるエランのスキー板を使う日本人選手が増えると同時に、船木のように、スロヴェニアのコーチについてスキーを学ぶ日本人選手も現れた。こうした伝統は今も受け継がれ、高梨沙羅はエラン、その後継メーカーのスラットナーのスキー板を使って大活躍している。

（柴　宜弘）

57

第一次世界大戦期のスロヴェニア人戦争捕虜

――★ヨーロッパの戦場から日本まで★――

第一次世界大戦期にハプスブルク帝国の兵士として東部戦線に送られ、戦争捕虜となったスロヴェニア人は、開戦当初、戦線背後のウクライナ内陸部の各収容所に分散して収容された。その後捕虜数の増化に伴い、ヨーロッパ、ロシア、シベリア、中央アジアに新しい収容所が建てられてからは、そこに送られた。ほとんどの捕虜収容所の環境はひどく、捕虜は兵士であふれかえるバラック、小屋、使われなくなった校舎などの建物に住んだ。収容所には厳しい規則と生活時間表があり、移動は制限され、食料、衣服、靴の提供は非常に限定されていた。収容所の生活は厳しい寒さ、高い湿気、夏の暑さという異常な気候条件により苦しいものだった。衛生状態の悪さからコレラ、チフス、マラリアが発生した。戦争捕虜は家族に短い手紙を送ることしか許されなかったが、金銭や支給品を受けることはできた。

スロヴェニア人戦争捕虜は炭坑や鉄道で、1日12時間から18時間の厳しい労働条件で働いた。過密な収容所では、多くがその土地の農民や地主と生活を共にし働く機会が与えられ、互いに緊密な関係もできた。ロシア語を話せる者も増えて、それが

スロヴェニア人戦争捕虜

収容所の生活を楽にした。1918年3月のブレスト＝リトフスク条約により東部戦線が消滅し、ロシア各地にいた戦争捕虜が解放された。スロヴェニア人捕虜もようやく故郷へ帰ることができた。シベリアの収容所から故郷に戻る長い旅路は、いくつもの海を渡ることになった。多くの捕虜にとって帰国はさらに厳しい経験となる。それは出征後10年以上も故郷を離れていた者が多く、彼らの故郷の人々から敬遠されてしまうためであった。一方で、彼らはときに自分たちに風当たりの厳しい新国家と新しい社会環境に直面した。また、帰還兵はロシア革命のボリシェヴィキ思想を拡散する可能性があるとみなされたからである。

イタリア戦線（第8章を参照）での戦争、特にオーストリア・ハンガリー軍の敗退が、多くのスロヴェニア兵をイタリア軍の捕虜にさせる原因となった。第17歩兵連隊の全ての兵士が戦争捕虜になったことはよく知られている。イタリアは1万人のオーストリア・ハンガリー軍将校と60万人の兵士を拘束したことになる。収容所での生活は非常に厳しく、捕虜は自由に動くことが許されず、郵便も不定期、新聞は支給されず、ただ食料事情が他よりも良かっただけであった。終戦に伴い、彼らは1919年に捕虜から解放された。

スロヴェニア人の戦争捕虜は日本の収容所にもいた。これはオーストリア・ハンガリー海軍のカイザリン・エリザベト号に乗っていた将兵たちであり、南スラヴ人捕虜集団の一部をなしていた。1914年の第一次世界大戦勃発時、同船は中国にいて、1914年11月7日に日本軍に占領されたドイツの租借地・青島の防衛に参画していたのである。約4500人のドイツ兵と300人のオーストリア・ハンガリー海軍の将兵がすぐに日本へ移送された。彼らのために日本全国12か所に収容所が設置され、しだいに6か所に統合されていった。例えば、関西地方では、11月17日に捕虜が広島に着き、2日後の11月19日には兵庫県姫路へ移り、そこで寺院に収容された。翌1915年9月、日本軍は捕虜を同県の僻地へ移動させ、青野ケ原に新設された収容所に入れた。また、東京近郊では千葉県習志野の収容施設へ移送された。

第一次世界大戦終結後、捕虜たちの本国帰還が問題となる。スロヴェニア人などの南スラヴ人捕虜が帰属していたハプスブルク帝国が崩壊してしまったからである。1919年4月、新国家セルビア人・クロアチア人・スロヴェニア人王国（ユーゴスラヴィア）の代表がパリ講和会議において日本の代表団に接触し、この新国家に帰属することになる南スラヴ人捕虜の状態について懸念を表明した。日本に外交公館を設置していなかったセルビア人・クロアチア人・スロヴェニア人王国は、フランスに日本との仲介者になることを要請した。フランスはこの要請を受け入れ、東京のフランス大使館はスロヴェニア人を含む南スラヴ人すべての捕虜を集め、移送するための準備をはじめた。本国への捕虜の送還は2段階で行われた。1919年10月と11月に、捕虜のための特別解放文書が作られた。これに依拠して、在日フランス大使館が捕虜の一人であったヴィクトル・クロブチャル中尉を、捕虜が帰還するための公式仲介者および連絡将校に任命することを提案した。日本軍当局は、この在日フランス大使館の提案を受け入れ、クロブチャル中尉を 捕虜の立場から解放し、連絡将校の地位を承認した。その結果、捕虜たちの帰国準備が速やかに進んだ。

12月はじめ、各地に収容されていた捕虜はようやく解放され、神戸港へ移送された。南スラヴ人を含むすべての捕虜たちは、フランスのコルベット艦に乗り新国家に向けて帰還した。

（ボシティアン・ベルタラニチュ）

58

日本にやってきたスロヴェニア人

★様々な出会い★

最初に日本にやってきたスロヴェニア諸地域の人は、17世紀末頃のヨージェフ・ペルベルクというイエズス会の宣教師だ。鎖国時代にもかかわらず、国外追放だけで済んだとされる。その後は明治期中期まで記録がないが、様々な人たちがやってきた。船乗り、捕虜、旅行者、宣教師、外交官、詩人、プロの棋士、作家、留学生、ビジネスマン、研究者、大学の教員、スポーツのコーチ、山のガイド、ときには、同じ人がいくつもの役割でやってきたこともある。日本にやってきて日本に及ぼした影響もスロヴェニアに及ぼした影響も様々だ。

明治中期、オーストリア海軍の将兵として来日した人の記録があるが、日本から送られてきた絵葉書以外は何も残っていない。日本についてある程度の知識を持っていたスロヴェニア諸地域からの訪問者では明治後期、イヴァン（ジョン）・ヤーゲルが最初のようだ。ヤーゲルは建築家で、1901年から翌年にかけて、北京のオーストリア大使館公邸の改造のため北京で過ごす。北京滞在時に日本を訪問したことが契機となり、生涯にわたり日本の美術を愛し収集し続けた。1902年から、米国ミネソタに移り、亡くなるまで、異国の地にとどまった。死後、

イヴァン・ヤーゲル

未亡人がスロヴェニア科学芸術アカデミーに寄贈した日本のアート・コレクションが2006年、リュブリャナのツァンカル文化会館ではじめて展示され注目をあびた。

第一次世界大戦中から、捕虜として日本に連行されてきたスロヴェニア諸地域出身のオーストリア軍海兵がいる（第57章を参照）。数年間、姫路市近くの青野ケ原収容所に抑留され、戦後、主として当時、建国されたユーゴスラヴィア王国に帰還した。最近のスロヴェニアの若手研究者の努力で、その歴史が少しずつ明るみに出てきている。同じ大正時代だが、特筆すべきはその旅行記『孤独の旅』で有名な、ツェーリェ出身の作家アルマ・カルリンだ。1919年に、30歳で世界一周の旅に出かける。1922〜1923年、ペルー経由で来日し、東京のドイツ大使館で仕事をしながら、約1年、日本で過ごす。その後、朝鮮、台湾と中国、東南アジア、インドで旅を続ける。カルリンはルポや新聞記事、小説をすべてドイツ語で書き、スロヴェニア語訳が最初に出たのは1970年以降だ。彼女は熱心な神智学者（theosophist）だったので、日本およびその他アジア諸国の描写も主として、「スピリチュアル」な側面が重視されているが、特にルポや新聞記事には日常生活を面白く描写した箇所もみられる。

宣教師の例をあげると、1930年以降、サレジオ会の会員（修道士）3人、それにマリアの宣教

大正時代に日本に1年間滞在していた女流作家・冒険家のアルマ・カルリン［出所：Adolf Perissich /Wikimedia Commons］

者フランシスコ修道会および愛徳姉妹会に属する修道女4人の計7人だ。家族や教会の仲間たちに出された手紙に、日本の日常の描写とともに、信仰だけを支えにして異国で暮らしながら日々感じる戸惑い、苦労、そして時々、ちょっと笑わされたできごとの話が含まれている。7人の宣教師のうち1人は、プロテスタントに改宗して牧師になった。戦後は新たに、イエズス会の2人、コース神父とミヘルチッチ神父が上智大学で教鞭を執っていた。聖職を退いたコース神父は詩人でもあり、日本を題材とする詩も多い。ミヘルチッチ神父は現在キルギス共和国で、宣教師としての活動の傍ら、大学で日本語も教えている。

1950年代半ば、ユーゴスラヴィア大使として日本に滞在していたのがフランチェク・コースだ。コース夫妻は日本の大のファンで、滞在中、骨董品、掛け軸など古美術品を集めていた。帰国後、スロヴェニアで何回かそのコレクションの展示会を主催した。筆者も高校時代、コペルで見る機会があって、日本、東アジアへの関心を促された記憶がある。

1960年代は、ユーゴスラヴィア全体で俳句ブームが起こる。スロヴェニアも若い詩人の多くが

「ゼン（＝アメリカ経由で入った禅）」と俳句に興味をもつようになり、のちに日本の俳句をスロヴェニア語に訳したマルト・オーゲンのように、日本を訪れた人もいる。

１９６０年代からは、インドなどエキゾチックな国々へ旅行する人が現れた。筆者もその一人で、友人と貨物船などを利用しながら、中近東、インド、東南アジア経由で、１９７０年2月、大阪万博の少し前に日本にやってきた。2ヶ月足らずの滞在が非常に印象的で、のちの留学の動機にもなった。

それまでスロヴェニアから日本へ留学する人はいたとしてもまれで、国費留学生としては筆者が最初だったようだ。専攻の数学を大阪大学で学びながら、日本の言語、文化にも興味があって、大阪外国語大学（現在の大阪大学）で日本語学の授業を「潜り」で受けていた。その成果は、日本の民話集の編訳と、日本語学研究の道を進む決心だった。１９７０年代後半からは留学生が定期的に来るようになった。数学者のイゴル・ライレルが京都大学で博士号を取得したあと、鞍替えして京都でスロヴェニアのエスニック・レストランを営んでいるのはよく知られている。「ゼン」と「ハイク」を求めて留学に来た詩人のイストク・オソイニックは才気あふれた人物で、留学中に英語で本格的な謡曲を作り出した。留学生は文学・芸術、経済、自然科学、工学など、その専門は様々だった。当時の留学生の一人、ヤネス・プレモジェは、独立後、初代の駐日スロヴェニア大使となり、日本とスロヴェニアの外交関係に大いに貢献した。その後も大使館を通じて、大使をはじめ多くの外交官が滞在してきた。

写真家のゴラス・ヴィルハル夫妻やスロヴェニア語教育者のイェリサヴァ・ドボウシェク＝セスナのように、旅行、仕事などで来日して、そのまま日本に滞在するようになった例もある。

スロヴェニアで日本語教育および日本研究がはじまってから留学生はさらに増えた。日本留学を契機に日本の大学に教員として残った人、または筆者のように日本に一時的に戻った例もあれば、帰国後様々な分野で顕著な活躍をする人も後を絶たない。このように、日本語学、日本の思想・文化から、古武道や自然科学の最先端など、様々な分野において強いつながりができ、これらの分野がスロヴェニアに直接紹介された。

もう一つの無視できない分野はスポーツだ。アルペンスキーやスキージャンプ、ハンドボール、サッカーなどで多くのスロヴェニア人がコーチなどとして活躍してきたが、日本でもっとも知名度が高いのは恐らくサラエヴォ・オリンピックの大回転で銀メダルをとったスキー選手のユーリ・フランコだろう。

最後になるが、筆者も携わってきたリュブリャナ大学の日本研究プログラムが1995年に発足してから、留学生を中心とした交流が飛躍的に加速した。それは、グローバル化の証でもあるだろう。日本にやってきたスロヴェニア人が両国間にさまざまな関係を築いたが、その一方でスロヴェニアにやってきた日本人も同様に両国間の交流に貢献した。両国の交流史は、今後の重要な研究テーマだと思われる（第56章を参照）。

（アンドレイ・ベケシュ）

59

スロヴェニアにおける日本研究および日本語教育

★好奇心とアカデミズムの接点★

スロヴェニアにおける日本語教育は第一次世界大戦後の、ユーゴスラヴィア王国時代に遡る。イヴァンとマリヤ・スクシェク（本名、近藤常子）夫妻が中国からスロヴェニアに移住してきてまもなく、マリヤ・スクシェクが、関心のある若い芸術家などを対象に日本語の個人レッスンを始めた。だが、日本語教育が本格的に始まったのは１９８２年、スロヴェニア東方学会で、重盛千香子を講師とする、ボランティア日本語講座が発足してからだ。その講座は大変人気があって、小学生、高校生から大学生、社会人までが受講していた。１９８６年からは、さらに筑波大学で博士号を取得した筆者が加わり、初級、中級、上級と３レベルで、日本語教育が行われた。１９９０年からは講師の都合で、しばらく夏期集中という形で継続されながらも、人気は続いた。この講座の受講生の多くはその後、詩人、大学の教員、研究者、外交官などとして日本との関わりを持ち続け、社会で活躍している。日本語教育が飛躍的に発展するのは、１９９５年、リュブリャナ大学に日本研究プログラムができてからである。日本研究専攻の学習者だけでなく、公開講座でも、初級、中級レベルで、受講生数十名が学ぶ。また、日本の協定大学の実習生を念頭に入れて、春や夏に開かれる短期集中コースも、小学生（小学校は9年制）、高校生を中心に、依然大変人気がある。最近はさらに小学校や高校で教員をしているダブルメジャーの卒業生が、国内の数か所で日本語教育サークルを課外活動として展開している。また、公立私立を問わず、いくつかの外国語学校でも日本語教育が行われている。最近、スロヴェニアの科学教育省は、小学校の高学年および高等学校で、選択科目として日本語も導入する動きを見せている。これを受けて、リュブリャナ大学の日本研究プログラムでも、近い将来、修士レベルで日本語教育専攻を新たに設ける予定だ。

スロヴェニアにおける日本研究が本格的に、アカデミックな分野として発足したのは１９９５年10月、リュブリャナ大学文学部日本研究専攻においてである。２０１７年でちょうど22年が経った。今までの卒業生は２００人を超え、教育、観光、大学の教員など、様々な分野で活躍しており、日本研究の各分野で13人ほどが博士号を取得している。

スロヴェニアと日本との経済交流があまりないという現状から見て、日本研究プログラムは、当初ダブルメジャーという形で行われてきたが、２００９年以降、ＥＵの教育基準に沿った新しいボローニャ式カリキュラムでは、シングルメジャーも追加された。ダブルメジャーのメリットはいくつかあると考える。まず、日本研究そのものが学際的で一つの方法論を持たないという「弱み」を帯びている。単独専攻だと、その「弱み」がそのまま受け継がれるが、ダブルメジャーの場合、ほかの専門領域との組み合わせでそれがいくらか避けられる。早い段階で研究領域の組み合わせが可能であり、また、必要に応じてさまざまな人材養成が柔軟に行えるのも利点だ。さらに、日本との関係が深まらない間は、二つの専攻を持っている卒業生にとって、就職がより容易になるというメリットも無視できない。

リュブリャナ大学も波に乗ってか押されてか、2004年から独立法人になって、2009年を境に、大学全体がボローニャ式カリキュラムシステムに切り替わった。この年以降の改革の結果、学部3年と修士2年が制度化されたため、学部のレベルでは、語学関係の科目が大半を占めている。それに、東アジア史および人文学研究・異文化研究方法論が加わっている。語学力が中級・上級レベルに至る3年では、日本文学入門がさらに加わる。修士に入ってからは翻訳論、およびメディア研究、コーパス研究、思想史、文化史のようなより具体的な科目が導入される。学生の卒業論文および修士論文の研究と関連して、さらに選択科目が用意されている。理想的には学生は3年間で単位を取得し短めの卒業論文を書く。さらに、修士課程の2年目ではかなり本格的な修士論文を書く。プログラム自体の一部ではないが、できるだけ多くの学生が在学中、日本の大学で1年間、短くてもせめて1カ月ほど、学習できるように努力している。そのためには日本の大学との交流が不可欠だ。むろん、学生の交流だけでなく、大学院生、教員、研究者の交流も重視している。特に筑波大学とは人文学・社会科学という分野で、共同研究シンポジウムの開催、博士課程の院生のゼミなどの協力に力を入れている。また、エラスムス・プログラムなどに基づく欧州地域内の教員・学生の交流も、その重要性を増してきている。

発足当時は教授一人と語学講師一人しかいなかった。人手不足を乗りきるために、同時にできた中国研究の姉妹プログラムのスタッフと協力しながら、日本研究専攻と中国研究専攻に東アジアというより広い視点を取り入れるように工夫した。２０１５年10月1日から加わった韓国・朝鮮研究という新しい姉妹プログラムで、共通の東アジアという視点がさらに強くなった。日本研究プログラムでは現在、スタッフが８人に増えている。学生の定員は少し減らして、学部・修士を合わせて在学しているのは１３０人前後（そのうち新入生約40人）とした。日本研究プログラムが比較的早く軌道に乗ることができたのは、特に発足当初のころからの国際交流基金による支援が大きく貢献している。

リュブリャナ大学文学部アジア研究学科の日本研究関係の講義の風景（文学部リムリャンカ講義室）［提供：リュブリャナ大学文学部アジア研究学科］

　卒業論文、博士論文で見られる学生の関心はどのようなものであろうか。傾向として社会、文化への関心が強いが、最近、言語関係の卒業論文も増えている。路上生活者、部落差別、「在日」、ジェンダー、引きこもりや社会的弱者を取り扱うテーマ、さらには戦争責任、７３１部隊、天皇制、平和憲法と改憲問題、自衛隊、「フクシマ」などの堅いテーマもかなりある。ダブルメジャーという選択肢のゆえか、政治学、宗教社会学、文化社会学、文化人類学、音楽学、地理学、歴史学、文学、翻訳論、宗教学などの分野でかなり広範囲の論文が書かれる。それを反映して、博士課程でも、外交史から、国語イデオロギー、棘抜き地蔵を例にした消費社会と民間信仰、1960年代の日本における前衛芸術運動から、コーパス日本語学まで、幅広い様々なテーマが取り扱われている。リュブリャナ大学でカバーできない分野の場合、さらに留学もすすめている。ちなみに、現在、日本では数名が京都大学、筑波大学などで博士課程に在籍している。

日本研究プログラムが軌道に乗り、さらに研究交流を活性化するために、2014年8月、リュブリャナ大学の日本研究専攻が主催校として、第14回EAJS（ヨーロッパ日本研究協会）国際大会を開催した。前大会の記録を破り、1000名近くの研究者が出席し、成功を収めることができた。

国の経済状況はアカデミズムにも直結する。ボローニャ改革の後の徹底した学習時間短縮、それにともなう予算縮小が2008年のリーマンショック以降実施されたが、そうした環境のもとでカリキュラムがより柔軟に組み立てられたという側面もあった。現在は、リーマンショックから立ち直りつつある経済状況のもと、このようなプラスとマイナスの間でいかに上手に舵を取るかが、これからの私たち日本研究プログラム・スタッフの最大の課題である。

（アンドレイ・ベケシュ）

60

知られざる技術立国

★進みつつある日本との経済関係強化★

2016年時点におけるスロヴェニアへの進出日系企業数は、27社足らずであり、1990年代に同じく民主化を果たしたチェコ（175社）、スロヴァキア（53社）、ハンガリー（141社）、ポーランド（285社）等の中欧諸国と比較してもきわめて少ない。

その理由の一つとして、日系企業の中欧諸国への進出が進んだ1990年代に旧ユーゴスラヴィアのボスニア・ヘルツェゴヴィナ等で紛争が発生したことが挙げられる。スロヴェニアでは、旧ユーゴ連邦軍との間で武力衝突が発生したものの、10日間で事態は収束し、その後の治安情勢も良好であったが、紛争当事国と同じ旧ユーゴに属していたため、治安面等での漠然としたネガティブなイメージが投資判断に影響を与えたことは否定できない。

また、他の中欧諸国に比べて、金融機関を含む大規模国有企業の民営化、共産主義時代の慣習を引きずった硬直的な労働市場の改革や、外国企業による投資誘致に向けた経済改革・ビジネス関連法改正が遅れたことも日系企業の進出が進まなかった理由として挙げられる。

欧州ロボット製造拠点の設置を決めた安川電機のスロヴェニアにおける子会社「Yaskawa Ristro 社」

さらに理由として考えられるのは、1990年代のスロヴェニアの労働者の平均賃金や、不動産価格が中欧諸国を大きく上回っていたことである。例えば、EU統計局によれば、1999年のスロヴェニアの平均賃金が月額1289ユーロであったのに対し、ポーランドはその半額未満の611・1ユーロ、チェコは518・6ユーロであり、日系企業にとり、労働集約型産業の生産拠点としてスロヴェニアは適していなかったと言えよう。

スロヴェニア中銀の2015年統計によれば、日本からの直接投資残高(ストック)は、7110万ユーロ、対スロヴェニア海外直接投資残高総額の約0・6%で、スロヴェニアからの対日直接投資残高(ストック)は230万ユーロとなっており、投資規模は小さい。直接投資では、産業用ロボット・溶接機メーカーのダイヘンが、2014年5月にスロヴェニアの溶接機メーカー「Varstroj」社を完全買収し、「Daihen Varstroj」社を設立した。自動車販売では、トヨタ・アドリア(豊田通商が出資し、旧ユーゴ諸国にトヨタ車を販売)、サミット・モーターズ(住友商事が出資し、フォード車等を販売)が進出している。間接投資の例としては、安川電機がドイツ法人を経由した投資で、中欧の産業用ロボット等の販売・サービス拠点「Yaskawa Slovenija」社、アセンブリー拠点「Yaskawa Ristro」社を設立している。また、2016年10月には安川電機が、欧州における産業用ロボットの製造およびR&D拠点をスロヴェニアに設置することを決定したこともあり、今後の日系産業用ロボットメーカーの欧州での拠点としての役割が期待される。

第60章

知られざる技術立国

2013年7月、パナソニックがスロヴェニアの家電大手ゴレーニェ社と資本・業務提携契約を締結し、洗濯機等の白物家電製品の共同開発・製造を行っている（出資額1000万ユーロ）。旧ユーゴ諸国への物流のハブとしての強みを活かし、2011年には、アステラス製薬が、南東欧における販売等を行う子会社を設立した他、業務用の電動工具、木工機械大手のマキタも東欧地区本部機能をウィーンからリュブリャナに移転した。さらに、産業用ロボット大手のファナックも旧ユーゴ諸国向けの販売・サービス拠点をスロヴェニアに設置している。

日・スロヴェニア間の貿易高は、財務省統計では近年100〜150億円程度であり、2015年のスロヴェニアの対日輸出は、スロヴェニアの総輸出の0・2％、日本からの輸入はスロヴェニア総輸入の0・3％で規模は小さい。2008年まで拡大傾向にあった対スロヴェニア輸出は、欧州金融危機の影響を受け減少したが、2013年以降は回復傾向にある。日本への主な輸出品は、輸送機器、電気機器、医薬品など、日本よりの主な輸入品は、機械、輸送機器、電気機器などである。

このように、これまでの日・スロヴェニア経済関係は中欧諸国に比べ強いものとは言えなかったが、近年、スロヴェニア政府は、その活性化に向け積極的に取り組んできている。2014年9月に発足したミロ・ツェラル首相率いる政権は、国有企業の民営化、硬直的な労働市場の改革、複雑なビジネス関連行政手続の改善等を通じ、投資環境の改善に積極的に取り組み、経済の国際化を主要政策の一つに掲げている。日本との関係では、2015年5月、スロヴェニア政府は「ビジネス国際化計画」およびその付属文書として「国際化への課題」を採択し、今後、経済外交に力を入れていく国である「優先市場」の一つに日本を指定し、投資誘致および両国間の貿易拡大に向けた努力を強化してきている。

また、２０１６年9月には日・スロヴェニア租税協定が署名されたこともあり、両国間の相互の投資・経済交流が一層促進することが期待される。

スロヴェニアのアドリア海沿岸コペル市に位置するコペル港は、コンテナ取扱量ではアドリア海北部地域最大、自動車取り扱い台数では地中海沿岸で第３位の港湾であり、オーストリア、スロヴァキアおよびハンガリー等の中欧諸国への物流のゲートウェーとしての地位を確立してきている。欧州北部のハンブルク港等の港湾に比べ、日本から中東欧諸国への輸送期間が7～10日程度短縮できる等のメリットがあり、近年、同港港湾会社は日本企業向けに積極的に売り込みを行ってきている。２０１４年9月には、日本通運が同港港湾会社との間で協力覚書を締結する等、日系企業による同港活用に向けた注目が高まっている。

スマートコミュニティ実証事業にかかる協力覚書署名式典（ツェラル首相立ち会い）

二国間の環境技術分野での協力も進みつつある。２０１６年11月、新エネルギー・産業技術総合開発機構（ＮＥＤＯ）は、スロヴェニアにおける次世代電力網（スマートグリッド）実証事業の実施に向け、スロヴェニア政府と協力覚書に署名した。２０１９年10月までの3年間、ＮＥＤＯは日立製作所に委託し、スロヴェニア企業と共同で、スマートグリッド技術の実証を行うこととなる。また、本件実証の結果を踏まえ、将来的には両国企業が合同で事業モデルを構築し、スロヴェニアから欧州各国への市場展開を目指すことが目標とされている。
スロヴェニアはハプスブルク帝国の一部であった時代から高い技術力で知られ、旧ユーゴスラヴィア内でも先進工業地帯として発展した。スロヴェニアは小国であるため、全ての分野で強い技術力を有している訳ではないが、IT、環境技術、ロボット、自動車関連部品、小型飛行機等の隙間産業の分野で国際的にも競争力を有する革新的な技術力を持った企業が複数存在する。例えば、小型航空機メーカー「ピピストレル」社は、実用レベルでは世界で初めて電動飛行機の開発に成功し、米航空宇宙局（NASA）から表彰され、近年、インド等に数多くの航空機を輸出している。また、レーシング車用排気システムメーカー「アクラポヴィチ」社は、80ヶ国の市場に製品を輸出しており、日本の代表的なオートバイ製造メーカーの公式レーシングチームも同社の排気システムを採用している。日本でも人気のあるスポーツ用品メーカー「エラン」は、1990年代前半に世界のスキー産業に革命を起こしたカービングスキーを開発し、近年ではスキージャンプ女子の高梨沙羅選手が同社のスキーを使用していたことで知られている（注：エラン社のジャンプ用スキー製造中止のため、現在は、同社の技術を引き継いだスロヴェニアのスラットナー社のスキーを使用）。

2015年7月に開催された外国からの投資誘致を目的とする「FDIサミット」においてツェラル首相は、「スロヴェニアが、R&D、ロジスティクスおよび環境技術においてハブとなるための投資を促進する」と述べている。旧ユーゴ諸国の中で、技術立国として発展してきたスロヴェニアには、環境分野を含め、高度な技術を有する民間企業や研究機関が多々存在する。こうした、環境、省エネを含むハイテク分野での両国政府・企業間の協力、ならびに、中欧諸国への物流のゲートウェーとしての強みを活かした経済関係のさらなる強化が期待される。

（牧野由明）

スロヴェニアについてさらに知りたい人のための文献案内

以下では、主として日本語で書かれたスロヴェニアに関する文献を、本書各章の参考文献とともに、分野ごとに配した。スロヴェニアについての基本的な文献案内として活用頂ければ幸いである（〈　〉内は、執筆時に参考にした章の番号を示す）。ただし、スロヴェニア語や英語などの外国語の文献は割愛した。関心のある方は、左記の個別の文献に収められた参考文献等も参照されたい。

【総論・一般・事典】

REVIJA 編（東欧文化研究会訳）『ユーゴスラビア』Kôbunsha、1968年
芦田均『バルカン』（岩波新書 赤版55）、岩波書店、1939年
岩田昌征・三浦真理『東欧の経済と社会 I――ユーゴスラビア・ブルガリア』（研究参考資料176）、アジア経済研究所、1971年
梅棹忠夫監修、松原正毅・NIRA編集『世界民族問題事典』（新訂増補版）、平凡社、2002年
ジョルジュ・カステラン、アントニア・ベルナール（千田善訳）『スロヴェニア』（文庫クセジュ827）、白水社、2000年〈6、7〉
ジョルジュ・カステラン（萩原直訳）『バルカン世界――火薬庫か平和地帯か』（叢書東欧8）、彩流社、2000年
加藤雅彦『ユーゴスラヴィア――チトー以後』（中公新書552）、中央公論社、1979年
「カントリー・イン・フォーカス スロベニア」（『外交フォーラム』№237号、2008年4月、1～2、48～58頁）
小山洋司『南東欧（バルカン）経済図説』（ユーラシア・ブックレット160）、東洋書店、2010年
柴宜弘編『もっと知りたいユーゴスラヴィア』弘文堂、1991年
柴宜弘編著『バルカンを知るための65章』（エリア・スタディーズ48）、明石書店、2005年［『バルカンを知るため

の66章【第2版】』、2016年」
柴宜弘・木村真・奥彩子編『東欧地域研究の現在』山川出版社、2012年
柴宜弘・伊東孝之・南塚信吾・直野敦・萩原直監修『東欧を知る事典』（新版）、平凡社、2015年
ライコ・ボボト編著（山崎洋訳）『ユーゴスラヴィア——社会と文化』恒文社、1983年
南塚信吾編『東欧の民族と文化』（叢書東欧1）、彩流社、1989年［増補版・第3版、1993年］
森安達也『ビザンツとロシア・東欧』（《ビジュアル版》世界の歴史9）、講談社、1985年
森安達也編『スラヴ民族と東欧ロシア』（民族の世界史10）、山川出版社、1986年

【歴史】

伊東孝之編『東欧現代史』（有斐閣選書）、有斐閣、1987年
梅田良忠編『東欧史』（世界各国史13）、山川出版社、1958年［新版、矢田俊隆編、1977年］
マルセル・ドゥ・ヴォス（山本俊明訳）『ユーゴスラヴィア史』（文庫クセジュ529）、白水社、1973年〈6、7〉
R・オーキー（越村勲・田中一生・南塚信吾編訳）『東欧近代史』勁草書房、1987年
ジョルジュ・カステラン（山口俊章訳）『バルカン——歴史と現在』サイマル出版会、1994年
木戸蓊『バルカン現代史』（世界現代史24）、山川出版社、1977年
スティーヴン・クリソルド編著（田中一生・柴宜弘・高田敏明訳）『ユーゴスラヴィア史』初版、恒文社、1980年［増補版、1993年／増補第2版、1995年］〈6、7〉
C&B・ジェラヴィチ（野原美代子訳）『バルカン史』恒文社、1982年
柴宜弘『ユーゴスラヴィア現代史』（岩波新書 新赤版445）、岩波書店、1996年
柴宜弘編著『バルカン史』（新版世界各国史18）、山川出版社、1998年
柴宜弘編『バルカン史と歴史教育——「地域史」とアイデンティティの再構築』明石書店、2008年
柴宜弘「ユーゴスラビアからEUへ——スロベニアの歴史」（「カントリー・イン・フォーカス スロベニア」、『外交フォーラム』No.237号、2008年4月、48～51頁）
P・F・シュガー、I・J・レデラー編（東欧史研究会訳）『東欧のナショナリズム——歴史と現在』（刀水歴史全書

9)、刀水書房、1981年
田中一生解説・訳「南スラヴにおけるイリリア主義」(『東欧史研究』第3号、1980年、86～100頁)〈6、7〉
月村太郎『オーストリア＝ハンガリーと少数民族問題――クロアティア人・セルビア人連合成立史』東京大学出版会、1994年
南東欧における民主主義と和解のためのセンター(CDRSEE)企画、クリスティナ・クルリ総括責任著(柴宜弘監訳)『バルカンの歴史――バルカン近現代史の共通教材』(世界の教科書シリーズ37)、明石書店、2013年
ニーデルハウゼル・エミル(渡邊昭子ほか訳)『総覧 東欧ロシア史学史』北海道大学出版会、2013年
F・フェイト(熊田亨訳)『スターリン以後の東欧』(岩波現代選書17)、岩波書店、1978年
F・フェイト(熊田亨訳)『スターリン時代の東欧』(岩波現代選書28)、岩波書店、1979年
エドガー・ヘッシュ(佐久間穆訳)『バルカン半島』みすず書房、1995年
ドラーゴ・ロクサンディチ(越村勲訳)『クロアティア＝セルビア社会史断章――民族史を越えて』(叢書東欧7)、彩流社、1999年
ジョセフ・ロスチャイルド(大津留厚監訳)『大戦間期の東欧――民族国家の幻影』(人間科学叢書23)、刀水書房、1994年
ジョゼフ・ロスチャイルド(羽場久浘子・水谷驍訳)『現代東欧史――多様性への回帰』共同通信社、1999年

【政治・経済】

阿部望『ユーゴ経済の危機と崩壊――国内要因と国外要因』日本評論社、1993年
岩田昌征『凡人たちの社会主義――ユーゴスラヴィア・ポーランド・自主管理』筑摩書房、1985年
岩田昌征『ユーゴスラヴィア――衝突する歴史と抗争する文明』NTT出版、1994年〈12〉
岩田昌征『ユーゴスラヴィア多民族戦争の情報像――学者の冒険』御茶の水書房、1999年
岩田昌征『二〇世紀崩壊とユーゴスラヴィア戦争――日本異論派の言立て』御茶の水書房、2010年
J・オブラドヴッチ、W・N・ダン編著(笠原清志監訳)『参加的組織の機能と構造――ユーゴスラヴィア自主管理企業の理論と実践』時潮社、1991年

笠原清志編著『自主管理制度と階級－階層構造――ユーゴスラビアにおける社会的調査』時潮社、1982年
E・カルデリ（山口房雄・玉城素訳）『中国共産主義批判――社会主義と戦争』論争社、1961年
カルデリ（山崎洋訳）『自主管理と民主主義』大月書店、1981年
久保慶一『引き裂かれた国家――旧ユーゴ地域の民主化と民族問題』有信堂高文社、2003年〈12〉
ミーシャ・グレニー（井上健・大坪孝子訳、千田善解説）『ユーゴスラヴィアの崩壊』白水社、1994年
『現代思想』第25巻第14号（12月臨時増刊「総特集＝ユーゴスラヴィア解体」）、1997年12月
小山洋司『ユーゴ自主管理主義の研究――1974年憲法体制の動態』多賀出版、1996年
小山洋司『EUの東方拡大と南東欧――市場経済化と小国の生き残り戦略』（MINERVA 現代経済学叢書70）、ミネルヴァ書房、2004年
小山洋司「スロヴェニアのサクセス・ストーリーとその落とし穴」（『ロシア・東欧研究』第42号、2013年、88～102頁）〈31〉
齋藤厚「スロヴェニアにおける政党政治とポピュリズム――スロヴェニア社会民主党の右派政党化をめぐって」（『スラヴ研究』第52号、2005年、39～61頁）〈29〉
佐々木洋子『ハプスブルク帝国の鉄道と汽船――19世紀の鉄道建設と河川・海運航行』刀水書房、2013年
佐原徹哉編『ナショナリズムから共生の政治文化へ――ユーゴ内戦10年の経験から』北海道大学スラブ研究センター、2002年
佐原徹哉『ボスニア内戦――グローバリゼーションとカオスの民族化』（国際社会と現代史）、有志舎、2008年
柴宜弘『ユーゴスラヴィアの実験――自主管理と民族問題と』（岩波ブックレット205 シリーズ東欧現代史4）岩波書店、1991年
柴宜弘『ユーゴスラヴィアで何が起きているか』（岩波ブックレット299）岩波書店、1993年
柴宜弘・中井和夫・林忠行『連邦解体の比較研究――ソ連・ユーゴ・チェコ』多賀出版、1998年
「スロベニアおよびクロアチアの原子力事情」（高度情報科学技術研究機構運営サイト「原子力百科事典ATOMICA」http://www.rist.or.jp/atomica/data/dat_detail.php?Title_Key=14-06-12-01）〈コラム6〉
千田善『ユーゴ紛争――多民族・モザイク国家の悲劇』（講談社現代新書1168）、講談社、1993年〈12〉

中央大学社会科学研究所編『自主管理の構造分析――ユーゴスラヴィアの事例研究』（中央大学社会科学研究所叢書1）、中央大学出版部、1988年
月村太郎『ユーゴ内戦――政治リーダーと民族主義』東京大学出版会、2006年
土田陽介「欧州債務問題のなかでくすぶる小国リスク――スロヴェニアの不良債権問題」（『国際金融』1253号、2013年、36～43頁）〈31〉
暉峻衆三・小山洋司・竹森正孝・山中武士『ユーゴ社会主義の実像』リベルタ出版、1990年
徳永彰作『モザイク国家ユーゴスラヴィアの悲劇』（ちくまライブラリー100）、筑摩書房、1995年
中村義博『ユーゴの民族対立――平和の創成を求めて』サイマル出版会、1994年
南塚信吾・宮島直機編『'89・東欧改革――何がどう変わったか』（講談社現代新書995）、講談社、1990年
J・ユスティン、M・Č・ヴォグリンチッチ、E・クレメンチッチ「スロヴェニアの市民性教育」（近藤孝弘編『統合ヨーロッパの市民性教育』名古屋大学出版会、2013年、140～159頁）
山崎洋「どこへ行く、自主管理社会主義――ユーゴスラヴィアの経験」（菊地昌典編『社会主義の現実Ｉ――東欧・ベトナム・アフリカ』〈社会主義と現代世界2〉、山川出版社、1989年、177～222頁）
ヴェリコ・ルス（石川晃弘・犬塚先・鈴木隆訳）『産業民主主義と自主管理――ユーゴスラヴィアの経験』（合同叢書）、合同出版、1980年

【国際関係】
今井雅晴編『スロヴェニア・リュブリャーナ大学の日本研究専攻』筑波大学第二学群日本語・日本文化学類、2000年
今井雅晴編『スロヴェニア・リュブリャーナ大学と筑波大学――大学間交流協定の成果 1997年～2002年』筑波大学第二学群日本語・日本文化学類、2002年
川﨑恭治「クロアチアのEU加盟とピラン湾の境界画定問題（EUSI Commentary Vol. 009）」（『ＥＵＳＩメールマガジン』第13号、2012年）〈33〉
カルデリ（山崎洋・山崎那美子訳）『自主管理社会主義と非同盟――ユーゴスラヴィアの挑戦』大月書店、1978年

エドヴァルド・カルデリ（高屋定國・定形衛訳）『民族と国際関係の理論』ミネルヴァ書房、1986年
齋藤厚「スロヴェニアとの海洋境界」（柴宜弘・石田信一編『クロアチアを知るための60章』明石書店、2013年、151〜155頁）〈32〉
定形衛『非同盟外交とユーゴスラヴィアの終焉』風行社、1994年
定形衛「旧ユーゴスラヴィアと境界線問題の諸相」（『名古屋大學法政論集』第245号、2012年、383〜408頁）〈33〉
千田善『ユーゴ紛争はなぜ長期化したか――悲劇を大きくさせた欧米諸国の責任』勁草書房、1999年
アンドレイ・ベケシュ「スロベニアから見た日本、日本から見たスロベニア」（「カントリー・イン・フォーカス　スロベニア」、『外交フォーラム』№237号、2008年4月、52〜53頁）
アンドレイ・ベケシュ「20年目を迎えるリュブリャナ大学の日本研究」（柴宜弘編『バルカンを知るための66章【第2版】』明石書店、2016年、355〜357頁）〈56〉

【社会・文化】

『SD［スペースデザイン］』（鹿島出版会）、第278号、1987年11月（「特集 ヨージェ・プレチニック1872〜1957」、5〜48頁）〈50〉
井口壽乃・圀府寺司編『アヴァンギャルド宣言――中東欧のモダニズム』三元社、2005年〈51〉
宇都宮徹壱『幻のサッカー王国――スタジアムから見た解体国家ユーゴスラヴィア』勁草書房、1998年
亀田真澄・山崎信一・鈴木健太・百瀬亮司『アイラブユーゴ3――ユーゴスラヴィア・ノスタルジー 女の子編』社会評論社、2015年〈52〉
木村元彦『悪者見参――ユーゴスラビアサッカー戦記』集英社、2000年［文庫版（集英社文庫724）、2001年］
栗原成郎『スラヴのことわざ』ナウカ、1989年
国立現代美術館編『ユーゴスラヴィア現代版画展 Exhibition of Contemporary Prints in Yugoslavia』国立近代美術館、1965年［展覧会図録］

越村勲・山崎信一『映画「アンダーグラウンド」を観ましたか？——ユーゴスラヴィアの崩壊を考える』彩流社、2004年
近藤健児『辺境・周縁のクラシック音楽2——中・東欧篇』青弓社、2011年
鈴木健太・山崎信一・亀田真澄・百瀬亮司『アイラブユーゴ1——ユーゴスラヴィア・ノスタルジー 大人編』、社会評論社、2014年〈16〉
関口義人『バルカン音楽ガイド』青弓社、2003年
田中一生『バルカンの心——ユーゴスラビアと私』（叢書東欧12）、彩流社、2007年
東京国立近代美術館『現代ユーゴスラヴィア美術展』1973年［展覧会カタログ、東京国立近代美術館・リュブリアナ近代美術館・ユーゴスラヴィア大使館主催］〈51〉
ミランカ・トーディチ（荒島浩雅訳）『写真とプロパガンダ——1945～1958』三元社、2009年
ネボイシァ・トマシェヴィッチ著、ヨージェ・ティスニカル絵（徳田良仁 日本語版監修・訳）『死の画家ティスニカル』、恒文社、1980年
水谷驍『ジプシー——歴史・社会・文化』（平凡社新書327）、平凡社、2006年
百瀬亮司・亀田真澄・山崎信一・鈴木健太『アイラブユーゴ2——ユーゴスラヴィア・ノスタルジー 男の子編』社会評論社、2014年〈16、52、コラム2〉
森明子『土地を読みかえる家族——オーストリア・ケルンテンの歴史民族誌』新曜社、1999年
森明子「住民社会におけるネーション の意味——オーストリア・ケルンテンのスロヴェニア人をめぐって」（大津留厚ほか『民族』〔近代ヨーロッパの探究10〕、ミネルヴァ書房、2003年、69～131頁）
山崎佳代子『解体ユーゴスラビア』（朝日選書476）、朝日新聞社、1993年

【文学・民話・哲学】
ルイス・アダミック（田原正三訳）『わが祖国ユーゴスラヴィアの人々』（ルイス・アダミック作品集2）、PMC出版、1990年〈27〉
ドゥブラヴカ・ウグレシィチ（岩崎稔訳）『バルカン・ブルース』未來社、1997年

栗原成郎・田中一生共訳編『ユーゴスラビアの民話』恒文社、１９８０年
アレンカ・ジュパンチッチ（冨樫剛訳）『リアルの倫理――カントとラカン』河出書房新社、２００３年
ツァンカル（柴宜弘訳）「一杯のコーヒー」（蔵原惟人監修、高橋勝之ほか編集『世界短編名作選 東欧編』新日本出版社、１９７９年、１１９〜１２３頁）
イヴァン・ツァンカル（イヴァン・ゴドレール、佐々木とも子訳）『イヴァン・ツァンカル作品選』成文社、２００８年
イヴァン・ツァンカル（イヴァン・ゴドレール、佐々木とも子訳）『慈悲の聖母病棟』成文社、２０１１年
スラヴェンカ・ドラクリッチ（三谷惠子訳）『バルカン・エクスプレス――女心とユーゴ戦争』三省堂、１９９５年
スラヴェンカ・ドラクリッチ（長場真砂子訳）『カフェ・ヨーロッパ』恒文社、１９９８年
沼野充義・西成彦・奥彩子編『東欧の想像力』松籟社、２０１６年
アンドレイ・ベケシュ訳「ユーゴスラヴィア」（『世界の民話 第16巻 東ヨーロッパ』研秀出版、１９８０年、１０１〜１１１頁）
プレドラグ・マトヴェイエーヴィチ（土屋良二訳）『旧東欧世界――祖国を失った一市民の告白』未來社、２０００年
八百板洋子編訳、ルディ・スコチル画『いちばんたいせつなもの――バルカンの昔話』福音館書店、２００７年

・ジジェク

『現代思想』第24巻第15号（「特集＝ジジェク」）、１９９６年12月
スラヴォイ・ジジェク監修（露崎俊和ほか訳）『ヒッチコックによるラカン――映画的欲望の経済（エコノミー）』トレヴィル、１９９４年
スラヴォイ・ジジェク（鈴木晶訳）『斜めから見る――大衆文化を通してラカン理論へ』青土社、１９９５年
スラヴォイ・ジジェク（松浦俊輔・小野木明恵訳）『快楽の転移』、青土社、１９９６年
スラヴォイ・ジジェク（鈴木一策訳）『為すところを知らざればなり』みすず書房、１９９６年
スラヴォイ・ジジェク（松浦俊輔訳）『仮想化しきれない残余』青土社、１９９７年
スラヴォイ・ジジェク（酒井隆史・田崎英明訳）『否定的なもののもとへの滞留――カント、ヘーゲル、イデオロギー

批判』（批評空間叢書15）、太田出版、1998年［文庫版（ちくま学芸文庫）、2006年］
スラヴォイ・ジジェク（松浦俊輔訳）『幻想の感染』青土社、1999年
スラヴォイ・ジジェク（長原豊訳）『いまだ妖怪は徘徊している！』情況出版、2000年
スラヴォイ・ジジェク（鈴木晶訳）『イデオロギーの崇高な対象』河出書房新社、2000年［文庫版（河出文庫シ6－2）、2015年］
スラヴォイ・ジジェク（中山徹訳）『脆弱なる絶対――キリスト教の遺産と資本主義の超克』青土社、2001年
スラヴォイ・ジジェク（鈴木晶訳）『汝の症候を楽しめ――ハリウッドVSラカン』筑摩書房、2001年
ジュディス・バトラー、エルネスト・ラクラウ、スラヴォイ・ジジェク（竹村和子・村山敏勝訳）『偶発性・ヘゲモニー・普遍性――新しい対抗政治への対話』青土社、2002年
スラヴォイ・ジジェク（中山徹・清水知子訳）『全体主義――観念の（誤）使用について』青土社、2002年
スラヴォイ・ジジェク（長原豊訳）『「テロル」と戦争――「現実界」の砂漠へようこそ』青土社、2003年
スラヴォイ・ジジェク（松浦俊輔訳）『信じるということ』（Thinking in action）、産業図書、2003年
スラヴォイ・ジジェク、ムラデン・ドラー（中山徹訳）『オペラは二度死ぬ』青土社、2003年
スラヴォイ・ジジェク（松本潤一郎・白井聡・比嘉徹徳訳）『イラク――ユートピアへの葬送』河出書房新社、2004年
スラヴォイ・ジジェク（長原豊訳）『身体なき器官』河出書房新社、2004年
スラヴォイ・ジジェク（中山徹訳）『操り人形と小人――キリスト教の倒錯的な核』青土社、2004年
スラヴォイ・ジジェク編（鈴木晶・内田樹訳）『ヒッチコック×ジジェク』河出書房新社、2005年
スラヴォイ・ジジェク、グリン・デイリー（清水知子訳）『ジジェク自身によるジジェク』河出書房新社、2005年
スラヴォイ・ジジェク（長原豊訳）『迫り来る革命――レーニンを繰り返す』岩波書店、2005年
スラヴォイ・ジジェク（鈴木俊弘・増田久美子訳）『厄介なる主体――政治的存在論の空虚な中心』（1・2、全2巻）、青土社、2005～2007年
スラヴォイ・ジジェク（岡崎玲子訳・インタビュー）『人権と国家――世界の本質をめぐる考察』（集英社新書0367C）、集英社、2006年

スラヴォイ・ジジェク（鈴木晶訳）『ラカンはこう読め！』紀伊國屋書店、2008年
スラヴォイ・ジジェク（長原豊・松本潤一郎訳）『ロベスピエール／毛沢東――革命とテロル』（河出文庫）、河出書房新社、2008年
スラヴォイ・ジジェク（中山徹・鈴木英明訳）『大義を忘れるな――革命・テロ・反資本主義』青土社、2010年
スラヴォイ・ジジェク（栗原百代訳）『ポストモダンの共産主義――はじめは悲劇として、二度めは笑劇として』（ちくま新書852）、筑摩書房、2010年
スラヴォイ・ジジェク（中山徹訳）『暴力――6つの斜めからの省察』青土社、2010年
コスタス・ドゥズィーナス、スラヴォイ・ジジェク編（沖公祐・比嘉徹徳・松本潤一郎訳）『共産主義の理念』水声社、2012年
スラヴォイ・ジジェク（山本耕一訳）『終焉の時代に生きる』国文社、2012年
スラヴォイ・ジジェク（長原豊訳）『2011――危うく夢見た一年』航思社、2013年
スラヴォイ・ジジェク（パク・ヨンジュン編、中山徹訳）『ジジェク、革命を語る――不可能なことを求めよ』青土社、2014年
スラヴォイ・ジジェク（鈴木晶訳）『事件！――哲学とは何か』（河出ブックス087）、河出書房新社、2015年
マルクス・ガブリエル、スラヴォイ・ジジェク（大河内泰樹・斎藤幸平監訳、飯泉佑介ほか訳）『神話・狂気・哄笑――ドイツ観念論における主体性』（Nᵾと叢書01）、堀之内出版、2015年
スラヴォイ・ジジェク（鈴木國文・古橋忠晃・菅原誠一訳）『もっとも崇高なヒステリー者――ラカンと読むヘーゲル』みすず書房、2016年
『批評空間』№6（第1期第6号、共同インタヴュー スラヴォイ・ジジェク氏に聞く――スターリンからラカンへ）、1992年7月

【ことば】
山崎洋・田中一生編『スロベニア語会話練習帳』大学書林、1983年
山崎佳代子編『スロベニア語基礎1500語』大学書林、1985年

金指久美子『スロヴェニア語入門』大学書林、2001年
金指久美子『スロヴェニア語日本語小辞典』大学書林、2009年
アンドレイ・ベケシュ『国家の形成と国家語の成立——旧ユーゴ諸国と日本との比較』筑波大学第二学群日本語・日本文化学類、2003年
アンドレイ・ベケシュ「国家語形成のパターン——日本と旧ユーゴスラビアの比較」(『日本語教育連絡会議論文集』Vol.16、2004年、1〜9頁、および電子版：http://www.nier.go.jp/saka/pdf/N16005001.pdf)

【伝記・自伝】

ヴィンテルハルテル(田中一生訳)『チトー伝——ユーゴスラヴィア社会主義の道』徳間書店、1972年
エドヴァルド・カルデリ(山崎那美子訳)『自主管理社会主義への道——カルデリ回想記』(亜紀・現代史叢書13)、亜紀書房、1982年
中村鉎司「ゴスポジャ・ヤパンカの想い出——半世紀をユーゴに生きたおばさん」(『アドリア』(日本ユーゴスラヴィア協会)、No.15、1977年、18〜22頁)〈56〉
花房るり子「ツネコとの出会い」(『アドリア』、No.36、1987年、12〜14頁)〈56〉

【旅行・紀行・事情紹介】

久留島秀三郎『ヴァルカンの赤い星 ユーゴスラヴィヤ』相模書房、1954年
地球の歩き方編集室著編『地球の歩き方 クロアチア スロヴェニア』(A34)、ダイヤモンド・ビッグ社、各年
地球の歩き方編集室著編『地球の歩き方 中欧』(A25)、ダイヤモンド・ビッグ社、各年
外山純子・中島賢一『クロアチア/スロヴェニア/ボスニア・ヘルツェゴヴィナ/モンテネグロ——アドリア海の海洋都市と東西文化の十字路』(旅名人ブックス84、第3版〔改訂新版〕)、日経BP企画、2009年〔初版、2006年、第2版、2007年〕
『山と渓谷』No.789号、2001年4月(中嶋千春文・写真「スロヴェニア——自然と人のスタンス」、84〜88頁)〈20〉

『ユーゴスラヴィア／チェコスロヴァキア／ポーランド』（朝日旅の百科　海外編14）、朝日新聞社、１９８０年

【ウェブサイト】（２０１７年７月５日閲覧確認）

スロヴェニア政府観光局（スロヴェニア語・英語・その他各国言語、日本語なし）
https://www.slovenia.info/en

リュブリャナ市観光局（スロヴェニア語・英語・その他各国言語、日本語なし）
https://www.visitljubljana.com/en/visitors/

在日本スロヴェニア共和国大使館（スロヴェニア語・英語・日本語）
http://www.tokyo.embassy.si/

在スロベニア日本国大使館（日本語・スロヴェニア語）
http://www.si.emb-japan.go.jp/website_jp/index_j.html

日本国外務省公式サイト、「国・地域」内の「スロベニア共和国」ページ
http://www.mofa.go.jp/mofaj/area/slovenia/index.html

The Slovenia Times（英語）〈32〉
http://www.sloveniatimes.com/

スロヴェニア国立美術館（スロヴェニア語・英語）〈51〉
http://www.ng-slo.si/

旧ユーゴ便り
http://www.pluto.dti.ne.jp/katu-jun/yugo/

「JaSlo」（オンライン日本語スロヴェニア学習者辞書）および関連サイト
- 「JaSlo」ウェブサイト（辞書その他様々な資料が記載されている）
  http://nl.ijs.si/jaslo/index-en.html
- 「JaSlo」の携帯端末アプリケーション（Android用）
  https://play.google.com/store/apps/details?id=com.codewell4.JaSloDictionary&hl=sl

・「JaSlo」オンライン日本語スロヴェニア語辞書（スロヴェニア語・日本語・英語）
http://nl.ijs.si/jaslo/cgi/jaslo.pl
・「リーディング チュウ太 Reading Tutor」チュウ太の道具箱（日本語文章の単語のスロヴェニア語訳。「jaSlo」利用）
http://language.tiu.ac.jp/tools.html
・「NoSketch Engine」（「jaSlo」を用いた日本語およびスロヴェニア語のコーパス検索）
http://nl.ijs.si/noske/jpl2.cgi/first_form

治の限界と文化的自治のジレンマ」（山本明代、パプ・ノルベルト編『移動がつくる東中欧・バルカン史』刀水書房、2017年）、「ヴコヴァルの反キリル文字運動と「記憶」の双極化」（『ことばと社会』2014年）、「1980年代セルビアにおける歴史認識とコソヴォ――イリュリア人起源論をめぐって」（『歴史研究』2013年）。

守時なぎさ（もりとき・なぎさ）［3, 19, 49］
リュブリャナ大学文学部教員、邦楽演奏者。
専攻：日本語学、言語教育
主な著書・論文：「日本語学習者の「言い換え」について――語彙知識とストラテジーに注目して」（共著、『ヨーロッパ日本語研究』19、2015年）、“The CEFR and Teaching Japanese as a Foreign Language,” *Linguistica*, 54.1, 2014（共著）.

山崎佳夏子（やまさき・かなこ）［51］
ベオグラード大学哲学部美術史学科博士課程
専攻：近代美術史

＊**山崎信一**（やまざき・しんいち）［1, 2, 9, 10, 11, 23, 24, 43, 53, 55, コラム2, コラム7］
編著者紹介を参照。

ジャルコ・ラザレヴィチ（Žarko Lazarević）［34, 35］
現代史研究所（リュブリャナ）高等研究員
主な論文：Comparative banking performance in Eastern Europe in the interwar period. *Études balkaniques: revue trimestrielle*, Vol.51, No.3, 2015.

2004年)、「ハプスブルク君主国におけるナショナリズム運動」(大津留厚ほか編『ハプスブルク史研究入門』昭和堂、2013年)、"Liberalism for German Farmers in Lower Styria at the End of the 19th Century: In the Case of the Bauernverein Umgebung Marburg", *Quadrante*, No.19, 2017.

レオポルディナ・プルト=プレゲル（Leopoldina Plut-Pregelj）[34, 35]
元リュブリャナ大学文学部教員、メリーランド大学教育学部研究員。
主な著書：*Historical Dictionary of Slovenia*, Scarecrow Press, 2007（C. Rogel と共著）。

＊アンドレイ・ベケシュ（Andrej Bekeš）[4, 15, 37, 40, 41, 45, 58, 59, コラム3, コラム5]
編著者紹介を参照。

ボシティアン・ベルタラニチュ（Boštjan Bertalanič）[8, 17, 21, 57, コラム1]
城西大学現代政策学部准教授
専攻：国際関係
主な著書・論文：«Les rapports entre le Japon et le Royaume des Serbes, Croates et Slovenes lors de la Conference de paix de Paris» in *Les Cinq Grands et la création du Royaume des Serbes, Croates et Slovènes* ed. Andrej Rahten and Janez Šumrada, Ljubljana: ZRC, 2011; Political culture in transition: Changing values and consolidation of democratic rule in Slovenia, 1991-2004. *Inter Faculty*, No. 2, 2011, https://journal.hass.tsukuba.ac.jp/interfaculty/issue/view/2; "Exploring the Origins of Japanese-Yugoslav Relations during World War I: the case of Yugoslav POWs in Japan". *Electronic Journal of Central European Studies in Japan*, No.1, 2015, http://nomu.velvet.jp/ejce/ejces/index.html.

牧野由明（まきの・よしあき）[60]
在スロベニア日本国大使館一等書記官
ボスニア・ヘルツェゴヴィナ和平履行上級代表事務所（OHR）出向（政務担当上級代表顧問)、外務省欧州局中・東欧課、在ボスニア・ヘルツェゴヴィナ日本国大使館等での勤務を経て、現職。

三田　順（みた・じゅん）[18, 46, 47]
北里大学一般教育部講師
専攻：比較文学
主な訳書・論文：ボーリス・パーホル「コート掛けの蝶」(『北里大学一般教育紀要』22、2017年)、"Recepcija slovenske književnosti na Japonskem," in Alenka Žbogar (ed.). *RECEPCIJA SLOVENSKE KNJIŽEVNOSTI.* Ljubljana: Znanstvena založba Filozofske fakultete, 2014.

百瀬亮司（ももせ・りょうじ）[16, 52, 54, コラム8]
早稲田大学招聘研究員
専攻：バルカン地域研究、ユーゴスラヴィア近現代史
主な著書・論文：「クロアチア多民族社会におけるセルビア人の自決権――領域的自

クセニア・シャベツ (Ksenija Šabec) ［40］
リュブリャナ大学社会科学部教員
専攻：比較文化学、宗教学
主な論文：Occidentalized perceptions of Italians and national stereotypes in Slovene collective memory: nationalist topics in contemporary Slovene writing and ethno popular music, *Cultural studies*, vol.24, no.5, 2010.

鈴木健太（すずき・けんた）［12, 34, 35, コラム6 ］
東京外国語大学大学院総合国際学研究院 特別研究員
専攻：ユーゴスラヴィア現代史、東欧・バルカン地域研究
主な著書・論文：『アイラブユーゴ』（全3巻、共著、社会評論社、2014〜15年）、「結合と分離の力学――社会主義ユーゴスラヴィアにおけるナショナリズム」（柴宜弘・木村真・奥彩子編『東欧地域研究の現在』山川出版社、2012年）、「ユーゴスラヴィア解体期のセルビア共和国――政治勢力の差異化とナショナリズム」（百瀬亮司編『旧ユーゴ研究の最前線』溪水社、2012年）。

ルカ・ツリベルク（Luka Culiberg）［43, 54, コラム2, コラム8］
リュブリャナ大学文学部教員
主な論文：Towards theoretical approach to the understanding of language ideologies in Post-Meiji Japan. *Acta linguistica asiatica*, Vol.1, No.1, 2011.

イェリサヴァ・ドボウシェク・セスナ（Jelisava Dobovšek-Sethna）［18］
東京外国語大学講師
主な論文：“Miška vs. Mausu: Secondary Inter-lingual Term Formation in the Slovenian and Japanese Languages,” *Language, Culture, and Communication* (Rikkyo University), Vol.7, 2015.

中嶋千春（なかしま・ちはる）［20］
山岳専門旅行会社 C&C. JAPAN 経営者、JMGA 公認登山山岳ガイド。

平野共余子（ひらの・きょうこ）［48］
明治学院大学大学院非常勤講師
専攻：映画史
主な著書：『日本の映画史 ―10のテーマ』（くろしお出版、2014年）、『天皇と接吻 ―アメリカ占領下の日本映画検閲』（草思社、1998年）、*Mr. Smith Goes To Tokyo: Japanese Cinema Under the American Occupation, 1945-1952*, Smithsonian Institution Press, 1992.

藤井欣子（ふじい・よしこ）［22, 25］
東京外国語大学海外事情研究所 特別研究員
主な著書・論文：「19世紀後半オーストリアにおける南部辺境協会（ズードマルク協会）――シュタイアーマルクのリベラル派たち」（『言語・地域文化研究』第10号、

主な訳書：『希望——いのちある限り』（潮出版社、2000年）。

ヴェラ・クロプチッチ（Vera Klopčič）［24］
民族問題研究所（リュブリャナ）高等研究員
専攻：少数民族および人権問題研究
主な著書：*Položaj Romov v Sloveniji: Romi in Gadže*（スロヴェニアにおけるロマの状況——ロマと非ロマ）, Ljubljana: Inštitut za narodnostna vprašanja（民族問題研究所）, 2007.

小山洋司（こやま・ようじ）［30］
新潟大学名誉教授
専攻：比較経済体制論、東欧経済論
主な著書：『EUの危機と再生——中東欧小国の視点』（文眞堂、2017年）、*The EU's Eastward Enlargement: Central and Eastern Europe's Strategies for Development*, Singapore: World Scientific, 2015,『EUの東方拡大と南東欧——市場経済化と小国の生き残り戦略』（ミネルヴァ書房、2004年）。

クリスティーナ・フメリャク寒川（Kristina Hmeljak Sangawa）［26］
リュブリャナ大学文学部教員
専攻：日本語教育、辞書学、翻訳論
主な著書・論文：『日本語表記入門』Ljubljana: Filozofska fakulteta, 2003（共著）; The learner as lexicographer: using monolingual and bilingual corpora to deepen vocabulary knowledge, *Acta Linguistica Asiatica*, 4(2), 2014;『初級日本語』Ljubljana: Znanstvena založba filozofske fakultete, 2012（共著）; jaSlo: Japanese-Slovene learner's dictionary 3.1, 2016 [http://hdl.handle.net/11356/1050].

寒川典昭（さんがわ・のりあき）［コラム9］
画家。香川県で濱野年宏が主宰する美術団体RYUのメンバー。
1994年に大阪芸術大学を卒業、1998年にアンドレイ・イェメツ教授の指導の元でリュブリャナ大学美術アカデミー大学院絵画科を終了。リュブリャナ在住。日本、ヨーロッパで個展、グループ展多数。

重盛千香子（しげもり・ちかこ）［38, 39, 42］
リュブリャナ大学文学部教員
専攻：言語学、日本語教育
主な著書・論文：「スロヴェニア共和国保管の絵葉書コレクション」（『日本帝国の表象——生成・記憶・継承』えにし書房、2016年）、「スロヴェニア語」（『事典 世界のことば141』大修館書店、2009年）、*Voice in Contrast — Japanese and Slovene*, Ljubljana: ZIFF, 2007.

＊**柴　宜弘**（しば・のぶひろ）［5, 13, 27, 28, 32, 56, コラム4］
編著者紹介を参照。

◉ **執筆者紹介**（50音順、*は編著者、［　］内は担当章）

石田信一（いしだ・しんいち）［6, 7, 29, 31, 33］
跡見学園女子大学文学部教授
専攻：東欧地域研究、旧ユーゴスラヴィア・クロアチア近現代史
主な著書：「旧ユーゴスラヴィア諸国における社会科教育――クロアチアの歴史教科書問題を中心に」（小森宏美編『変動期ヨーロッパの社会科教育』学文社、2016年）、『クロアチアを知るための60章』（共編著、明石書店、2013年）、『ダルマチアにおける国民統合過程の研究』（刀水書房、2004年）。

板倉久子（いたくら・ひさこ）［36］
元編集者、ライター。女性誌にて料理、食文化などをテーマに取材、執筆。1980年代より年に1、2回、スロヴェニアを旅行。

ペテル・ヴォドピヴェツ（Peter Vodopivec）［5, 13］
元現代史研究所（リュブリャナ）高等研究員
主な著書：*Od Pohlinove slovnice do samostojne države, Slovenska zgodovina od konca 18. stoletja do konca 20. stoletja*（ポフリンの文法から独立国家まで――18世紀末から20世紀末までのスロヴェニア史）, Modrijan, 2010.

大橋裕直（おおはし・ひろなお）［44］
在スロヴェニア日本国大使館・一等書記官（広報・文化担当）
2014年11月より、官民人事交流制度の下、株式会社エイチ・アイ・エスより派遣され現職に就く。前職は同社パリ現地法人インバウンド・マネージャー。

アレシュ・ガブリチ（Aleš Gabrič）［3, 4, 19, 41］
現代史研究所（リュブリャナ）高等研究員
主な著書：*Socialistična kulturna revolucija: slovenska kulturna politika 1952-1962*（社会主義における文化革命――スロヴェニアにおける文化政策1952〜1962）, Cankarjeva založba, 1995.

北川原　温（きたがわら・あつし）［50］
建築家。東京芸術大学教授。北川原温建築都市研究所主宰。
東京とベルリンを拠点に、建築や都市の設計から舞台美術まで幅広く空間のデザインの仕事に携わり、多くの作品が世界に紹介されている。日本建築学会賞、日本建築家協会建築大賞、村野藤吾賞、日本芸術院賞、他受賞多数。
作品集：『ATSUSHI KITAGAWARA ARCHITECTS』（JOVIS 出版、2013年、ドイツ）。

日下部　慧（くさかべ・さとし）［14］
ザグレブ大学哲学部外国人講師
日本語教員として、2008〜11年、マリボル大学文学部日本語コース担当。2011年より現職。

◉ 編著者紹介

柴　宜弘（しば・のぶひろ）

早稲田大学大学院文学研究科西洋史学博士課程修了。1975〜77年、ベオグラード大学哲学部歴史学科留学。敬愛大学経済学部、東京大学教養学部・大学院総合文化研究科教授を経て、現在、城西国際大学特任教授、東京大学名誉教授。

専攻は東欧地域研究、バルカン近現代史

主な著書・訳書：『バルカンを知るための66章【第２版】』（編著、明石書店、2016年）、『図説　バルカンの歴史』（新装版、河出書房新社、2015年）、『セルビアを知るための60章』（編著、明石書店、2015年）、*School History and Textbooks: A Comparative Analysis of History Textbooks in Japan and Slovenia* (coeditor, Ljubljana, 2013), CDRSEE企画『バルカンの歴史――バルカン近現代史の共通教材』（監訳、明石書店、2013年）、『東欧地域研究の現在』（編著、山川出版社、2012年）、、『新版世界各国史18　バルカン史』（編著、山川出版社、1998年）、『ユーゴスラヴィア現代史』（岩波書店、1996年）。

アンドレイ・ベケシュ（Andrej Bekeš）

1949年、スロベニア生まれ。リュブリャナ大学（スロベニア）を卒業後、日本に留学。専攻を数学から日本語学に変え、1981に文学修士（大阪外国語大学）、1986年に文学博士（筑波大学）を取得。1990〜1995年、筑波大学日本語・日本文化学類外国人教師をへて、同年10月、新しくできたリュブリャナ大学文学部のアジア・アフリカ学科の初代学科長に。以降日本語研究、日本語教育に専念。2010年9月から筑波大学に戻り、大学院人文社会科学研究科および留学生センター教授に。2013年筑波大学を退職し、リュブリャナ大学の教授として復職。2017年1月1日退官、リュブリャナ大学名誉教授に。2008年、旭日小綬章受章。

山崎信一（やまざき・しんいち）

東京大学大学院総合文化研究科・地域文化研究専攻博士課程単位取得。1995〜97年、ベオグラード大学哲学部歴史学科留学。現在、東京大学教養学部非常勤講師、明治大学兼任講師。

専攻は旧ユーゴスラヴィアを中心とするバルカン地域の現代史。

主な著書・論文：『セルビアを知るための60章』（編著、明石書店、2015年）、『アイラブユーゴ――ユーゴスラヴィア・ノスタルジー』（全3巻、共著、社会評論社、2014〜15年）、「文化空間としてのユーゴスラヴィア」（大津留厚ほか編『ハプスブルク史研究入門――歴史のラビリンスへの招待』昭和堂、2013年）、「イデオロギーからノスタルジーへ――ユーゴスラヴィアにおける音楽と社会」（柴宜弘ほか編『東欧地域研究の現在』山川出版社、2012年）、『映画『アンダーグラウンド』を観ましたか？――ユーゴスラヴィアの崩壊を考える』（共著、彩流社、2004年）。

エリア・スタディーズ　159
スロヴェニアを知るための60章

2017年9月10日　初版第1刷発行

編著者　柴　宜弘
アンドレイ・ベケシュ
山崎信一
発行者　石井昭男
発行所　株式会社明石書店
〒101-0021 東京都千代田区外神田6-9-5
電話 03（5818）1171
FAX 03（5818）1174
振替　00100-7-24505
http://www.akashi.co.jp/
装丁／組版　明石書店デザイン室
印刷／製本　日経印刷株式会社

（定価はカバーに表示してあります）　ISBN978-4-7503-4560-4

エリア・スタディーズ

1 現代アメリカ社会を知るための60章
明石紀雄、川島浩平 編著

2 イタリアを知るための62章【第2版】
村上義和 編著

3 イギリスを旅する35章
辻野功 編著

4 モンゴルを知るための65章【第2版】
金岡秀郎 著

5 パリ・フランスを知るための44章
梅本洋一、大里俊晴、木下長宏 編著

6 現代韓国を知るための60章【第2版】
石坂浩一、福島みのり 編著

7 オーストラリアを知るための58章【第3版】
越智道雄 著

8 現代中国を知るための44章【第5版】
藤野彰、曽根康雄 編著

9 ネパールを知るための60章
日本ネパール協会 編

10 アメリカの歴史を知るための63章【第3版】
富田虎男、鵜月裕典、佐藤円 編著

11 現代フィリピンを知るための61章【第2版】
大野拓司、寺田勇文 編著

12 ポルトガルを知るための55章【第2版】
村上義和、池俊介 編著

13 北欧を知るための43章
武田龍夫 著

14 ブラジルを知るための56章【第2版】
アンジェロ・イシ 著

15 ドイツを知るための60章
早川東三、工藤幹巳 編著

16 ポーランドを知るための60章
渡辺克義 編著

17 シンガポールを知るための65章【第4版】
田村慶子 編著

18 現代ドイツを知るための62章【第2版】
浜本隆志、髙橋憲 編著

19 ウィーン・オーストリアを知るための57章【第2版】
広瀬佳一、今井顕 編著

20 ハンガリーを知るための60章【第2版】 ドナウの宝石
羽場久美子 編著

21 現代ロシアを知るための60章【第2版】
下斗米伸夫、島田博 編著

22 21世紀アメリカ社会を知るための67章
明石紀雄 監修　赤尾千波、大類久恵、小塩和人、
落合明子、川島浩平、高野泰 編

23 スペインを知るための60章
野々山真輝帆 著

24 キューバを知るための52章
後藤政子、樋口聡 編著

25 カナダを知るための60章
綾部恒雄、飯野正子 編著

26 中央アジアを知るための60章【第2版】
宇山智彦 編著

27 チェコとスロヴァキアを知るための56章【第2版】
薩摩秀登 編著

28 現代ドイツの社会・文化を知るための48章
田村光彰、村上和光、岩淵正明 編著

29 インドを知るための50章
重松伸司、三田昌彦 編著

30 タイを知るための72章【第2版】
綾部真雄 編著

31 パキスタンを知るための60章
広瀬崇子、山根聡、小田尚也 編著

32 バングラデシュを知るための60章【第2版】
大橋正明、村山真弓 編著

33 イギリスを知るための65章【第2版】
近藤久雄、細川祐子、阿部美春 編著

エリア・スタディーズ

34 現代台湾を知るための60章【第2版】
亜洲奈みづほ 著

35 ペルーを知るための66章【第2版】
細谷広美 編著

36 マラウィを知るための45章【第2版】
栗田和明 著

37 コスタリカを知るための60章【第2版】
国本伊代 編著

38 チベットを知るための50章
石濱裕美子 編著

39 現代ベトナムを知るための60章【第2版】
今井昭夫、岩井美佐紀 編著

40 インドネシアを知るための50章
村井吉敬、佐伯奈津子 編著

41 エルサルバドル、ホンジュラス、ニカラグアを知るための45章
田中高 編著

42 パナマを知るための55章
国本伊代、小林志郎、小澤卓也 著

43 イランを知るための65章
岡田恵美子、北原圭一、鈴木珠里 編著

44 アイルランドを知るための70章【第2版】
海老島均、山下理恵子 編著

45 メキシコを知るための60章
吉田栄人 編著

46 中国の暮らしと文化を知るための40章
東洋文化研究会 編

47 現代ブータンを知るための60章
平山修一 著

48 バルカンを知るための66章【第2版】
柴宜弘 編著

49 現代イタリアを知るための44章
村上義和 編著

50 アルゼンチンを知るための54章
アルベルト松本 著

51 ミクロネシアを知るための60章【第2版】
印東道子 編著

52 アメリカのヒスパニック=ラティーノ社会を知るための55章
大泉光一、牛島万 編著

53 北朝鮮を知るための51章
石坂浩一 編著

54 ボリビアを知るための73章【第2版】
真鍋周三 編著

55 コーカサスを知るための60章
北川誠一、前田弘毅、廣瀬陽子、吉村貴之 編著

56 カンボジアを知るための62章【第2版】
上田広美、岡田知子 編著

57 エクアドルを知るための60章【第2版】
新木秀和 編著

58 タンザニアを知るための60章【第2版】
栗田和明、根本利通 編著

59 リビアを知るための60章
塩尻和子 著

60 東ティモールを知るための50章
山田満 編著

61 グアテマラを知るための65章
桜井三枝子 編著

62 オランダを知るための60章
長坂寿久 著

63 モロッコを知るための65章
私市正年、佐藤健太郎 編著

64 サウジアラビアを知るための63章【第2版】
中村覚 編著

65 韓国の歴史を知るための66章
金両基 編著

66 ルーマニアを知るための60章
六鹿茂夫 編著

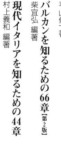

エリア・スタディーズ

67 現代インドを知るための60章
広瀬崇子、近藤正規、井上恭子、南埜猛 編著

68 エチオピアを知るための50章
岡倉登志 編著

69 フィンランドを知るための44章
百瀬宏、石野裕子 編著

70 ニュージーランドを知るための63章
青柳まちこ 編著

71 ベルギーを知るための52章
小川秀樹 編著

72 ケベックを知るための54章
小畑精和、竹中豊 編著

73 アルジェリアを知るための62章
私市正年 編著

74 アルメニアを知るための65章
中島偉晴、メラニア・バグダサリヤン 編著

75 スウェーデンを知るための60章
村井誠人 編著

76 デンマークを知るための68章
村井誠人 編著

77 最新ドイツ事情を知るための50章
浜本隆志、柳原初樹 著

78 セネガルとカーボベルデを知るための60章
小川了 編著

79 南アフリカを知るための60章
峯陽一 編著

80 エルサルバドルを知るための55章
細野昭雄、田中高 編著

81 チュニジアを知るための60章
鷹木恵子 編著

82 南太平洋を知るための58章 メラネシア ポリネシア
吉岡政德、石森大知 編著

83 現代カナダを知るための57章
飯野正子、竹中豊 編著

84 現代フランス社会を知るための62章
三浦信孝、西山教行 編著

85 ラオスを知るための60章
菊池陽子、鈴木玲子、阿部健一 編著

86 パラグアイを知るための50章
田島久歳、武田和久 編著

87 中国の歴史を知るための60章
並木頼壽、杉山文彦 編著

88 スペインのガリシアを知るための50章
坂東省次、桑原真夫、浅香武和 編著

89 アラブ首長国連邦（UAE）を知るための60章
細井長 編著

90 コロンビアを知るための60章
二村久則 編著

91 現代メキシコを知るための60章
国本伊代 編著

92 ガーナを知るための47章
高根務、山田肖子 編著

93 ウガンダを知るための53章
吉田昌夫、白石壮一郎 編著

94 ケルトを旅する52章 イギリス・アイルランド
永田喜文 著

95 トルコを知るための53章
大村幸弘、永田雄三、内藤正典 編著

96 イタリアを旅する24章
内田俊秀 編著

97 大統領選からアメリカを知るための57章
越智道雄 著

98 現代バスクを知るための50章
萩尾生、吉田浩美 編著

99 ボツワナを知るための52章
池谷和信 編著

エリア・スタディーズ

100 ロンドンを旅する60章
川成洋、石原孝哉 編著

101 ケニアを知るための55章
松田素二、津田みわ 編著

102 ニューヨークからアメリカを知るための76章
越智道雄 著

103 カリフォルニアからアメリカを知るための54章
越智道雄 著

104 イスラエルを知るための60章
立山良司 編著

105 グアム・サイパン・マリアナ諸島を知るための54章
中山京子 編著

106 中国のムスリムを知るための60章
中国ムスリム研究会 編

107 現代エジプトを知るための60章
鈴木恵美 編著

108 カーストから現代インドを知るための30章
金基淑 編著

109 カナダを旅する37章
飯野正子、竹中豊 編著

110 アンダルシアを知るための53章
立石博高、塩見千加子 編著

111 エストニアを知るための59章
小森宏美 編著

112 韓国の暮らしと文化を知るための70章
舘野晳 編著

113 現代インドネシアを知るための60章
村井吉敬、佐伯奈津子、間瀬朋子 編著

114 ハワイを知るための60章
山本真鳥、山田亨 編著

115 現代イラクを知るための60章
酒井啓子、吉岡明子、山尾大 編著

116 現代スペインを知るための60章
坂東省次 編著

117 スリランカを知るための58章
杉本良男、高桑史子、鈴木晋介 編著

118 マダガスカルを知るための62章
飯田卓、深澤秀夫、森山工 編著

119 新時代アメリカ社会を知るための60章
明石紀雄 監修　大類久恵、落合明子、赤尾千波 編著

120 現代アラブを知るための56章
松本弘 編著

121 クロアチアを知るための60章
柴宜弘、石田信一 編著

122 ドミニカ共和国を知るための60章
国本伊代 編著

123 シリア・レバノンを知るための64章
黒木英充 編著

124 EU（欧州連合）を知るための63章
羽場久美子 編著

125 ミャンマーを知るための60章
田村克己、松田正彦 編著

126 カタルーニャを知るための50章
立石博高、奥野良知 編著

127 ホンジュラスを知るための60章
桜井三枝子、中原篤史 編著

128 スイスを知るための60章
スイス文学研究会 編

129 東南アジアを知るための50章
今井昭夫 編集代表　東京外国語大学東南アジア課程 編

130 メソアメリカを知るための58章
井上幸孝 編著

131 マドリードとカスティーリャを知るための60章
川成洋、下山静香 編著

132 ノルウェーを知るための60章
大島美穂、岡本健志 編著

エリア・スタディーズ

133 現代モンゴルを知るための50章
小長谷有紀、前川愛 編著

134 カザフスタンを知るための60章
宇山智彦、藤本透子 編著

135 内モンゴルを知るための60章
ボルジギン・ブレンサイン 編著　赤坂恒明 編集協力

136 スコットランドを知るための65章
木村正俊 編著

137 セルビアを知るための60章
柴宜弘、山崎信一 編著

138 マリを知るための58章
竹沢尚一郎 編著

139 ASEANを知るための50章
黒柳米司、金子芳樹、吉野文雄 編著

140 アイスランド・グリーンランド・北極を知るための65章
小澤実、中丸禎子、高橋美野梨 編著

141 ナミビアを知るための53章
水野一晴、永原陽子 編著

142 香港を知るための60章
吉川雅之、倉田徹 編著

143 タスマニアを旅する60章
宮本忠 著

144 パレスチナを知るための60章
臼杵陽、鈴木啓之 編著

145 ラトヴィアを知るための47章
志摩園子 編著

146 ニカラグアを知るための55章
田中高 編著

147 台湾を知るための60章
赤松美和子、若松大祐 編著

148 テュルクを知るための61章
小松久男 編著

149 アメリカ先住民を知るための62章
阿部珠理 編著

150 イギリスの歴史を知るための50章
川成洋 編著

151 ドイツの歴史を知るための50章
森井裕一 編著

152 ロシアの歴史を知るための50章
下斗米伸夫 編著

153 スペインの歴史を知るための50章
立石博高、内村俊太 編著

154 フィリピンを知るための64章
大野拓司、鈴木伸隆、日下渉 編著

155 バルト海を旅する40章　7つの島の物語
小柏葉子 著

156 カナダの歴史を知るための50章
細川道久 編著

157 カリブ海世界を知るための70章
国本伊代 編著

158 ベラルーシを知るための50章
服部倫卓、越野剛 編著

159 スロヴェニアを知るための60章
柴宜弘、アンドレイ・ベケシュ、山崎信一 編著

——以下続刊

◎各巻2000円
（一部1800円）

〈価格は本体価格です〉